中国教育学会2019年度教育科研重点规划课题“小学思维进阶课堂教学实践策略研究”（编号：201978491801A）

助力学生思维进阶的更好发生

商红领　景小霞　主　编
井兰娟　张海宏　邓翼涛　副主编

首都师范大学出版社
CAPITAL NORMAL UNIVERSITY PRESS

图书在版编目(CIP)数据

助力学生思维进阶的更好发生 / 商红领，景小霞主编；井兰娟，张海宏，邓翼涛副主编. —北京：首都师范大学出版社，2024.9

ISBN 978-7-5656-8389-3

Ⅰ. ①助… Ⅱ. ①商… ②景… ③井… ④张… ⑤邓… Ⅲ. ①中学—教学研究 Ⅳ. ①G632.0

中国国家版本馆 CIP 数据核字(2024)第 100294 号

ZHULI XUESHENG SIWEI JINJIE DE GENGHAO FASHENG

助力学生思维进阶的更好发生

商红领　景小霞　主　编

井兰娟　张海宏　邓翼涛　副主编

责任编辑　王　晶

首都师范大学出版社出版发行

地　　址　北京西三环北路 105 号

邮　　编　100048

电　　话　68418523(总编室)　68982468(发行部)

网　　址　http://cnupn.cnu.edu.cn

印　　刷　北京印刷集团有限责任公司

经　　销　全国新华书店

版　　次　2024 年 9 月第 1 版

印　　次　2024 年 9 月第 1 次印刷

开　　本　710mm×1000mm　1/16

印　　张　16.25

字　　数　283 千

定　　价　45.00 元

编 委 会

主　编　商红领　景小霞

副主编　井兰娟　张海宏　邓翼涛

编　委（按姓氏笔画排序）

田春娣　边　颖　李　川　李建民

李新翠　金　亮　屈文霞　赵红波

胡文利　秦治军　章卫平

序一　高阶思维是人工智能时代的关键能力

随着人工智能技术加速发展，人类科研范式、生产方式等都在发生颠覆式改变。现在看来，未来大部分人类当下的职业都可能被搭载人工智能的人造机器人或机器所取代。那么到时，人类做什么工作？需要什么样的能力？会不会失去对世界的把控？这一切，与今天教育的内容和目标密切相关。

回顾历史，工业时代的教育通过标准化、知识复制来实现大规模社会化生产协作所需要的大量同质化、功能化劳动力的生产。进入人工智能时代，随着新一轮科技革命和产业变革加速演进，简单的记诵、计算、机械操作难以满足社会发展需要，人类如果想要在与人造机器智能协作中主导，必须具有人造机器智能不具有的能力。除社会情感能力外，最重要的就是高阶思维能力，这也是满足新质生产力的要求。如何培养学生的高阶思维能力，推动教育由知识本位向素养本位转变，已经成为教育界共同面临的时代课题。

北京市海淀区中关村第一小学(以下简称中关村一小)建于1949年，是中国教育科学研究院教改实验基地校，坐落在北京市中关村自主创新高科技园区，始终坚持改革创新，秉承“科学启智，教育立身”精神；始终走在教改前沿，是基础教育改革创新的一面大旗，先后出版了《做最好的我》《陪伴儿童成长》《寻找教育的最好发生》等成果。学校此次出版的《助力学生思维进阶的更好发生》，聚焦当前课堂教学中普遍存在的重知识轻思维、重讲授轻应用、重结果轻过程等突出问题，在不同学科中探索旨在促进学生思维进阶的教学策略；深度探索学生思维培养，充分体现了中关村一小作为名校、大校深入推进课程教学改革的责任和担当，彰显了中关村一小教师们对教育教学的深刻理解和远大追求。

本书以“让思维发展可见”开启思维培养的奥妙之路。思维是一种人类特有的精神活动，是指通过将外在所得的表象、概念经由分析、综合、判断、推理等步骤的认识过程。由于思维是内隐的，是不易观测、不易评价的，因此，思维培养首先要找到学生思维的起点。本书探讨通过多种方式在不同学科促进学生思维可视化的工具和策略，特别是借助思维导图，找准学生思维的起点、难点及发展点等，为后续思维培养奠定科学基础。

本书重点探讨围绕问题设计和任务驱动促进学生思维发展的问题。许多教师的课程设计涵盖了多元知识、多阶思维的“大问题”、阶梯性问题连续体、多个子问题组成的问题链及丰富多彩的任务，帮助学生在探索和解决问题、思考和完成任务的过程中，完整经历从提取相关知识到综合应用知识，再到创造性解决问题的思维运作过程。例如，在数学空间观念的教学中，教师设置了“问题连续体”，以“解决问题”为任务驱动，用“问题连续体”中 5 个不同层次的问题激活学生关于立体图形的旧知，引导学生自主发现平面图形的特征，推动学生自主构建平面图形和立体图形之间的关系，帮助学生学以致用、反思总结，进而实现对高阶思维的培养和训练。这样的教与学过程充分体现了学生的主体地位，学生作为思维主体和学习主体经历了真实的学习过程。

本书还探讨了如何通过学科实践活动和核心学习活动来促进学生思维发展，这一策略既突破了现有教学过于囿于书本的局限，更体现了对小学生身心发展特征和规律、思维特征、学习规律的深刻理解和把握。小学生作为刚刚接触基础教育的幼苗，他们的思维发展还处于由直观形象思维向抽象思维转变的过程中，更需要在生活实践和多样化的活动中学习新知识，理解新概念，掌握新方法。本书多角度地展现了学生在学科实践活动和核心活动中的思维发展策略，具有重要的实践指导意义。

在信息爆炸的数字时代，如何有效获取、分析和评价信息是学生应具备的重要素养。本书也关注阅读对学生思维的滋养和支撑，如通过体验式阅读、有目的阅读等方式，让学生在信息含量丰富的文本中实现思维进阶。

全书通过多个案例的分析，深挖日常教学中培养学生高阶思维能力的实招妙招，展现了中关村一小的教师们饱满的教育热情和深厚的教育智慧。2024 年 1 月，中国教育科学研究院发布的《国际基础教育创新趋势报告 2024》显示，“实施主题式跨学科学习”是当下和未来基础教育教学改革的重大趋势之一，期待中关村一小的教师们能够继续深入探索在跨学科主题学习中培养学生思维的有效路径和策略，在教育教学改革上再攀新高峰。期待更多学校和教师注重学生思维发展，借鉴中关村一小的经验做法，积极探索思维导向、素养本位的教学，共同掀起一场新的教育革命。

中国教育科学研究院党委书记、院长

2024 年 3 月 27 日

序二　儿童思维之花的更好绽放

真实，丰富，多彩，深度，是《助力学生思维进阶的更好发生》一书的特点、亮点。本书不是学术著作，却透射出学术的气息；不是课题报告，却满溢着研究的味道；不是经验总结，是对经验的荟萃与超越；不是案例集，是对案例的抽象与凝练。它将理论与实践融为一体，将课程改革理念熔铸其中，将思考贯穿始终。

我很有兴趣读这本书，教学改革的情景一一复现在我们面前。从书中我们看到了一堂堂精彩的课，看到了痛点问题解决后那一张张舒展的笑脸，看到了一个个隐在故事里思考的、聪明的小脑袋，当然也看到了北京市海淀区中关村第一小学(以下简称中关村一小)的教师们躬耕课堂的身影和育人智慧……这是一项儿童在场的研究、思维飞扬的改革项目，创意无限，又踏踏实实，不玩花样，不弄玄虚，学风、文风、研究之风都值得赞扬和学习。

中关村一小选择了一个研究难题：学生思维的发生与思维进阶的提升。首先，他们有个基本认知：学习就是学会思维，思维是学习的核心；学习真正发生，核心是思维真正发生；让学习看得见，实质是让思维看得见；深度学习，从本质上看是有挑战性思维任务的学习。再从另一个视角看，优秀学生、拔尖创新人才的关键，或曰他们的不同凡响之处，在于他们思维活跃，有较好的思维品质和较高的思维水平，尤其是创新思维的发展。创新思维是创新素养的核心，创新思维是创造的先导。中关村一小将思维进阶作为研究的总课题，作为培养优秀学子的切入口和突破点，这是个极有战略意义的选择，既是他们判断的准确，也是他们智慧与勇气的具体体现。这难能可贵。

怎么让学生思维进阶实现更好发生？中关村一小的定位是两个关键词："助力""更好"。所谓助力，意味着学生是发展思维的主体，思维是自主生长和发展起来的，教师的作用是赋能与助力，而不是替代。如果替代了，学生的思维发展就有了惰性，停滞不前甚至消失。所谓更好，是指让学生思维真实发生，让学生思维有明显提升，让学生思维活跃，让学生思维的火花不断闪烁创新的想法、见解、好点子、好主意、好创意，而且这些创意是在具体情境中自然生成的，当然也是在挑战中催生的。“助力”与“更好”，这一定位也是他们的理念、策略和目标要求，是中关村一小对学生思维发展的准确把握和重要策略。

本书在教师大量、广泛、富有创造性的实践中，提炼了经验，馈赠给学生三个“法宝”：让思维发展可见，让思维发展有支架，让思维发展有源头活水。这三个“法宝”具有整体性、进阶性，同时也具有可操作性，最重要的是还有源头性。整体性，表现在这三个方面是处在整体框架中，是系列化的、连续性的；进阶性表现在从低阶到高阶思维的发展，从具象思维到抽象思维的发展，遵循并体现了学生思维发展的规律与特点；可操作性，主要是思维导图，还有三大策略，即问题链驱动、问题连续体驱动及大问题驱动，此处支架本身就是一种操作性很强的策略与工具。特别引人关注的是思维发展的源头性，思维发展不是无本之木、无源之水，如果就思维进阶谈思维发展，就很有可能掉入技术主义的泥淖，即使有发展，也是暂时的、不可持续的。只有源头活水才会源源不断地给思维进阶输送能量，思维之水才会流淌，并激荡起来，生成意义的交响。中关村一小开掘了四方“塘水”：阅读、综合实践活动、教学核心活动、非故事类文本研读。思维之渠清如许，为有源头活水来。他们抓准了核心和关键，着力从根本上破解难点和痛点。

思维怎么看得见？思维进阶在哪里实现更好发生？中关村一小坚持改革课堂教学，让思维在生动活泼的实践中改变。本书呈现了 61 个课例或教学片段。这些课例或教学片段是教师们用心做出来的、创造出来的，是心血、智慧的结晶，闪烁着教育的情怀和理想之光。仔细看，每个案例或教学片段又都是一个相对独立的整体，可以单独成篇，从某个角度、侧面，反映不同年级、不同学科，如何从学科特点和年段特点出发，采用不同的设计，通过不同的方法，实现思维进阶的更好发生。同时，也看到了中关村一小，为思维发展而教，描绘了学生思维进阶的全景图。也正因此，中关村一小的学生思维得到了全面发展，终会长出一些创新之树，开出一些创意之花，结出令人称羡的“苹果”。

读了本书，我还坚定了一个信念：小学阶段对于拔尖创新人才的早期培养，必须着力创新素养培养，在创新思维上下功夫。中关村一小的理念与行动具有普遍意义，希冀在各地绽放最绚丽的花朵。祝福中关村一小的校长、教师和小朋友们，在深化课程改革中，探索出一条培养优秀人才的新路。

成尚荣
江苏省教科院研究员
教育部基础教育课程改革指导组成员
2024 年 1 月 7 日

前言　以思维撬动课堂立德树人

我国基础教育课程与改革已进入了核心素养时代。2014 年，教育部印发了《关于全面深化课程改革落实立德树人根本任务的意见》，明确提出“五个统筹”的主要改革任务，推进研究制定学生发展核心素养体系和学业质量标准，要求各级各类学校要从实际情况和学生特点出发，把核心素养和学业质量要求落实到各学科教学中，引导中小学教育从单纯重视知识和技能向全面育人、综合育人转变，注重发挥学科教育的育人功能，把培育和践行社会主义核心价值观融入国民教育全过程，促进学生德智体美劳全面发展①。2016 年，《中国学生发展核心素养》发布，明确了学生应具备的、能够适应终身发展和社会发展需要的必备品格和关键能力，具体包括 1 个核心、3 个方面、6 大核心素养、18 个基本要点，为新版义务教育课程标准的编制提供了重要指南。2022 年 4 月，教育部印发《义务教育课程方案和课程标准(2022 年版)》，将学生“核心素养”培养全面融入其中，从“有理想、有本领、有担当”三个方面描绘时代新人画像，突出强调了学生思维发展的核心地位和作用，这也是中小学校落实新课改过程中需要牢牢把握的要点。

学校是育人主阵地，课堂是育人主渠道，也是培养学生高阶思维的主渠道。然而，在传统课堂上，教师往往重视学科知识的学习而忽视思维品质特别是高阶思维的提升，多关注学习的结果而非学习的过程，整个教学过程容易呈现出“思维浅表化”的问题，停留在低阶能力、低阶学习和低阶思维的层次上。特别是在课堂提问环节，很多教师容易忽视问题设计与学生思维发展的对应关系，有固定规范答案的问题多，而灵活开放性的问题少，使得学生在思考、回答问题时，深度思考运用不够，思维能力未能得到充分有效提升。

---

①《这 5 年，基础教育谱新篇》，《中国教育报》，2018 年 3 月 11 日。http://www.moe.gov.cn/jyb_xwfb/s5147/201803/t20180312_329618.html.

为全面深入落实基础教育课程改革的要求、提升小学课堂教学对学生高阶思维培养的支持作用，2019 年，在刘畅校长的带领下，我校成功立项中国教育学会教育科研重点规划课题“小学思维进阶课堂教学实践策略研究”。本课题以北京市海淀区中关村第一小学(以下简称中关村一小)，“6—2—6”自主发展课程为依托，从道德与公益、语言与人文、数学与科学、艺术与审美、体育与健康、国际理解 6 大领域课程入手，聚焦课堂教学如何有效促进学生高阶思维发展这一核心主题，开展了生动的实践研究。本研究从教学实践中的痛点问题切入，着眼于促进学生高阶思维发展，以课堂教学为研究主阵地，从不同学科、不同知识模块的特征和要求出发，关注学生的思维起点、知识的内涵及理论思想的本质，优化思维进阶教学设计，以表现式、参与式及互动式的学习任务和活动促进学生真实学习，助力学生思维发展。

本书是课题研究成果的集中体现，更是集体智慧的结晶。全书共四章，第一章重点阐释思维进阶课堂教学的基本思路、理论基础、实践策略等；第二章聚焦思维工具在课堂教学中的应用，展现思维进阶的过程性，使抽象思维直观化、逻辑思维序列化、概括思维结构化；第三章着重于例证问题驱动对学生思维进阶发展的引领性作用，展现了大问题、真情境和主任务构成的问题驱动教学框架；第四章突出“活动”对学生思维进阶发展的综合性作用，通过开展形式多样的阅读、探究和综合活动，拓展学生思维能力运用的空间，激发学生学习的兴趣，让思维活起来、深下去、拓出去，形成展现—发展—应用的思维发展闭环。书中共呈现了 61 个生动鲜活的思维进阶课堂教学案例，每个案例通过提炼痛点故事、工具链接、行动故事和小结反思，深挖日常教学中学生高阶思维能力培养的具体策略，折射出一线教师充沛的教育热情和多样的实践智慧，用课堂实践回答了教学策略优化“如何做”的问题。

道长且阻，行则将至；行而不辍，未来可期。课堂教学改革永无止境。本书只是我校教师躬耕课堂道路上一个小小的阶段性思考和总结，面对教育强国人才培养要求，我们在未来发展中还需要进一步深挖课堂教学，优化教育教学实践，不断提升学生思维发展水平，更好发挥小学的基点作用。

本书课题组

2024 年 2 月 18 日

目　　录

第一章

思维进阶课堂教学的理与路

儿童的思维是从动作开始的，切断动作与思维的联系，思维就不能得到发展。思维“脱离”了具体事物，其首要成果便是使事物间的“关系”和“分类”从它们具体的或直觉的束缚中解放出来。

——皮亚杰

思维培养，尤其高阶思维培养是发展学生核心素养的关键抓手，也是未来强国建设所需人才的核心底层要件。钟启泉教授于2015年4月1日在《中国教育报》发表的《核心素养的“核心”在哪里——核心素养研究的构图》一文中指出，核心素养是学生借助学校教育所形成的解决问题的素养与能力。2018年他在《核心素养十讲》一书中进一步指出，核心素养是同职业上的实力与人生的成功直接相关的涵盖了社会技能与动机、人格特征在内的统整的能力。这些归根结底都需要思维发展作为底层支撑。现代心理学和教学论认为，思维能力培养应当从培养学生的问题解决意识入手①，在真实的问题情境和复杂的任务解决中逐步培养学生的思维。“复杂情境”与“高阶思维”是学科核心素养的两个关键词②，这就要求教师在教学中关注高阶思维发展，促使学生超越浅表的知识学习③。另一方面，20世纪90年代以来，核心素养成为全球范围内教育政策、教育实践、教育研究领域的重要议题，国际组织与许多国家或地区相继构建核心素养框架④。高阶思维已成为21世纪人才的必备素养，被广泛纳入各国核心素养框架体系中，成为世界各国人才核心竞争力的重要标志。鉴于此，以课堂教学为主阵地推进小学生高阶思维发展，对于落实核心素养、培养时代新人具有重要意义和价值。

第一节　思维进阶课堂教学的基本思路

一、思维进阶是思维从低阶走向高阶的动态变化过程

思维分为广义思维和狭义思维，广义的思维泛指一切形式的心理活动，以及所有的认知或智力活动；狭义的思维包括逻辑思维和形象思维。“阶”有层次、阶梯的意思，通常引申为经由、到达。而根据美国教育学家布鲁姆的教育目标分类学，“认知过程”维度包括记忆、理解、应用、分析、评价和创造六个层次⑤，其中记忆、理解、应用初级认知为低阶思维，而分析、评价、

①朱德全：《基于问题解决的处方教学设计》，《高等教育研究》，2006年第5期，第4页。

②姜玉莲：《技术丰富课堂环境下高阶思维发展模型建构研究》，长春：东北师范大学，2017年。

③高文、徐斌艳、吴刚：《建构主义教育研究》，北京：教育科学出版社，2008年，第26页。

④褚宏启：《核心素养的国际视野与中国立场——21世纪中国的国民素质提升与教育目标转型》，《教育研究》，2016年第11期，第8—18页。

⑤L. W. 安德森等编著、皮连生等译：《学习、教学和评估的分类学》，上海：华东师范大学出版社，2008年，第26—27页。

创造高级认知为高阶思维，即学生的认知过程有着低阶与高阶之分。

高阶思维能力(Higher-Order Thinking Skills，简称 HOTS)是指那些发生在较高认知水平层次上的认知能力。高阶思维涉及不同的思维分类法和复杂现实下的多种变量。De Bono(1983 年)认为高阶思维是超越简单回忆事实性知识的思维过程。Baker(1990 年)认为，高阶思维是指所有超越信息检索的智慧活动任务①。Young(1997 年)认为高阶思维是解决新问题的过程中，认知策略、元认知和非策略性知识之间的相互作用②。L. Resnick(2002 年)认为高阶思维没有明确的路径，高阶思维需要求解者付诸心智努力③。综合来看，高阶思维是一种以高层次认知水平为主的综合性能力，需要个体付出心智努力，处理和判断真实且复杂的任务，同时开展自我反思和调控。

从低阶思维到高阶思维，既反映了学生认知能力发展，又离不开不同类型和层次学习任务的支持。学生思维从低层次到高层次的过程和要素，具体指向学生思维从回忆与再现、技能与概念到问题解决与应用以及思维迁移和创造的纵深过程，不同的学习情境和学习任务对学生的认知资源调动需求不同，进而催生学生不同层次的思维活动，即思维由低阶思维走向高阶思维。这个学生思维从低阶走向高阶的动态变化过程正是思维进阶的过程。

二、思维进阶课堂教学充分吸收借鉴多种理论成果

(一)布鲁姆教育目标分类学

高阶思维起源于布鲁姆的教育目标分类学理论。布鲁姆将认知发展水平按层级次序分为六个层次——记忆、领会、应用、分析、综合、评价，安德森在此基础上进行了修订，将领会变为理解，并把分析、综合、评价改为分析、评价、创造。其中记忆、理解、应用被称为低阶思维，分析、评价和创造被称为高阶思维。布鲁姆及其团队针对学习水平的划分为高级思维概念的产生奠定了理论基础。我国学者钟志贤从能力导向角度出发，认为高阶思维是发生在较高认知水平层次上的心智活动或较高层次的认知能力，包括超越既定信息的能力、元认知能力、评价能力及问题解决能力。高阶思维能力是在此基础上对知识进行本质性探索，并形成自己的独到观点，实现思维创新，要解决的是“为什么”“怎么办”的问题。因此，思维发展的层次与问题的设计

①钟志贤：《面向知识时代的教学设计框架——促进学习者发展》，上海：华东师范大学，2004 年。
②同上。
③同上。

有着密切的联系。

（二）建构主义学习理论

建构主义认为，知识的获得是学习者在一定的情境下，运用不同学习方式来自主建构的过程，强调学生在知识学习中的主体作用，将学生看作知识的主动建构者，教师需要基于学生已有的知识经验开展教学①。其强调学生自主建构知识、整合相关内容、迁移信息以及解决问题的能力，指向深度学习②。在建构主义思想的指导下，从教学角度看，教师应抓住建构主义提出的情境、协作、会话和意义建构四大要素，注重情境创设、讨论交流及迁移运用在教学中的应用，运用适宜的教学方式、多样的教学形式来制定教学策略，调动学生在学习时的积极性与主动性。基于情境创设，在教学时给予学生具体学习情境，激发学生学习兴趣，拓宽教育空间，或让学生扮演相关角色，调动学生学习主动性；基于协作与会话，在教学时给予学生相互讨论、共同探讨的学习机会，学生在互相交流的过程中，可相互促进、相互启发；基于意义建构，注重加强学生对所学事物以及所学事物与其他事物之间联系的认识。

（三）知识深度理论

1997 年，美国教育评价专家韦伯提出了知识深度(Depth of Knowledge)理论，简称 DOK 理论。DOK 理论和方法主要指向教学活动和任务的设计，是推动学生深度学习和积极参与的学习工具，也是培养学生高阶思维的教学设计工具。DOK 理论将学生的认知水平分成四个等级，分别为“回忆和重现”“技能和概念”“策略性思考和推理”及“拓展性思考”。研究者根据不同等级的思维要求设计和开发相应的活动、任务和问题，支持教育实践者能够设计有质量、促进学生深度学习的教学任务、活动和问题。在该理论的启发下，教师在设计教学活动或任务时，需要从教学内容和学生特点出发，设计具有不同认知水平要求的活动，这既是对学科内容本身梯度性的积极回应，也是深度学习、培养学生用知识解决问题的能力的内在需求。教学任务的最终目标指向是高阶思维和综合能力的培养。

三、思维进阶课堂教学以高阶思维培养为核心旨趣

高阶思维能力是一种技能、策略上的训练结果，众多国内外的专家都认

---

①高文、徐斌艳、吴刚：《建构主义教育研究》，北京：教育科学出版社，2008 年，第 26 页。

②李璇律、田莉：《建构主义视域下的深度学习》，《教学与管理》，2019 年第 12 期，第 1—4 页。

为高阶思维能力是可以培养的，可以由学科教师通过精准设定课程目标、设计学生活动与任务，以及采用有效的教学手段来完成；此外还可以通过开设整合合作学习、案例学习、角色扮演、项目研究、模拟性决策和问题求解等模式的决策能力课程，通过培养学生解决问题的能力，来培养学生的高阶思维能力。

高阶思维能力不是凭空产生的，培养高阶思维能力不能忽视低阶思维能力和中阶思维能力。思维进阶课堂注重对包括定义、描述、排序、分类、分解、对比、因果和类比在内的八大基础的认知思维能力的培养，而且在记忆、理解和应用的基础上强化分析能力、评价能力和创造力的培养。高阶思维能力与思维的深度有关，要从学生处理问题的策略思维和拓展思维的角度出发，有效整合基础思维能力。高阶思维能力还与思维的复杂程度有关，思维的复杂程度是国外近年来培养高阶思维能力的前沿，尤其是将思维的复杂程度培养应用于英才学生的高阶思维能力发展。

思维进阶课堂教学侧重于培养学生的基本思维技能，帮助学生由较低的思维能力水平提升至较高的水平层次，让他们初步形成以抽象、分析、综合、评价、创造、比较、分类、判断、推理等整合的高阶思维能力，对他们在创新、判断、决策、团队协作等领域的能力提升有重要作用。

第二节　思维进阶课堂教学的实践策略

学科知识、学科思维和学科能力是构建学科体系的三大支柱，强化学科思维是内化学科知识、形成学科能力的关键环节。然而，在教学实践中，师生往往重视学科知识的学习而忽视学科思维的训练，重学习结果而轻学习过程，导致学生在完成学科任务时“思维浅表化”倾向明显①，停留在低阶能力、低阶学习和低阶思维的层次上，高阶思维能力发展不充分。从课堂自身的角度来看，课堂教学缺乏高阶的教学目标和核心问题设计，对问题设计与学生思维发展的对应关系关注度不够。课堂问题设计预设性较强，而生成性、灵活性问题较少。正是此类开放性的、挑战性的、没有标准答案的、需要学生收集查询资料才能有结论、需要学生深度思考才能够回答的问题，才是能够激发学生高阶思维能力的好问题。

①张华、曹卫新、李倩瑶：《思维学习的进阶路径》，《思想政治课研究》，2020 年第 5 期，第 145—147 页。

鉴于此，我们从不同学科、不同知识模块的特征和要求出发，关注学生的思维起点、知识的内涵及理论思想的本质，开展能够激发学生思维进阶的教学设计，实施以表现式、参与式和互动式的学习任务，让学生在学习活动和学习任务中经历思维进阶的变化，促进真实学习的发生和助力学生思维的发展。要促进学生思维发展，教师首先需了解学生思维发展的水平及思考的过程，借助思维导图等可视化工具，让思维发展可见。在此基础上，进一步运用问题驱动、活动拓展策略促进学生思维进阶发展，巩固高阶思维发展成果。

一、借助工具，展现思维进阶

思维本质上是人脑借助于语言对事物的概括和间接的反映过程。按照思维本质的信息论观点，思维包括接收信息、存储信息、加工信息、输出信息等活动过程。思维存在于人脑中，看不见、摸不着，却深刻影响着我们的生活、学习、交往，构成了素质的核心。如何让思维和思维发展过程可视化？我们借助思维导图、概念图、流程图等多种工具，以一种直观的、更加容易感知的图示方式表征信息及其信息加工的过程①，把原本不可见的思维结构、思考路径及方法呈现出来②，实现隐性思维显性化。思维可视化工具是培养思维能力的重要载体，具有直观性、逻辑性、整合性等特点，在帮助教师和学生"看见"思维及其发展的同时，也有助于实现抽象思维直观化、逻辑思维序列化、概括思维结构化。"可视化"的核心在于以各样的图示呈现教材逻辑和教学活动逻辑，以便更好地让学生呈现"思维"，从感官中把握学习逻辑及知识，实现思维的进阶、核心素养的生成。在实际课堂教学中，我们将借助思维工具让思维发展看得见的过程称为"思维可见"策略。这一策略便于教师充分了解和把握学生的思维过程，并适时加以指导，促进学生思维正向发展。

"思维可见"策略在课堂教学应用中，根据具体情况可以进一步分为三个子策略。第一，建构图示，让抽象思维直观化。对于小学生而言，抽象思维发展以具象思维为基础，这就要求教师将学生需要学习的知识转化为直观形象的方式，将学生原本看不见摸不着的思维结构、思维过程、思维规律通过图片、图形、词语及其组合形式呈现出来。教师可以通过展示丰富的图示、有侧重地设计教学工具等手段，让学生直观经历观察、比较、推理等学习过

①李芒等：《可视化教学设计方法与应用》，《电化教育研究》，2013年第3期，第16—22页。

②刘濯源：《思维可视化：减负增效的新支点》，《中小学管理》，2014年第6期，第10—13页。

程，以图示的形式充分呈现学生思维过程，在“变与不变”的思维历程中引导学生完成思维进阶。第二，搭建支架，让逻辑思维序列化。逻辑思维主要是指比较、分类、概念、判断、推理等思维形式。一般而言，逻辑思维较弱的学生在知识学习上常常呈现碎片化、无序化状态，所学知识没有形成有序、连贯、宏观的体系。为此，教师在课堂教学中可以采用“脚手架”策略，即使用教学工具辅助学生提高思维水平的支架，引导和帮助学生自主学习。思维可视化工具作为有效的“脚手架”，能够有效帮助学生建立系统、有序的知识体系。搭建支架，要抓住思维发展过程中的关键进阶点，使学生经历更清晰、更有序的学习过程，促进逻辑思维能力逐渐发展。第三，丰富情境，让概括思维结构化。思维最显著的特征是概括，概括是一切思维品质的基础[①]。概括是指从具有共同要素的过程抽取一般或共有要素，进而迁移到其他同类动作过程中去。“思维可见”策略可以将学生需要学习的知识转化为直观形象的方式。比如通过直观的场景给学生带来不一样的学习体验，通过动态操作加强学生的印象，促进学生思维意识的形成以及思维能力的提升。良好的情境创设能够充分调动学生学习的主动性和积极性，启发学生思维、开发学生智力，是促进学生高阶思维发展、提高学科教学实效的重要途径。学生在丰富的情境中创造性地应用可视化工具，锻炼了概括思维，促进了知识的结构化，帮助学生的学习达到举一反三、触类旁通的境地，激发学生主动有意义地学习。

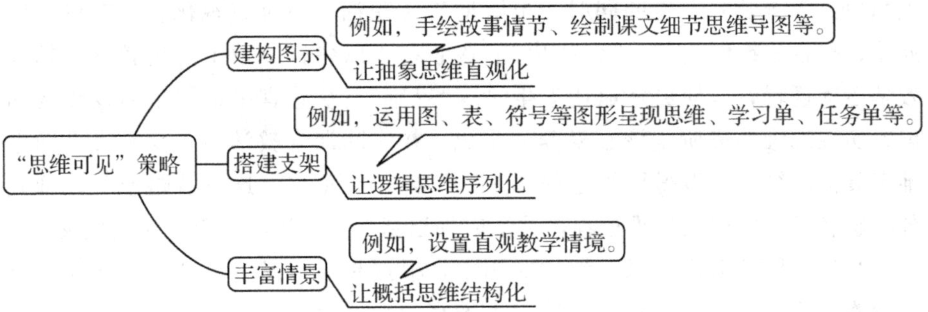

图 1-1 “思维可见”策略具体构成

①林崇德：《学习与发展——中小学生心理能力发展与培养》，北京：北京师范大学出版社，2000 年，第 15 页。

二、问题驱动，引领思维进阶

问题是学生思维活动的起点①，问题教学在培养学生独立思考和创造力方面发挥着至关重要的作用②。通过问题的引导，学生能够将零散的知识点有机地串联起来，形成完整的知识体系，从而增强思维的连贯性和深度，更好地理解和把握所学内容。问题是驱动思维进阶的重要工具。学生的思维进阶需要有一定的支架，即在任务驱动下，通过问题驱动，不断巩固、发展学生的各项基本思维能力，给予学生思维发展一定的方向。任务驱动通过增强学习过程中的问题动机，引导学生围绕核心任务主动应用学习资源，进行自主探索和互动协作的学习，对当前的任务做出分析和概括、综合和检验，让学生的思维处于高活动水平，从而促进高阶思维的发展。我们将以问题为驱动引领学生高阶思维发展的教学行为概况为“问题驱动”策略。该策略核心在于巧妙地设置各种类型的问题，并在教学中有意识地合理使用问题，引发学生深入思考。

“问题驱动”策略在具体课堂教学应用中可以根据具体应用形式进一步区分为三个子策略。第一，大问题，让思维“长”起来。大问题是直指本质、涵盖教学重难点、高水平的、以探究为主的问题，能引导学生思考，推动其探究，促使其实践，从而发展思维。课堂教学要实现思维的进阶就要用植根于学生已有经验的“原点”去撬动学生思维需要的“支点”，达到引领通往学生生长的“远点”，这就要求教师具有设计驱动性的大问题的能力，让学生的思维生“长”起来。第二，真情境，让思维“动”起来。学科教学不仅仅是关注学科逻辑，更应该关注生活逻辑，打破学科结构，从学生成长与现实生活的角度重构学习内容，解决学生生活、学习和发展的现实需求问题。将问题置于真实情境中，学习变得更具意义和目的性，使学生能像专业人士一样去探索和解决问题，并将所学知识和经验有效地迁移到实际生活中③。在真实情境的映衬下，问题不再是孤立、抽象的存在，它与学生的日常生活经验紧密相连，变得更加鲜活、具体，更能触发学生的探究兴趣和思考动力。第三，大任务，

---

①李卫青：《用问题驱动，促思维发展——以五年级下册〈杨氏之子〉教学为例》，《语文建设》，2022 年第 8 期，第 69—71 页。

②罗祖兵：《教育学问题教学：涵义、价值与操作》，《高等教育研究》，2010 年第 3 期，第 71—75 页。

③蔡亚萍：《基于真实情境问题解决的教学设计》，《电化教育研究》，2011 年第 6 期，第 73—75、80 页。

让思维“整”起来。任务驱动教学旨在通过不同的任务驱动学生进行探究、实践、思考、运用、创新等学习活动，将任务驱动教学应用到课堂教学中，教师应把握任务驱动教学的内涵，设置合理、高效、实用的任务，驱动学生主动探究学习，提高学习效率。教师在设计任务时需要关注驱动力度，力求使学生积极地探究、思考，有效地完成任务。同时，还需要注意循序渐进、由浅入深，培养学生的发散性思维能力，锻炼其辩证性、批判性思维，在任务驱动中让思维“统整”起来。

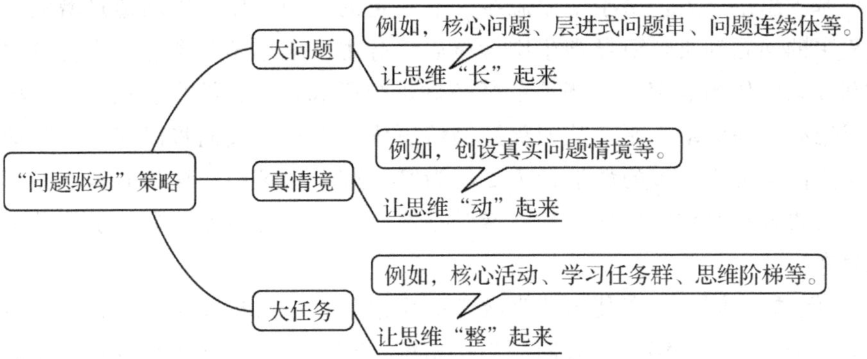

图 1-2 “问题驱动”策略具体构成

三、活动拓展，促进思维进阶

“活动”的基本含义是“做”。苏联心理学家维果茨基认为活动在知识技能内化过程中具有桥梁性作用，活动构成了人的意识发生和发展的基础。杜威认为“教育即生活、即生长、即经验改造”，在教学上形成了“做中学”。陶行知先生的“生活教育”实验和陈鹤琴先生的“活教育”实验，将活动理论运用到中国教育教学实践中，并逐步发展成为我国教学理论的一种范式。“活动”的概念范围广泛，本研究中主要限于阅读活动、学科实践活动、探究活动、班队会活动等。“活动”为学生思维能力的运用提供了广阔空间和复杂任务，让学生在各种活动中不断拓展和深化思维能力。我们将以“做中学”为核心的教学实施方式，概括为“活动拓展”策略，其核心在于设计有助于学生思维发展的各种活动，推动学生在运用思维能力完成活动的过程中拓展思维广度、提升思维深度。

“活动拓展”策略在本研究中的课堂教学中主要实践了三个子策略。第一，阅读，让思维“活”起来。阅读不是单纯的读书，更是一种获取和加工信息的思维活动，能够培养学生思维能力、拓展思维边界。在阅读的过程中，学生要内在地对所读内容进行分析、判断、评价和反思，内在自觉运用批判性思维能力，发现解决问题的新思路和新方法，潜在地有助于创新思维的发展。在这个意义上来说，阅读让思维发展有了源头活水。因此，教师应以培养学生学科核心素养为起点和基础，利用课堂上生成的契机，将阅读策略、非故事类文本等方式作为对学生思维发展培养的重要载体，为学生高阶思维提供"放飞自我"的空间。第二，探究，让思维"深"下去。探究是学生在学习情境中通过观察、阅读，发现问题，搜集数据，形成解释，获得答案，并进行交流、检验、探究性学习。探究以发展学生思维为核心，以教师为主体引导学生自主建构形成解释。探究过程强调学生借助工具收集证据，综合运用比较、分析、综合等思维方式，对证据的准确性、可靠性、适切性等进行综合评估和判断，从而实现知识与能力之间、不同学科之间、不同发展阶段之间的衔接和整合，最终促进学生核心素养的协调发展。第三，活动，让思维拓出去。思维决定了我们对世界的理解和应对方式，但也容易受到各种壁垒的限制。活动作为一种综合性育人方式，为思维发展提供了实践场域，有助于打破思维壁垒、培养思维灵活性。

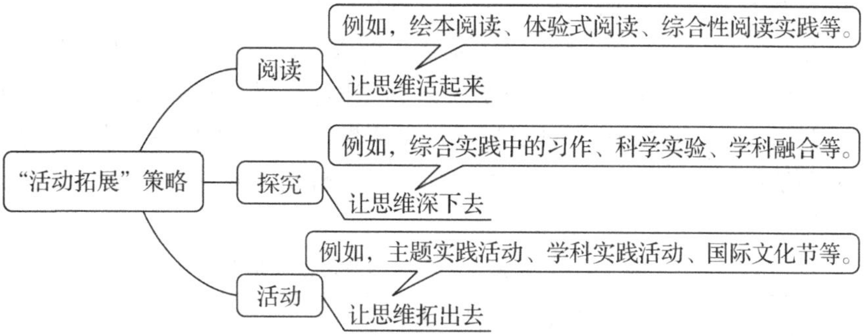

图 1-3　"活动拓展"策略具体构成

第三节　思维进阶课堂教学的主要成效

一、思维进阶课堂教学的主要成效

通过思维进阶教学实践，我们梳理整理了促进学生思维进阶发展的三大策略、九个子策略，以及若干个教学案例。案例覆盖语文、数学、英语、科学、美术、体育、综合实践等多个学科，以例证的方式展现了思维进阶课堂教学的有效策略，有力推进了我校课堂教学改革的深入推进。例如，在语文学科教学中，可充分利用阅读及习作教学，结合思维导图将学生思考过程可视化，并以大问题助推学生思考，以实践活动巩固提升发展思维，以阅读和文本滋养学生思维进阶。可以“大问题”作为学习支架，在设计支架时要考量学生可能遇到的困难，并在其实际水平与潜在发展水平间进行设计，以促进其思维发展。当学生的能力提升后，可以逐步撤掉“学习支架”，使学生真正获得能力的提升并逐渐成为独立的学习者；以学习任务群、主题研究式学习作为驱动，调动学生学习积极性，通过整合学习情境、学习内容、学习方法和学习资源，去构建由易到难的多个学习任务，组成阶梯式的学习任务群，学生在完成任务的过程中，能够更加有体验感和主动积极性。情景教学利用真实情境，结合学生实际生活，利用相关教具，将知识生动、形象地呈现给学生，有助于提高学生将抽象问题具体化的能力。

思维的进阶需要不断巩固、发展学生的各项基本思维能力，教师在引导学生思维发展的过程中，也通过设置高层次认知问题，促进学生思维的发展。例如，科学学科教学中，以问题链驱动引导学生思维发展，以“空气”单元为例，为更好地引导学生能够理解空气是占据空间的，教师设置“层进式问题串”，层层推进，通过新旧知识建立联系，再通过比较，最后实现了知识、方法、应用的迁移。学生从“固体在水中占据空间”的概念及方法，思考并创新“能让空气在水中占据空间”的方法，并逐渐构建“空气占据空间”的概念。在整个问题解决过程中，学生经历了知识再现、分析、比较、想象、迁移、创新等思维过程。

表 1-1　思维进阶教学策略应用效果举例

策略	具体策略	应用情境	应用前情况调研	应用后效果呈现
“思维可见”策略	建构图示	想象画面与细节	在想象过程中，学生难以将思路打开，无法有条理地、重点清晰地把一个简略的情节讲具体	帮助学生按情节进展梳理思路并丰富细节，学生在完成创造性复述故事的过程中自然地调整自己的认知结构
	搭建支架	英语课堂教学	学生在同等思维水平的活动中逐步感到无趣与乏味	利用学习单、思维导图等工具使思维可视化，提升学生课堂学习兴趣

续表

策略	具体策略	应用情境	应用前情况调研	应用后效果呈现
“思维可见”策略	丰富情境	实际问题与抽象的沟通	课堂学习与实践之间产生隔阂	利用文字、实物图、图形、数字、字母及算式呈现多样化的表征，将新经验与原认知进行有效沟通，内化、构建自己的认知结构
“问题驱动”策略	大问题	习题应用	学生解题经常出现错误，并不明晰错误原因	由“大问题”引领，让学生在解决问题的过程中，思维在纵向深入度和横向的拓展度得到锻炼和发展，从而解决问题，让学生的能力得到提升。用大问题给课堂一个恰当的宽度和一个适宜的深度，触及问题本质，沟通方法间的联系，实现思维的进阶
	真情境	习作教学	学生观察不仔细，观察日记不生动、丰富	学生能够用自己独特的语言把想法记录下来。在仿写课文文段、语句的基础上，有自己的创新表达
		应用题解题	应用题解题时，学生因题目情境变化，导致解题出现错误	通过运用类比策略进行学习、探究、解决问题，学生们不再把知识作为一个个孤立的点来认识，而是能够由点到面、举一反三，让学到的知识和方法融会贯通。类比策略的使用，也有助于教师进行高效的教学。在类比的基础上，我们可以将概念、情境和方法进行分析归类，从而达到由面到点的辐射作用，大大提高教学效率
	大任务	想象语文要素的学习	学生想象思维稍有缺乏	任务驱动使学生知晓自己的学习指向，应以文本为依托，开发多层次的任务，让学生在任务驱动下，促进思维能力的进阶和语文素养的提升
“活动拓展”策略	阅读	阅读教学	学生不知道如何根据阅读目的选择合适的阅读策略去解决问题	让学生研究透阅读方法与阅读目的的关系，在任务驱动下，学会为目的选方法，提高阅读的综合能力和效率。在以后的教学中再尝试更多的阅读策略综合运用

续表

策略	具体策略	应用情境	应用前情况调研	应用后效果呈现
"活动拓展"策略	探究	工程问题的学习	学生在解决抽象问题时产生困难	在"任务"与"思考"的碰撞中，学生始终处于高认知水平的思维状态，经历知识的形成过程中，探索和分析解决问题的有效方法，经历与他人合作交流解决问题的过程，并努力解释自己的思考过程，从而完成由具体形象思维向抽象概括思维的进阶
	活动	课文学习	常规教学无法引导学生深入理解、挖掘教材内容	以"三个转变"实现"拓展思维深度和宽度"为中心的主题研究性学习、以"三个不怕"贯穿"拓展思维深度和宽度"为中心的主题研究性学习

二、思维进阶课堂教学的未来展望

如何实现学生思维有效进阶？是每位教师在日常教学和研究中必须面对和思考的问题。无论是在语文、数学、科学，还是在音乐、体育、美术学科，知识和技能的教授和学习归根结底上在于发展思维，尤其是高阶思维。可以说，高阶思维是未来战略人才素质的核心要件。

我校思维进阶课堂研究与实践，在三个层面同步推进，一是以国家课程为载体进行研究，主要研究学生基础认知思维能力的培养以及如何精准设定基于不同思维层次的课程目标并落实；二是以校本课程为载体进行研究，研发与四大高阶思维能力发展相关的整合课程并实践；三是以教学过程载体进行研究，尝试从认知思维的深度、认知思维的复杂程度入手，总结提炼与四大高阶思维能力培养相关的教学策略。从实施结果角度来看，思维进阶课堂提高了学生记忆、理解、分析能力，发展了学生评价、创造能力，取得了一定的积极成效。

学生思维发展永无止境，教学改革探索也应与时俱进。在教育强国建设的大背景下，进一步释放基础教育的基点作用，学校需要深耕课堂，扎实上好每一节课，培养好每一名学生。发展学生高阶思维能力(包括分析与解决问题能力、审辩式思维能力、创造性思维能力和决策能力)的过程，对于教师而言也是提升理论水平、思维水平、课程研发能力的过程，是实现教师自主发展的有效途径。

面向未来，我们还需着重在三个方面下功夫。一是着力拓展研究学科，从语文、数学、科学逐渐向体育、音乐、美术、信息技术等学科拓展，形成各学科共同促进学生思维能力发展的格局，弥补单一学科培养的局限性。二是着力升华、深化、优化实践案例。目前所呈现的均聚焦一线教学实践中的痛点问题，案例的连接、衔接上并不充分，甚至存在一定的割裂，后续还需通过深化研究，增强思维进阶课堂教学实践的系统性。三是着力发展教师基于教学开展科研的能力，提升教师高阶思维能力。教师每天面对的都是不断发展变化、个体差异明显的学生，需要针对不同类型学生的思维发展阶段和发展需求，提供针对性支持。这就要求教师在日常教学中增强研究性思维，发现教学中的真问题，深入研究和挖掘高阶思维能力培养的工具、技巧和手段，增强自身高阶思维能力。

第二章

借助工具，展现思维进阶

教育的本质在某种意义上是培养思维，培养思维的最好场所是课堂。

——顾明远

思维就像存在于大脑中的黑箱，看不到、摸不着，却一直作为存在的主体被个体所感知，我们的生活、学习、交往无不渗透着思维的影子①。可视化是以一种直观的、更加容易感知的图示方式表征信息及其信息加工的过程②。思维可视化工具，简单来说就是将内隐的思维以外显的形式呈现出来，它是一个以图式或图式组合的方式，把原本不可见的思维结构、思考路径及方法呈现出来，使其清晰可见的过程③，其具体形式主要为图示工具，如思维导图、模型图、流程图、概念图等。

思维可视化工具是培养思维能力的重要载体。首先，它本身就具有直观性，可以将隐形思维显性化。其次，思维可视化工具具备逻辑性的特点，能够实现碎片知识结构化。再次，思维可视化工具的具备整合性的特点，能够有效将新旧知识、无序列文本进行内容和结构的整合梳理，能有效培养学生的核心素养，是进行思维建构的有效抓手。将思维可视化运用到学科教学中，可使教学的焦点从“知识层”深入到“思维层”④，师生的思维能力在师生互动及生生互动中持续地、系统地得到锻炼与发展。思维流程是让思维可视化的核心练习，作为促进思维的工具，随着时间推移，它们的使用能够成为一种行为模式⑤，助力学生思维长久发展。图式或图式组合是思维可视化的具体表达工具，实际上是运用“画面语义学”的语义规则将各种思维形式呈现出来，如发散思维、聚合思维、递进思维、辩证思维、创新思维、转化思维，等等⑥。研究表明，当这些工具运用到课堂教学当中，对学生不同的思维能力发展均有裨益⑦，如抽象、逻辑、概括思维等，使抽象思维直观化、逻辑思维序列化、概括思维结构化。本章提供了我校教师的一些思维可视化教学实践案例，希望能够给一线教师提供帮助。

---

①丁紫晴、代建军：《思维可视化教学的表征研究》，《教育理论与实践》，2019 年第 4 期，第 57—60 页。

②李芒等：《可视化教学设计方法与应用》，《电化教育研究》，2013 年第 3 期，第 16—22 页。

③刘濯源：《思维可视化：减负增效的新支点》，《中小学管理》，2014 年第 6 期，第 10—13 页。

④同上。

⑤罗恩·理查德、马克·丘奇著，周晓微等译：《思维可视化教学：哈佛大学教育学院设计可视化思维课堂的 18 种流程》，北京：中国青年出版社，2022 年，第 54 页。

⑥王志军等：《技术支持下思维可视化课堂的构建研究——以小学语文阅读教学为例》，《中国电化教育》，2015 年第 6 期，第 116—121 页。

⑦张海森：《2001—2010 年中外思维导图教育应用研究综述》，《中国电化教育》，2011 年第 8 期，第 120—124 页。

第一节　建构图示，让思维直观化

一、策略描述

思维是一种具有内隐性的心理活动方式，它是人脑对客观事物的间接反映与概括，是认识事物、认识世界的高级阶段。思维的显著特点为抽象性，具体表现为“不可视”。思维可视化是突破儿童抽象思维发展局限性的一种认知策略，通过思维可视化工具，如思维导图、概念图、思维地图等途径实现思维可视化，将学生原本看不见、摸不着的思维结构、思维过程、思维规律通过图片、图形、词语及其组合形式呈现出来，实现隐性思维直观化、抽象思维具体化。利用可视化工具可以充分把学习内容进行视觉性的吸收和理解。

“可视化”的核心在于以各样的图示呈现教材逻辑和教学活动逻辑，以便更好地让学生呈现“思维”，把握学习逻辑及知识，实现思维的进阶、核心素养的生成。基于此，教师通过丰富的图示形式，让学生直观经历观察、比较、推理等学习过程，在“变与不变”的思维历程中让学习真正发生；有侧重地设计教学工具，将实物、教具、模型、图形、语言与符号相互组合，引导学生完成思维进阶；关注学生思维的主观性和差异性，在工具设计中给予思维发散的空间，以图示的形式充分呈现学生思维过程，让思维尽情延展。同时，学生在课堂学习中将进行大量联想及头脑风暴并发展出相应能力，还可帮助个体连接新旧知识，使学生的思维网络更加系统。

总之，在教师的教学故事中，体现了对于如何有效地利用可视化工具进行教学的充分思考，能够让学生学习思考的过程清晰可见，使其在有机联系的思维路径中实现思维进阶，锻炼学生的抽象思维能力，并将这一抽象思考的过程直观地表现出来。

二、策略应用

画出来，让思维直观呈现①

【痛点故事】

“老师，课堂上我本来觉得自己听懂了，可到了做题的时候，不知为什么

①案例提供者：周婷婷。

我又不会了。老师我是不是记性不好?”在哭笑不得中，我们经常会遇到这样的现象，是不是孩子真的记性不好？还是我们的教学出现了问题？下面我们就从一个具体的课堂教学事例入手来看一看。

在六年级“解决问题的策略”一课的片段教学中曾有这样一道题目：“小明把 720 毫升果汁倒入 6 个小杯和 1 个大杯，正好都倒满。已知小杯的容量是大杯的 1/3，小杯和大杯的容量各是多少毫升?”

解决这道题的关键是理解“小杯的容量是大杯的 1/3”。当然，实际教学中为突破这一难点，很多教师都会变化题型、减小难度，然后循序渐进，迁移类推，最终解决问题。

在 1 个大盒和 5 个同样的小盒里装满球，正好是 80 个。每个大盒比每个小盒多装 8 个，大盒里装了多少个球？每个小盒装了多少个球?

图 2-1 为例题“80 个球分装图示”(1)。

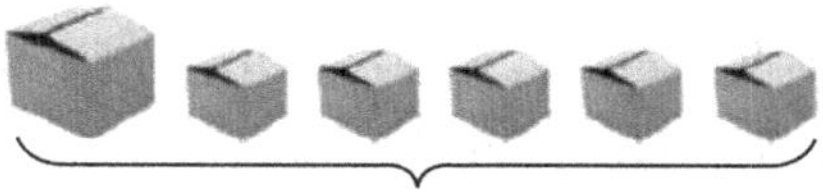

图 2-1　例题“80 个球分装图示”(1)

老师先给学生讲一遍，再让能听懂的部分学生重复讲两遍。然而，最终的结果仍旧是部分学生听懂了，部分学生不太懂或者根本没听懂，甚至会出现上文那个学生自以为记性差，上课听懂了，然而自己一做就又不会了。究其原因，不是教师讲得不全面，而在于教师没有抓住本质：运用思维可视化原则，让思维过程可见，将关键句用可见的直观方式来呈现(见图 2-2)，“大盒比小盒多装 8 个”，那么“大盒”就可以用“小盒＋8”来替换。

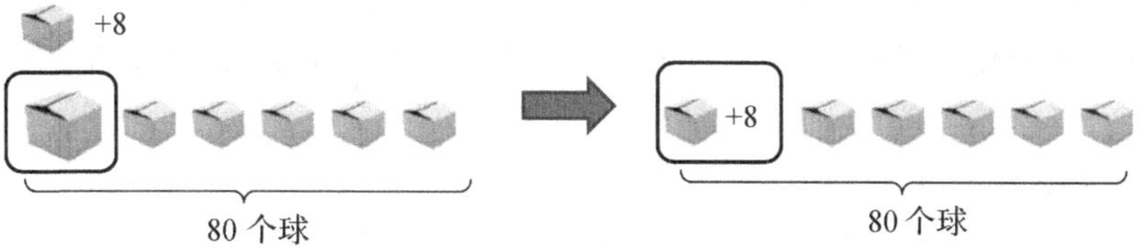

图 2-2　例题“80 个球分装图示”(2)

这样的过程不仅可以让每一位学生都能看懂，更可以通过培养“可视化思维习惯”使学生养成深入思考、独立解决问题的习惯。

同样，利用转化的方法让学生用图来让自己的想法可视化，理解关系句

“已知小杯的容量是大杯的 1/3”，再让学生独立完成前面的倒水问题，这样学生就很容易在纸上将自己的思维过程画下来(见图 2-3)，将问题迎刃而解。

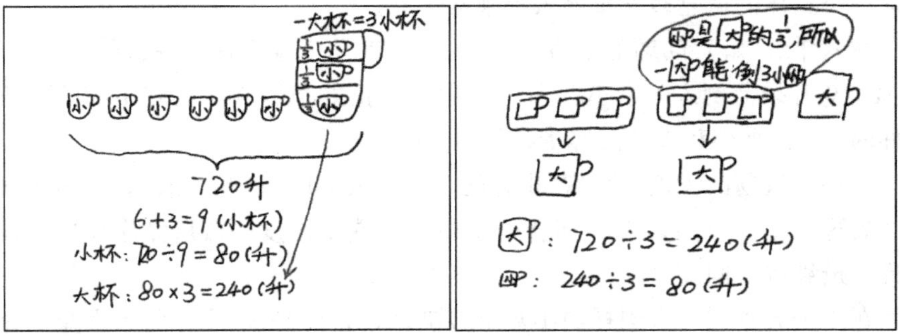

图 2-3　学生思维过程图示

由此可见，如果学生能够学会用这种“思维可视化”的方式思考不易理解的难点问题，便可将难点直观化、思维可视化，从而逐渐培养学生解决问题的能力。那么如何培养学生这种能力呢？

【工具链接】

心理学家皮亚杰认为“儿童的智慧源于操作”。有效的可视化操作活动不但能够激发学生的学习兴趣，还能让学生在操作中经历、体验。

思维过程可视化是指以发展学生的学科核心素养(思维水平)为目标，师生在教与学的过程中使用实物、教具、模型、图形、语言与符号并相互组合，把本来不可见的思维(思考方法和思考路径)呈现出来，清晰可见，便于理解和记忆，有效提高信息加工及信息传递的效能，是一种化隐性抽象为显性直观的教学策略。

思维可视化的学习让抽象的数学知识具象化，让隐性的思维过程显性化。思维过程可视化是发展儿童思维能力、促进学生思维进阶最有效的学习方式之一。

【行动故事】

1. 学习素材可视化——助力思维起步

记得在教学六年级“百分数的认识”这一单元时，围绕三个核心问题展开深度教学：百分数的意义是什么？百分数与分数有怎样的关系？有了分数为什么还要学习百分数？这三个问题恰是基于“百分数认识”的三个不同层次的要求。

在数学教学过程中，教师应灵活运用教材，为学生布置一些适合的探究性任务和问题，用任务和问题将学习素材可视化，驱动学生学习，充分调动学生学习的积极性与主动性，提高学生的学习能力。

比如教师可以通过实物教具、图文转换、数形结合等教学策略，以及对下面题目的思考、讨论和再创造，激发学生的高阶思维能力，促进学生思维进阶：将“连一连”的练习题改成探究题目：估计每幅图的阴影部分占整幅图的百分比，然后与对应的百分数连起来，并说明理由。

图 2-4 为“练一练”题目。

估计每幅图的阴影部分占整幅图的百分比，然后与对应的百分数连起来。

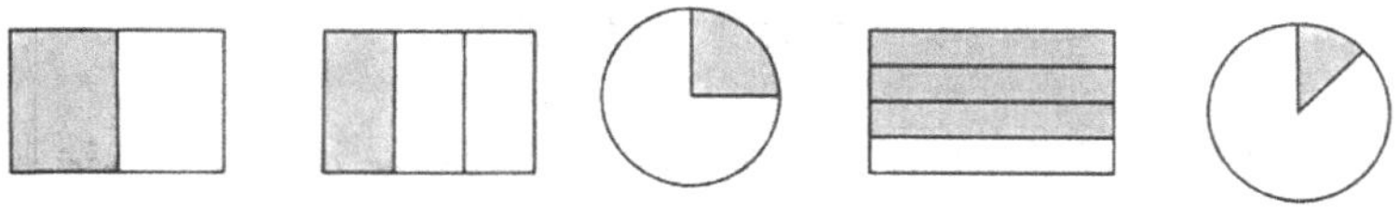

33%　　50%　　75%　　12.5%　　25%

图 2-4　“练一练”题目

连线讨论后，教师应适时地设计追问：通过上面的学习，你发现了什么？你能自己画出一个这样的百分数吗？将简单的连线题设计成激发学生思维进阶的起点。一是借助图形占比的题目，让学生体会百分数的大小是可数的，通过百分数的化简或对图形的进一步分解，来直观地理解分数与百分数的关系，从而进一步体会分数的意义；二是借助占比图让动手操作更便捷。学生在想一想、画一画、算一算的过程中充分调动眼、脑、手多感官合作，从而不断尝试多感官合作，多角度探究百分数的转化路径，以画促思。

2. 操作过程可视化——助力思维碰撞

(1)借助图形培养学生的建模能力。在四年级学习关于“行程问题”的应用题时，题目中的文字较多，而且一些数据对学生的理解能力、思维能力都提出了较高的要求，为此教师可以借助“关系式”与“线段图”(见图 2-5)，沟通实际与抽象关系式的联系进行数学建模。

通过线段图来表达应用题中关于速度、时间、路程三者之间的关系，同时教师运用数轴讲解应用题，能够将整个操作过程呈现在学生的面前，将思维过程可视化，就很容易让更多的学生理解，从而通过“路程”问题让培养学生的建模能力成为可能，促进学生思维进阶。

(2)鼓励表达，重视合作，促进学生思维进阶。在学习六年级“比例尺的意义”这一课时，则可通过将例题灵活引入学生生活(见图 2-6)，鼓励学生通

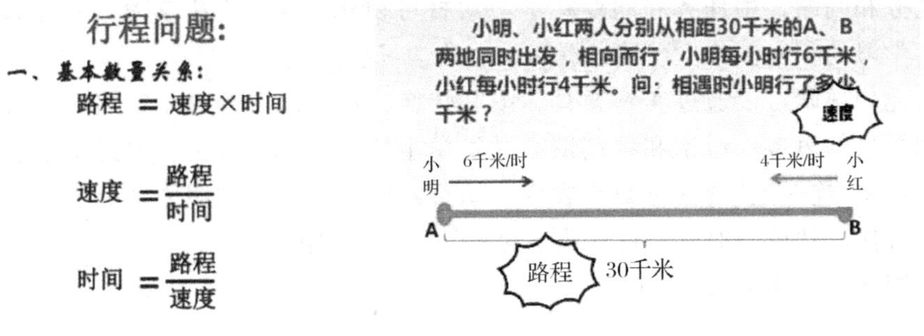

（a）“关系式”　　（b）“线段图”

图 2-5　“关系式”与“线段图”结合

过沟通、合作运用语言来呈现学生的数学思维过程，促进学生的思维进阶。

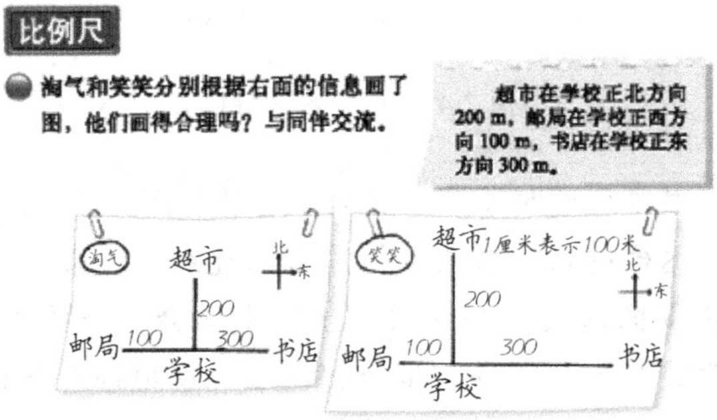

图 2-6　灵活引入例题

教师可将问题稍作调整：想要将教室的平面图画在纸上，没有这么大的纸怎么办？学生思考回答：“将实际的长和宽缩小(也就是用比例尺的相关知识)。”接着教师又提出问题：“这么做的意义是什么？”引导学生采用小组合作探究的方式来思考，小组讨论过程中促进学生积极参与，小组讨论之后，教师应让每个小组安排一位代表将自己小组讨论的可视化的内容进行实物投影反馈，教师和小组之间进行补充、鼓励，让学生间的交流碰撞出思维的火花。通过学生的语言表达与合作交流促进学生思维进阶，突破对比例尺意义的理解。

3. 研究成果的可视化——助力思维可持续发展

在五年级“三角形的面积”的教学中，学生在计算三角形面积时经常漏了除以 2，究其原因，是在三角形面积公式推导过程中学生没有深刻理解除以 2 的根本原因。将学生的研究成果用直观的“倍拼法”(见图 2-7)呈现，把学生的思考过程展示给每一位学生。

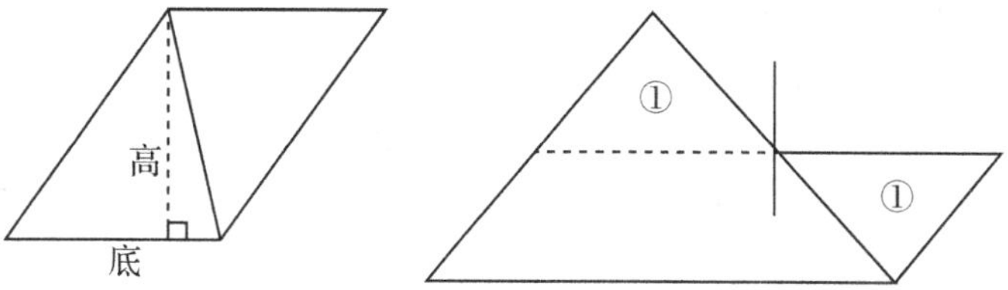

$S_{\triangle}=\frac{1}{2}S_{\text{平行四边形}}$　　　$S_{\triangle}=\text{小}\ S_{\text{平行四边形}}=\frac{1}{2}\text{高}\times\text{底}$

图 2-7　倍拼法图示

倍拼法让学生更加清晰地看到思考过程，有的放矢地、更深入地进行思考，推导出面积公式，学生能够比较轻松地发现三角形与拼成的平行四边形在底和高的长度、面积方面的变化，进而得出结论。这样，学生通过研究成果的可视化，两次经历观察、比较、推理、抽象等学习过程，在“变与不变”的思维历程中建模、用模，让数学学习真正发生，学生抽象思维能力得到可持续的发展。

【小结反思】

以下是不同层次的六年级学生在学习运用思维过程可视化一个学期前后的单元梳理作业的对比(现实中每一个孩子都有很大的进步，这里以学习水平不同的三位学生为例，见图 2-8)。

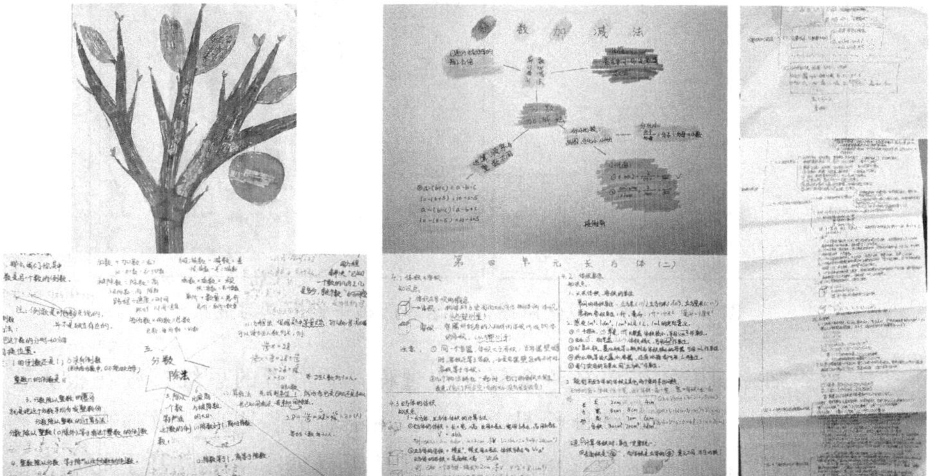

图 2-8　学生单元梳理作业对比

从内容上看，学生从过去对所学知识进行简单总结和归纳，经过一个学期“思维过程可视化”的训练，到后来不仅能够总结归纳出所学习的内容，更能将典型题目和重点题型的方式方法进行总结、归纳，并运用图、表、语言、符号等方式进行“可视化”的思维呈现，实现了让每一个学生的思维都得到成长，促进学生思维进阶。

在思维可视化的学习过程中，知识不再是学习的最终目标，而是培养学生思维习惯的载体；数学学习不再只是“学习能力强的学生”的学习乐土，而是每一个孩子积极、主动展现自我、培养高阶思维能力、促进思维发展的沃土。当数学学习开始由学生积极的、喜闻乐见的方式在课堂以外的地方发生，那么孩子的数学学习也就会从思想的最深处发生变化。

下面是几个不同年龄段的孩子通过思维可视化思维习惯的培养后，展示的学习成果。

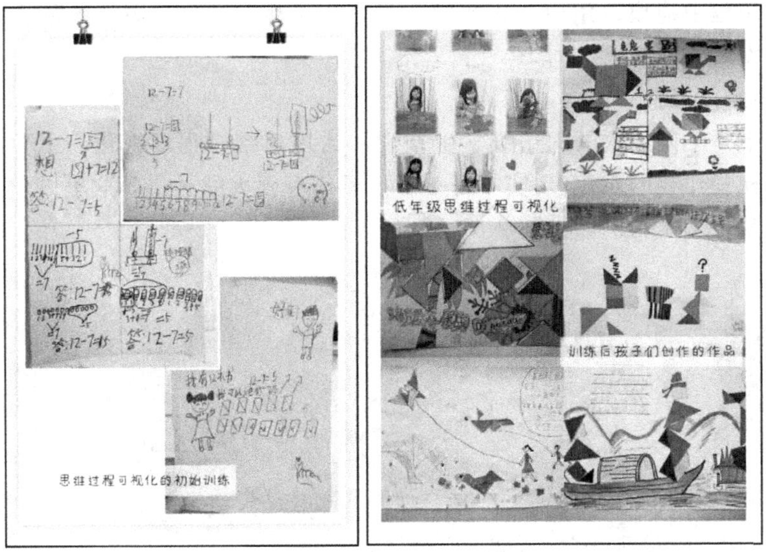

图 2-9　思维可视化思维习惯培养后孩子们的学习成果

众所周知，知识的传授是一个复杂的过程，学习者的思维过程在很大程度上影响学习结果，而思维恰恰是看不见、摸不着的。因此，教师很难准确判断课堂上学生的学习是否真正发生，思维是否得到了培养。基于此，在小学数学课堂教学过程中，我们尝试借助图形、表达、合作探究等操作过程的可视化加强师生、生生之间的思维过程的交流互动，促进思维碰撞，互相交换思维成果，从而促进学生思维进阶。

展开去，让思维表征多样①

【痛点故事】

作为一名小学数学老师，我有我的教育理想，我要带领我的学生用数学的眼光观察世界、用数学的思维思考世界、用数学的语言表达世界，让每一个想成功的孩子都能获得数学思维上的提升。然而，现实往往会给你当头一棒！

记得有一次数学课上有一道有趣的应用题，我认真地讲了解题的思路和方法，可是一名学生在作业中仍然做错了。我问她为什么会错时，她急得哇哇大哭，她说我在课上讲的她没听懂，她的同桌也没听懂，她的作业都是抄别的同学的。一个“抄”字深深地刺痛了我……

苏霍姆林斯基说：“每一个孩子都有一个独特的、独一无二的世界。”我每天面对八十多个不同的孩子，他们来自不同的家庭，拥有不同的知识基础、不同的思维方式，也有不同的学习能力，而我用同样的教材在同一间教室里讲授相同的知识内容，在这样的大课堂上，他们能否都有所获？当我抛出一个数学问题，他们的小脑瓜里都有什么不一样的理解？怎么才能让每一个孩子都能从课堂中汲取营养，让每一个想成功的孩子都能获得数学思维上的提升呢？我必须真正了解每一个孩子，看见每个孩子的认知起点，看清他们的思维成长过程。那么如何“看见”学生内在的思维呢？

【工具链接】

表征(Representation)作为信息在头脑中的呈现方式，在认知科学、教育心理学等领域是指用某种物理的或心理的形式将一种事、物、想法或知识重新表示出来，既是对客观事物的反映，又是被加工的客体，同一事物的不同表征形式即该事物的多元表征(Multiple Representations)。我在教学中对多元表征的应用强调的是多元外在表征，即对抽象知识进行表达的外显方式和过程。

小学阶段，学生的思维以具体形象思维为主，并向抽象逻辑思维发展，但是这种抽象逻辑思维仍然离不开直观具体的感性经验。基于学生的思维发展由具体到抽象、由感性到理性的过渡性特点，布鲁纳认为学生思维活动要经历“动作表征—图像表征—符号表征”三个依次递进的线性过程。莱什在此基础上将外在表征分为五种：实物情境表征、教具模型表征、图形图表表征、

①案例提供者：苏晓艳。

口语表征、书写符号表征。莱什强调了这五种外在表征在数学学习中的重要作用，认为这五种表征方式之间并不存在一定的先后顺序，而是要关注他们之间的转化和联系。

东北师范大学史宁中教授认为，数学思维就抽象的深度而言大体上分为三个阶段：简约阶段、符号阶段、普适阶段。简约阶段是指把握事物的本质，把复杂的问题简单化、条理化，能够清晰地表达的阶段；符号阶段是指去掉具体的内容，利用概念、图形、符号、关系表达包括已经简化了的事物在内的一类事物；普适阶段是指通过假设和推理构建法则、模式或者模型，能够在一般意义上解释具体事物。可见，外在表征方式的不同反映出了学生思维起点的差异。

【行动故事】

数学学习与思维的过程和结果既有内隐的心理反应，也有外显的数学化表达，即多元表征。我在数学课堂上引导学生将自己头脑中的思考过程用文字、图像、语言等方式表征出来，从而“看见”他们的认知起点，“看清”他们的思维过程。再通过对学生的思维过程进行解析，实施有针对性的教学策略，引导学生的思维从直观形象层面向抽象概括水平发展，提升学生的思维能力。

1. 经历多元表征，让思维起点可见

在教学中，我设计核心活动，鼓励学生用自己喜欢的方式记录思考过程。从呈现出来的不同表征方式，我能够看到学生的原有认知，可以充分了解学生的知识基础，学生之间也可以互相了解和学习。

教学片段一：

在“搭配中的学问”课堂教学中，我抛出问题：马戏团里的小丑卡卡要表演，想选一顶帽子和一条裤子(见图 2-10)。可以怎样搭配呢？请你在学习单上写一写或画一画，看看一共可以搭配成几种。

图 2-10　问题图示

学生拿到学习单后，各个兴高采烈，跃跃欲试，看来这个任务对他们来说并不难。几分钟后大家都完成了任务，兴奋地展示起来，迫切地想让老师欣赏他们的作品。

学生的表达方式总的来说呈现以下水平（见表 2-1）。

表 2-1　孩子们的表达方式呈现的水平

表征方式	典型举例	思维水平
文字表示	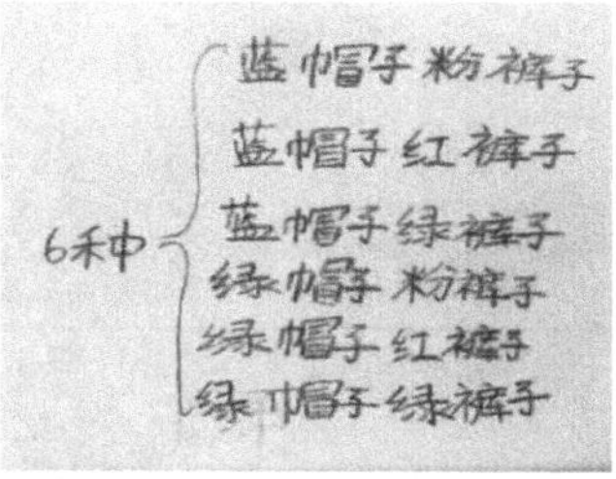	简约阶段
实物图表示		
	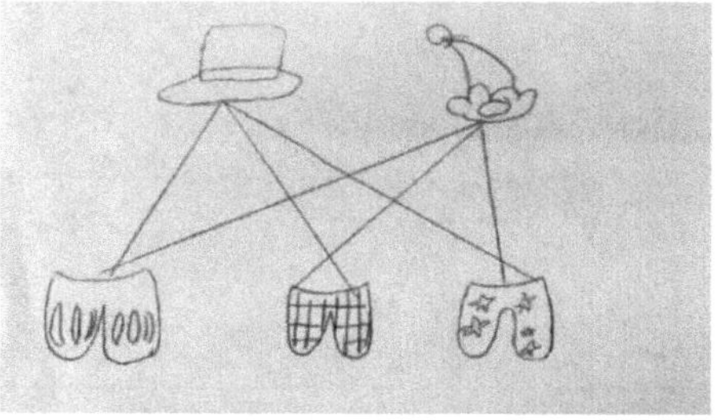	

续表

<table>
<tr><th>表征方式</th><th>典型举例</th><th>思维水平</th></tr>
<tr><td>图形表示</td><td>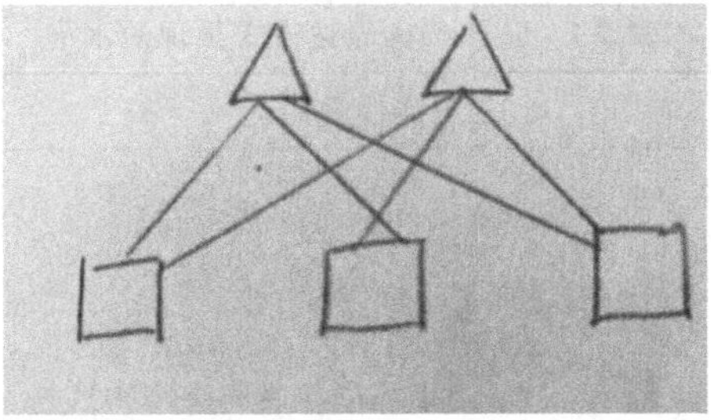</td><td rowspan="4">符号阶段</td></tr>
<tr><td>数字表示</td><td>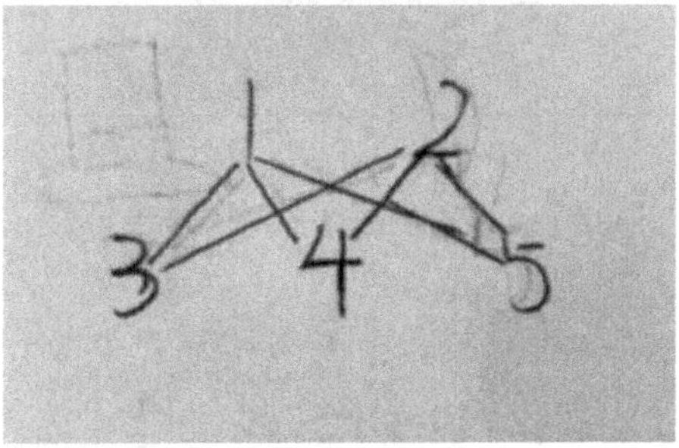
</td></tr>
<tr><td>字母表示</td><td>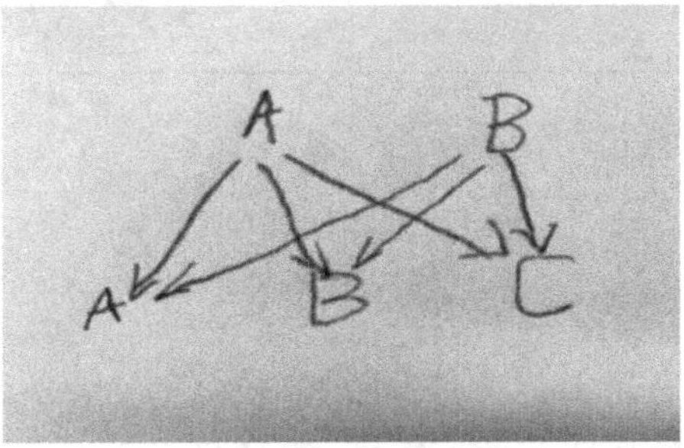
</td></tr>
<tr><td>字母加数字表示</td><td>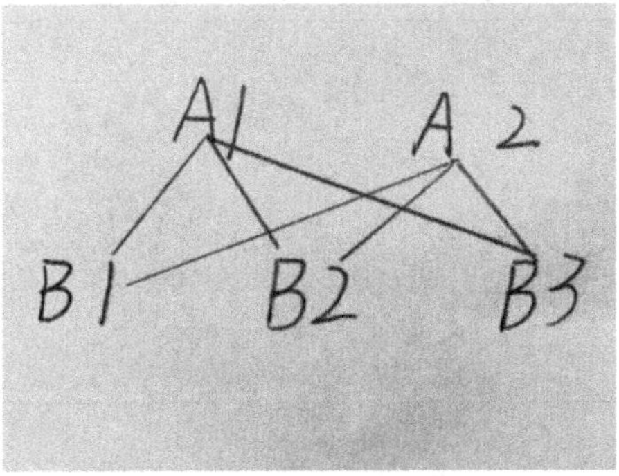
</td></tr>
</table>

续表

表征方式	典型举例	思维水平
算式	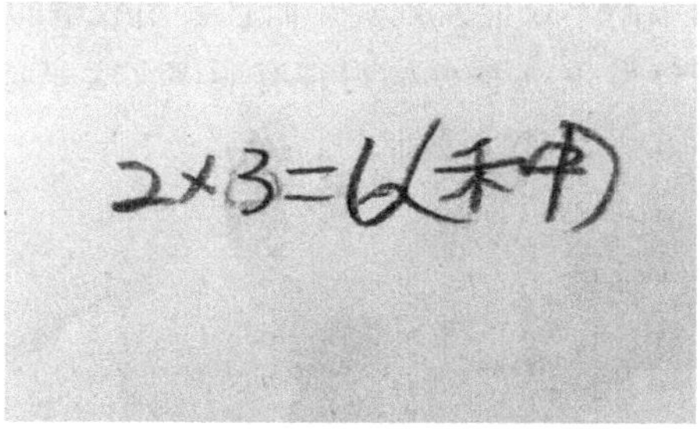	普适阶段

2. 沟通“多元表征”，让思维成长可见

不同表征之间的转化能更好地促进学生的理解。如果只注重单一的表征就会缺少知识的内在联系，而过早进入抽象符号表征阶段，学生对知识的理解就不够深刻。因此，在学生呈现多样化的表征之后，我用问题引领，带领学生从现实情境认识的经验中逐步走出来，将新经验与原认知进行有效沟通，内化、构建自己的认知结构。从辨析画图的直观表达到理解符号的抽象陈述，充分体会数学规律的发现、抽象、概括的过程，使学生的思维层次进一步得到提升。

教学片段二：

师：大家欣赏一下 A 同学的方法(见图 2-11)，觉得怎么样？

图 2-11　A 同学的方法

“哇，画得真好！”同学们赞叹道，并把热烈的掌声送给 A 同学。

师：具体好在哪呢？

生 1：不仅画得漂亮，而且很有顺序，特别清楚！

师：什么顺序？

生 1：她先用第一顶帽子分别跟三条裤子搭配，然后再用第二顶帽子分别和三条裤子搭配。

师：真好，你的眼睛不仅能发现美，而且会用数学的眼光欣赏美！

师：刚才我们已经发现 A 同学画得很有顺序，大家觉得这样做好在哪儿？

同学们开始七嘴八舌，各抒己见。

生 2：看着清楚。

生 3：不会重复。

生 4：也不会遗漏。

……

师：有序思考是一种特别好的思维习惯，能帮我们有效地解决数学问题，特别是在用枚举的方法解决问题的时候能帮我们做到不重不落。

同学们纷纷点头赞同。

师：欣赏完 A 同学的作品，我们再来看 B 同学的方法(见图 2-12)，你有什么感受？

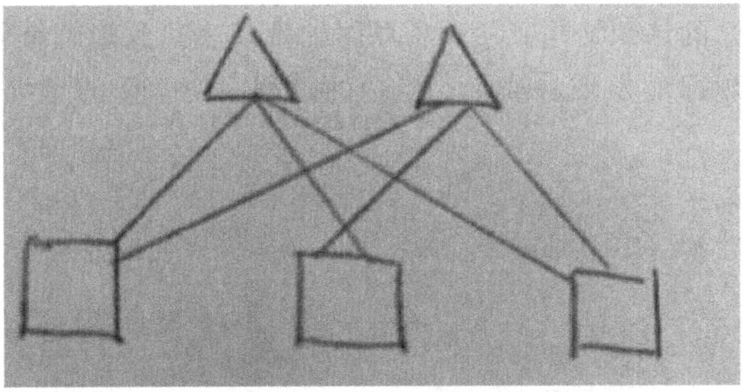

图 2-12　B 同学的方法

“哇，好简单！”有同学惊叹道。

师：哪里简单？

生 1：他用△代替帽子，用□代替裤子。

师：和 A 同学的相比，你感觉怎么样？

生 2：我不擅长画画，所以我觉得这个容易多了。

生 3：简单，能快速地解决问题。

师：那么 A、B 同学的方法有相同点吗？

生 4：虽然画法不同，但都是用两顶帽子分别和三条裤子搭配。

师：那我们再看看 C 同学的方法(见图 2-13)与 B 同学有什么不同？

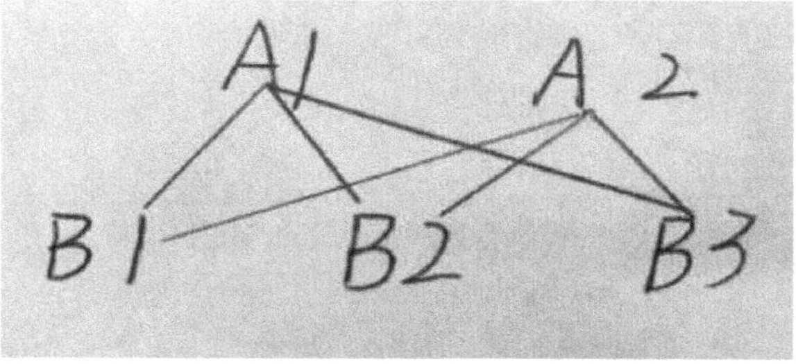

图 2-13　C 同学的方法

生 5：她用字母表示，用 A 表示帽子，用 B 表示裤子。

师：右下角的数字是干吗用的？

生 6：我觉得上面的数字用来区分不同的帽子，下面的数字用来区分不同的裤子。

“哦，原来如此”，其他同学豁然开朗，纷纷点头赞同。

师：这样做有什么好处呢？

生 7：既能区分帽子和裤子，又能区分不同的帽子和裤子。

生 8：更清楚，每种搭配方式都不同。

……

师：除了用字母和数字组合之外，你还有什么好办法？

同学们受到启发，重新在自己的作业单上开始创作，于是又产生了很多种表征方式。

3. 构建数学模型，让数学思想可见

数学模型是针对或参照某种事物系统的特征或数量依存关系分析、抽象、简化、提炼本质特征，采用形式化的数学语言，概括地或近似地表述出一种数学结构。在教学中，我组织学生沟通交流多元表征之后，在充分感知大量的感性材料的基础上，带学生经历观察、对比、操作等活动，引导学生逐步发现多元表征“形”不同而“理”为一，抓住数学内容的本质，构建数学模型，学生可以更真切地感受到生活问题变化而内在的“数学模型”不变的道理。在这个过程中，从具体的表象中抽象出本质特征，使认识从感性上升到理性，让数学思想看得见。

教学片段三：

师：刚才我们一起帮助小丑卡卡解决了搭配服装的问题，现在他要从学校出发，经过少年宫去动物园，可以怎么走？从图 2-14 上你能知道哪些信息？

生 1：从学校到少年宫有 2 条路可走，少年宫到动物园有 3 条路可走。

图 2-14　路线图(1)

师：可是，这些路不知道名称，怎么办呢？

生 2：用符号表示。

师：就依你们。现在我们用符号 A_1 和 A_2 分别表示从学校到少年宫的线路，那么从少年宫到动物园的线路可以编为什么呢？

生 3：B_1、B_2、B_3。

师：请同学们写一写，画一画，从学校经过少年宫到动物园一共有几条路可以走？

师：很多同学用到了下面的连线图(见图 2-15)。

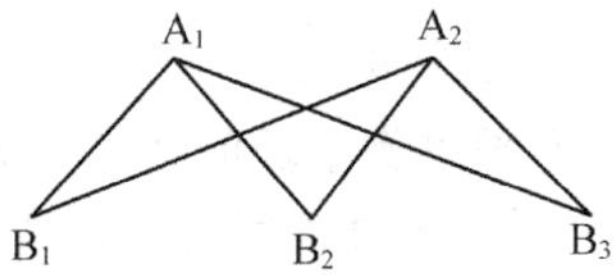

图 2-15　路线图(2)

师：再回头看看搭配衣服的图，你发现了什么？

“两幅图一样！”同学们异口同声惊呼道。

师：什么一样？

生 4：都是两样东西搭配，而且第一样有 2 种，第二样有 3 种。

师：同学们，这就是数学的神奇。看似不同的两个问题，解决的方法却是一模一样的。当我们找到一个解决问题的方法时，这个方法往往可以解决很多类似的问题。

4. 应用数学模型，让思想价值可见

从具体问题中抽象出数学模型后，我变换问题情境，引导学生将数学模型应用到现实生活中，以此来深化模型的内涵，拓展模型的外延，使学生理解模型的普适性，感受数学思想的价值。

教学片段四：

师：刚才用这幅图(图 2-15)解决了搭配衣服的问题，又用它解决了搭配路线的问题，生活中还有什么搭配问题能用这幅图解决？请你想一想，和你的小伙伴说一说。

同学们的话匣子一下子彻底打开了，有说花搭配瓶的，也有说橡皮搭配尺子的，还有说搭配发型的，等等。各种各样的花式搭配纷纷登场，那该怎么收场呢？

同学 D 提到例子：有 2 种主食和 3 种菜，一种主食配一种菜，有几种搭配方法？我进一步追问：如果加一种主食呢？

生 1：能搭配成 9 种。

师：如果加一种菜呢？

生 2：能搭配成 8 种。

师：两次都是加了一种食物，为什么加一种主食能搭配成 9 种，加一种菜能搭配成 8 种？

同学们顿时陷入沉思，有的抓耳挠腮，头上写满了问号；有的低头写写画画，希望从中理出头绪；有的抬头紧盯老师，希望从老师脸上看到些许线索……

片刻沉默之后，有同学兴奋地举起了手。

生 3：因为加一种主食，多一个 3，多 3 种搭配方法；加一种菜，多一个 2，多 2 种搭配方法。

"哦……"有同学顿悟了，有同学还似懂非懂，眼神里还带着问号。

师：谁听懂了？快给我们解释一下。

于是，几名顿悟的同学纷纷用自己理解的方式给大家解释了一遍，越来越多的同学明白了这里面的奥妙，乘法原理呼之欲出。

师：我们再看看 E 同学的方法(见图 2-16)。

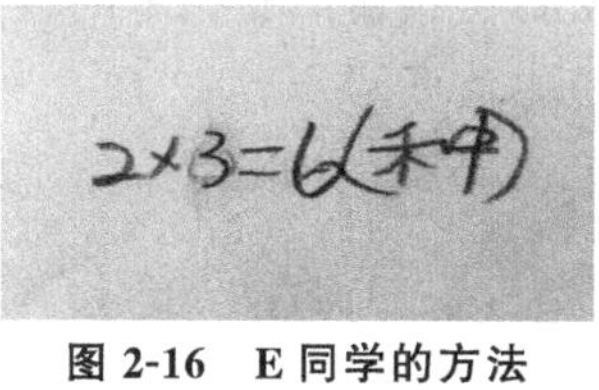

图 2-16　E 同学的方法

“原来如此！”

“原来这些搭配问题都是乘法问题！”

“怪不得这么眼熟呢！”

……

【小结反思】

小学生思维具体、抽象交叉的发展特点决定了其外在表征的多元并重，我们在教学中应注重不同表征形式之间的联系和转化。在教学中我根据数学表征的基本规律，合理展现表征的过程使其更具科学性，在沟通交流中优化表征的方式，逐步提升学生的抽象思维，帮助学生构建更加合理准确的数学模型，提高学生解决问题的能力，感受数学学习的价值。在这个过程中，每一个孩子都能从课堂中汲取营养，每一个想成功的孩子都能获得数学思维上的提升。我想，数学课堂能如此，其他学科的教学亦能如此，我们各学科的老师都在自己的课堂中不断地摸索和尝试，取得不错的效果。

大胆想，让思维充满创意①

【痛点故事】

鸡兔同笼问题是一个经典的数学问题，可以用来锻炼学生的逻辑思维能力和解题能力。但无论是假设法还是列表法，都是先假设在某条件下出现的情况，再通过由此产生的偏差解决问题。然而，由于学生对鸡兔同笼问题的背景和实际意义理解不透彻，或者因为需要考虑的因素过多，时常无法准确解决问题。即便在学习列方程解应用题后，也会由于设置的未知数不准确，列出的方程与问题的实际背景不符，导致在解方程过程中出现计算错误。而我要讲的故事，有那么一点点不一样。

周三课间操铃声响起，我同往常一样去教室上课，正好赶上他们上操回来，我正准备要进到教室的时候，突然听见：“柳老师，柳老师，魏同学说他们家的兔子长了翅膀！”我扭头一看，原来是小李，从他的表情上我看到了得意。我连忙询问道：“怎么回事？快跟我说说。”他对我说：“老师，周一上数学课我们不是学习了鸡兔同笼问题吗，我和魏同学又创造了好多方法，魏同学就说他们家的兔子长了翅膀！”我连忙安顿好陆续赶来的孩子，说：“一会儿上课我们聊聊他家长了翅膀的兔子。”

魏同学胖乎乎的身体，又圆又大的脑袋，短而黑的眉毛下镶嵌着一对机

①案例提供者：柳迪。

灵的大眼睛，俏皮、活泼。当他发现一件有趣的事时，会立刻发出一阵欢叫，是四(5)班同学公认的数学达人，想法独特的达人。四年级的一次课上，他说要“拆炸弹”，引得学生哄堂大笑，后来大家弄明白了，原来他是把乘法分配律$(a+b)c$这一整体的展开，幽默地说成是“拆炸弹”，同学们感到轻松有趣，对“整体思想”的记忆也就更鲜活、深刻了。这一次，他说他家的兔子长了翅膀，看看他怎么圆(谎)。

【工具链接】

思维可视化在小学教育中具有重要的作用，新课程标准强调，培养学生的数学核心素养，其中具体表现包括逻辑思维、空间思维、数据分析和问题解决等能力。在小学数学学习过程中，恰当使用可视化工具，学生可以更直观地理解和解决问题，从而提高他们的理解能力和解题能力；可以帮助学生在空间上理解和操作问题，培养他们的空间思维和形象思维能力；可以帮助学生发现和探索问题中的规律，提高他们的探究能力和创新能力；通过思维可视化，学生可以更容易地与他人交流和分享自己的想法，可以帮助学生更好地发挥自己的优势，提高他们的学习效果，增强他们的合作意识和沟通能力。

【行动故事】

魏同学不紧不慢地站了起来，把短裤提了提，同学们越是着急，他越是淡定。魏同学清了清嗓子，“大家还记得周一我们学的鸡兔同笼吧，题目说：鸡兔同笼，头 14 个，腿 38 条，鸡和兔各有几只？闫同学用了人见人爱的列表法，周同学给大家介绍了画图法。”说着他就在黑板上画了起来。

先假设 14 只全部是鸡，每只鸡有两只脚，先把鸡给画好。

图 2-17　问题图示(1)

这样 $14\times2=28$ 条，差 $38-28=10$ 条腿，再给一只鸡补 2 条腿，它就变成兔子了，需要把 5 只鸡每只补 2 条腿，所以有 5 只兔子，$14-5=9$ 只鸡。

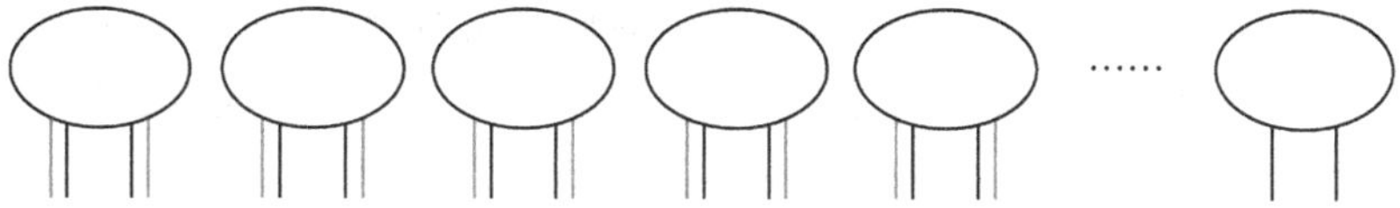

图 2-18　问题图示(2)

“这两种方法大家还记得吧？”同学们点了点头，人群中有个同学说：“快说说你们加上翅膀的兔子吧？”

魏同学继续说道：“常同学不是还说了一种吹哨法吗？吹一声哨，它们抬起一只脚，再吹一声哨，它们又抬起一只脚，这时鸡都坐地上了，只有兔子还有两只脚立着，然后也可以计算出来。我受到他的启发，既然鸡和兔都能听哨子指令了，那我就给兔子来个特异功能，它能把两只前腿变成翅膀，这样每个头就都对应着两条腿了，14 个头应该有 28 条腿，比实际少了 10 条，是因为这 10 条腿变成了翅膀，所以对应有 5 只兔子，9 只鸡。”不等同学们回应，他就坐回了座位。同学们情不自禁地鼓起了掌，为兔子这特异功能，为长了翅膀的兔子。

掌声还没停，又有几个人把手举过头顶：“柳老师，我也有新的方法了！”“老师，鸡也可以有特异功能……”

曲同学径直走上了讲台，说道：“我给鸡赋予了特异功能，它可以把两只翅膀变成腿……”

李同学接着说道：“我的方法是鸡和兔都有特异功能，假设我是孙悟空，我一说‘变’，鸡就可以飞起来，兔能站立起来，这时每个头都减少了两条腿，立在地上的脚全是兔的，有 38－14×2＝10 条，因此兔子有 5 只……”

……

同学们，你一言我一语，打开了思维的天窗，在相互交流中厘清了思考的路径，在大脑中建构了思维的支架，有尝试与猜测的“列表法”，简单直观的“画图法”，有赋予特异功能的“鸡和兔子”，有经过特训能听懂口令和哨子的“特种部队”……用模型和图示实现了思维的可视化。

【小结反思】

以往在解决鸡兔同笼问题时，总会有一些学生对于“鸡兔同笼”问题的理解、分析和解决都比较顺利，但稍微改变形式，就错误百出。究其原因，我发现这些学生只知道套用公式，并没有很好地理解知识的本质。而假设、推理、列方程都过于依赖标准解法，忽视了学生的个体差异，讲解过程过于机械，缺乏直观的可视性。把学生思维变得可视化，在解决鸡兔同笼问题中，学生通过绘制图表和图示来帮助理解和解决问题，找到解决问题的逻辑关系，发现和探究问题中的规律，从而提高了问题解决能力和学生的学习效果。

从教已二十多年的我，在“摸爬滚打”中收获了不少，也成长进步了不少，我和学生之间的故事每天都在上演着……

第二节　搭建支架，让思维序列化

一、策略描述

当人们面对理论性质的任务，并要运用比较、分类、概念、判断、推理等形式来解决问题时，这种思维称为逻辑思维①。当学生缺乏逻辑思维这一高阶思维时，他们所学的知识是碎片化的、无序的、零碎的，所学知识没有形成有序、连贯、宏观的体系，因此在解决概念性、原理性等学习任务时困难重重。

根据建构主义理论的最近发展区理论，教师可以在课堂教学中采用“脚手架”策略，即在教学过程中使用教学工具辅助学生提高思维水平的支架，通过“脚手架”能够将学习主体、学习责任转至学生身上，让学生能够自主学习，主动建构出自己的知识。通过实践，教师们发现思维可视化工具是有效的“脚手架”，它在课堂教学中的应用，能够有效帮助学生建立系统、有序的知识体系，并且可用于知识整合的任一阶段。比如，通过画图能够引导学生厘清故事发展脉络，把握篇章结构，明晰问题始终，帮助学生的思考层层递进，将逐渐深化的思考过程展现出来。

总之，学生在发生思维过程中会经历很多不同的中间状态，这些中间水平可以理解为“进阶”，在“支架”的助力下，思维复杂程度不断提高，逻辑思维能力逐渐发展。搭建支架，要抓住这些过程中的关键进阶点，使学生经历更清晰、更有序的学习过程，发展核心思维。

二、策略应用

手绘地图，让绘本“活”起来②

【痛点故事】

“老师，老师，我发现《跟着姥姥去遛弯》和《牙齿，牙齿，扔屋顶》这两个绘本的故事内容好像啊!”小陶同学一脸兴奋地举着这两本书冲我跑来，仿佛他发现了什么惊天大秘密。我笑着对他点了点头，示意他继续说下去。这时，

①彭聃龄：《普通心理学(第4版)》，北京：北京师范大学，2012年，第282页。

②案例提供者：张竞予。

几个同学也凑了过来，一起当起了小听众。小陶同学一看大家都凑了过来，他略微挺直了腰板，清了清嗓子，推了推鼻梁上的眼镜，一本正经地说道："这两个故事都发生在胡同小巷子里，而且都在怀念童年的生活，不过我更喜欢《跟着姥姥去遛弯》，你们看这环衬上的地图，一边看书一边看地图，就像真的拿着地图逛胡同一样有趣。"说完，他便指着地图津津有味地和周围同学交流起来。

听完小陶的话，我陷入了沉思，最近我们年级在读《牙齿，牙齿，扔屋顶》这本绘本，孩子们都很感兴趣，可我总找不到一根线将绘本和孩子的阅读体验连接起来。三年级学生的思维正从形象思维向抽象逻辑思维发展，这是一个逐步转化的过程。在这节绘本课上，教师如何利用绘本图文结合的独特魅力创设社会实践活动和语言活动，发展和提升学生的抽象逻辑思维、创造性思维能力，是这节课要突破的重点。

【工具链接】

《义务教育语文课程标准(2022年版)》在学生智力与学习能力发展方面强调了"发展思维能力，激发想象力和创造潜能"等智力要求，语文学科核心素养四大构成要素之一就是"思维能力的发展与提升"。

"思维可视化"是指运用一系列图示技术把本来不可视的思维(思考方法和思考路径)呈现出来，使其清晰可见的过程。这是一种通过可以觉察的视觉方式将思维进行外化呈现的过程，能大大提高学习者思维认知的表现绩效，使他们的认知水平提升到一个新的层面上，从而解决各种更加复杂的问题。

【行动故事】

如何将绘本和学生的阅读体验连接起来呢？面对这样的困惑，我一直在思索。"自制手绘地图怎么样？"一个念头从我脑中闪过。

"同学们，如果我们以绘本中的小主人公小妞妞的行走路线为线索，将她在路上遇到的人和事都标注出来，形成一张小巷的手绘地图，这个主意怎么样？"小陶听见了第一个拍手叫好，其他同学也都很高兴，还兴奋地说创作出来后要投稿给《牙齿，牙齿，扔屋顶》的作者刘洵阿姨。

说干就干，可是说起来容易，做起来难啊，三年级的孩子独立绘制地图还是有一定难度的，怎么办呢？为此，我们摸索出了一套"手绘地图行动方案"。

1. 画一画，让思维活跃起来

先是让绘画比较好的孩子画好地图后到讲台上进行分享、讲解，然后再进行小组讨论。大家凑在一起，先是商量出了一幅地图应该有的元素：起点和终点(都是妞妞家)、标志物(可以用文字，也可以用图标)、有一定的比例和方向。通过这样的合作，学生们无穷的创造力给我们制造了很多惊喜，手工制作的五颜六色的彩泥小人让地图立体起来了，创意的折纸让地图动起来了，还有的同学在小巷旁边画上一条小河、搭建一座小桥，让小巷更具古风古韵……

图 2-19 为学生制作的手绘地图。

图 2-19　学生制作的手绘地图

2. 贴一贴，让思维连贯起来

在课堂阅读时，孩子们借助手绘地图这个工具将学习过程当作一件有趣的事情，动手贴一贴标志性地点，完善了故事情节。

3. 写一写，让思维深刻起来

学生们继续阅读，将自己的感受写到地图上，富有理性思考又解读丰富，在这个基础上再整体感知地图，发现在不同时间小巷发生的变化。

【小结反思】

就这样，一本看似简单的绘本，通过孩子们灵感的碰撞，借助可视化的手绘地图，读出了不一样的感觉，也培养了他们主动阅读的兴趣。回顾整个过程，用手绘地图这种可视化的形式串联故事，既可以串联起在绘本阅读中获得的信息，又有助于学生整体感知小巷，发展空间思维。

绘本为语文教学提供了高质量的文本，精心设计系统的教学思路和动态，通过丰富有效的教学形式，让语文学科思维能力培养的课程目标真正在课堂教学中得到有效实现。

有序思考，让英语表达更顺畅①

【痛点故事】

在进行高年级学生读写结合课教学时，我们总会发现学生存在这样的

①案例提供者：席双。

情况。

学生A:“老师，我不知道怎样去介绍我想写的内容，应该先写什么、后写什么呢?”我查看学生的书写情况发现，书写逻辑是混乱的，大多是想到什么就写什么，写作语言呈现较多错误。

学生B:“老师，我写完了，我还能干什么?”这样的学生英语能力水平高，写完后觉得没有事情可做。在阅读教学过程中，如何设计能让学生有序思考、有逻辑性表达的教学活动?如何让学生全情参与，使学生能够进行有逻辑的表达是值得思考的问题。

【工具链接】

思维导图又称“心智图”，由英国著名“记忆力之父”东尼·博赞在20世纪70年代最早提出来。① 思维导图是一种挖掘和开发学习者的大脑潜能的工具和方法，将大脑中的思维变成可视的文字或者图案；是一种视觉化的表达方式，是人们思考困难复杂问题时的辅助工具。② 思维导图可将抽象思维具体化并且结构类似于人的大脑构造。对于吸引学生注意力以及深刻理解知识有很大帮助。③ 思维导图可以促进学生的识记能力，同时会促进学生其他层面的学习和理解。④

按照新课程改革的要求，促进学生英语学科核心素养发展被列为义务教育英语课程标准的具体目标，这体现了新课改背景下“以人为本”的教育理念。思维品质是英语学科核心素养中重要的组成部分，教育部颁布的《义务教育英语课程标准(2022年版)》强调，思维品质是英语学科的核心素养之一。因此，我们应该努力提高学生的思维水平，让他们在学习语言的同时，培养逻辑思维、辩证思维及创新思维，以期达到更好的学习效果。

【行动故事】

语言是思维的外在形式，有序则是思维的表现规律。在小学英语读写教学中，我们要追寻有序的话语表达，应关注表达的逻辑性、一致性和规范性。教学过程要注重学生的探索、质疑、自主建构和同伴合作，为学生有序表达

---

①[英]东尼·博赞著，张鼎昆、徐克茹译:《思维导图:大脑使用说明书》，北京:外语教学与研究出版社，2005年，第19—20页。

②Warwick, P. &R. Kershner, *Is there a picture of beyond? Mind mapping, ICT and collaborative learning in primary science*, Berkshire, England: Open University Press, 2006.

③王新阳:《思维导图在初中英语阅读教学中的应用》,《中小学外语教学》，2010年第5期，第32—38页。

④刘青青:《有关思维导图在小学英语教学中的应用研究综述》,《基础教育研究》，2015年第7期，第66—68页。

提供支持和舞台。师生间呈现出以教师为主导、学生为主体，积极参与共情，逻辑共鸣的和谐状态。学生能够有自主选择的空间，教师为每一位学生提供选择的可能性。英语读写教学更关注学生具体的学习状态，让其获得更加真实的学习体验。学生在阅读的过程中体会思维的有序，在书写的过程中进行有逻辑的表达并能在全班进行展示。教师在立足阅读和写作的时候，要让学生的思维及多方面语言能力得到发展，全方位整合知识结构，促进学生英语核心素养的提升和发展。

1. 思维有序：有序表达的基石

有序的思维是有序表达的前提。无论是问题的创设，还是活动的设计，都要让学生能够有序地思考。教师要设计有逻辑性的问题，引导学生思考，从而实现表达的逻辑性、一致性和规范性。在学习前两课时的基础上，学生能够用单一句子回答自己喜欢的动物，能够简单描述自己喜欢的动物。但会发现学生在介绍自己喜欢的动物时缺乏条理性和规范性。在本节课围绕语篇中介绍动物的内容，教师尝试引导学生有序、有逻辑地思考，进而能够进行有逻辑的表达。在语篇阅读的过程中，从阅读语篇中第一个动物开始，教师就尝试用“Where does … live ?”“What does …eat?”“What does …look like? ”三个问句引导学生思考，从 Home、Food、Appearance 三个维度梳理结构化知识，学生自己思考判断这几个维度分别对应哪些方面的信息，进行分析判断，然后提取语篇中三个方面的信息，在提取信息后进行同伴之间的讨论。在同伴讨论的过程中，教师尝试引导学生用板书中三个维度的语言支架来进行汇报。基于可视化的结构图学生能够进行有序的话语表达，从而感知语篇语言结构的有序性。

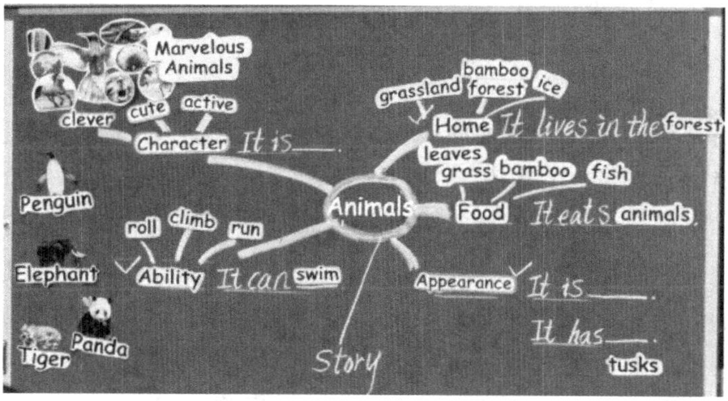

图 2-20　思维导图

2. 话语有序：有序表达的支架

在师生共读短文第一段时，通过师生对话，共同梳理短文中的语言结构，在板书中形成可视化的思维导图，让学生能够清晰有序地表达。另外，教师有意识地拓展关于老虎的其他方面的特点，引导学生运用以往所学知识进行思考。拓展了“Tigers can swim. Sometimes tigers are dangerous, but some tiger cubs are very cute.”。这样学生就能够从动物的品质和能力两个方面进行拓展延伸，在学生表达自己喜欢动物时就可以进行有效迁移。另外，教师出示视频《Top 10 Favorite Animals》引发学生思考，为什么人们会喜欢这些动物？学生头脑风暴，小组讨论，引出了各种动物的积极品质，如 clever、active、brave、friendly 等。为学生后续写作又拓展了一个维度。学生不仅可以选择书中的三个方面来进行介绍，也可以围绕课堂生成的 Ability 和 Character 来进行书写。

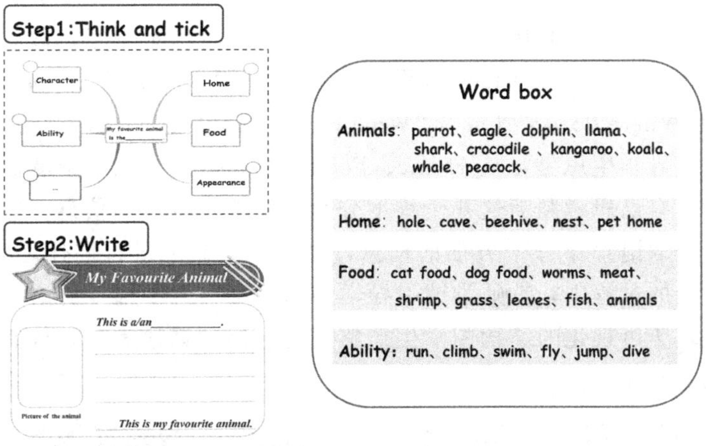

图 2-21　知识结构图

教师对介绍动物的不同方面进行总结梳理，形成板书上可视化的知识结构图；并通过示范自己喜欢的动物 parrot，让学生明白如何选择介绍动物的几个方面。不同层次的学生可以对自己喜欢动物的书写内容进行选择，勾选自己想要进行介绍的方面。教师为学生留有很大选择空间，学生也可以进行其他方面的介绍。比如，课上学生可以介绍动物和自己发生的故事。这样学生就可以利用课上阅读梳理的书写语言框架总结梳理自己喜欢的动物，学会从动物的不同方面进行有逻辑的表达。教师根据前测调查了学生喜欢的动物，提供 Word Box，为学生的书写提供语言支持。不同水平的学生也实现分层书写，能力强的学生可以多进行几个方面的介绍，能力弱的学生也可少勾选几项来进行自己喜欢动物的介绍书写，为不同层次学生的书写提供了可能性。

3. 融入戏剧：有序表达的舞台

我在应用实践环节设计了复述短文内容的任务，学生既可以根据板书上结构化的知识进行有序表达，也可以根据自身情况加上动作进行表演。根据学生的认知层次分为两种方式：用第一人称复述和用第三人称复述。第三人称的知识点是本节课的重难点，按照学生的认知发展规律，采用第一人称复述要比第三人称复述简单得多，但是需要学生扮演动物以第一人称进行复述。在本单元的第二课时进行描述动物、猜测动物的环节，学生对第三人称表达掌握得不是很熟练，因而出现了学生不敢表达的冷场现象。

针对这一现象，我调整方案，采用合作复述方式，同学之间小组合作相互督促，突破难点。但在课堂上竟然没有一组学生选择用第一人称来汇报，这也说明学生愿意尝试有挑战性的任务。板书思维导图在学生复述表演故事的过程中发挥着重要的作用。学生根据小组内所选的动物围绕几个维度进行介绍，便于学生更好地理解，学生加上动作进行表演复述，加深印象，更促进理解。在小学英语课堂教学中融入戏剧元素，有利于学生英语表达与思考能力的培养，有助于学生英语交流能力的提高以及英语综合素质的提升。学生必须对自己所要表演的角色进行充分的了解，学生的思维在戏剧表演中更加开阔，积极动脑，从而达到事半功倍的教学效果。同时，教师还鼓励学生自主创编，结合自己的理解和创意，另辟蹊径。选择 Panda 的小组表演熊猫爬竹子，引来了同学们哄堂大笑，活跃了课堂气氛，深化了对熊猫的理解。小组内复述表演的过程使得学生的话语思维经历从单一到综合的过程，复述的效果有了明显的提升。

【小结反思】

在这节课中，教师尝试设计有逻辑性的问题来引领学生进行有逻辑的思考。通过视频和图片资源的拓展让学生不断发散思维，了解动物的更多方面，为后续的书写提供思维框架。教师还提供了可选择的思维导图，学生勾选自己要介绍动物的方面，体现了学生的自主性。同时也为不同水平的学生提供了不同的选择。学生根据自己的实际情况选择要介绍的方面，从而形成话语表达的连贯性和逻辑性。最后，通过融入戏剧，让学生能够全情参与，内化所学语言，实现语言由单一向整体的过渡。学生创编戏剧，活跃了课堂气氛，激发了学生的学习兴趣。全情投入感知理解动物的多样性，在思维层面实现共鸣，为学生有序表达提供了舞台。学生喜欢这样的表演方式，激发学生学习语言的内驱力，驱动学生一步步对所选动物进行描述。在观看和评价同伴的表演过程中，借鉴他人经验，融入自己的创编。通过课上教师出示的一系列有趣可爱的关于动物“Basic facts”和“Fun facts”信息完善自己的表演，内化所学语言，使得学生有序表达成为可能。

思维导图，让思维更生动形象①

【痛点故事】

以前，一到期末复习，同学们就发愁。“数学有啥可复习的?”“数学复习就是刷题呗!”真的只能这样吗?

这学期的期末复习不太一样，同学们纷纷拿出自己平时梳理的各单元知识思维导图进行内容回顾，甚至是再补充。原来那模模糊糊的一大片知识点很快就被串成了清清楚楚的几条线，厚厚的一大本数学书变成了薄薄的几张思维导图。同学们觉得这样的学习方式不仅清楚，而且轻松。

之所以有这样的变化，主要得益于我在平时的教学中尝试运用思维导图的方式引导学生学习数学。几年来，我感受到思维导图慢慢影响着学生的学习方式，悄悄提升着学生的思维水平。

【工具链接】

思维导图(The Mind Map)是表达发散性思维的有效图形思维工具，它简单、高效，是一种将思维形象化的方法，是一种实用的思维工具。

思维导图使用一个中央关键词或想法引起形象化的构造和分类的想法，它用一个中央关键词或想法以辐射线的形式连接所有的代表字词、想法、任务或其他关联项目的图解方式。思维导图运用图文并重的技巧，把各级主题的关系用相互隶属与相关的层级图表现出来，将主题关键词与图像、颜色等建立记忆链接。

【行动故事】

如何在教学中运用思维导图引导学生学习数学呢？我想借助几个同学学习使用思维导图的过程和大家分享一下。

1. 模仿阶段形成分类意识

那是一年级下学期的一节课，我先结合“有趣的图形”这一单元内容把思维导图的基本要素(关键点、分支线等)介绍给同学们，带领大家一起迅速地回顾本单元的知识内容，明确了这一单元包含“面在体上”“常见的 4 种平面图

①案例提供者：牛亚娟。

形”“图形间的变化”这几个方面的内容，并在黑板上进行简单记录。然后，我尝试着让同学们把课上的学习体验和自己对平面图形的认识理解记录下来。

我注意到大多数学生在模仿我的板书，小鲍同学也不例外。但值得称赞的是，他在绘制思维导图(见图 2-22)的过程中，努力尝试用不同颜色的图框把互相隶属的各级关系表现出来。我问他："为什么要画上不同的颜色?"他却反问我："因为这些是不同类的呀！不同类的就要用不同的颜色表示出来，不是吗?"

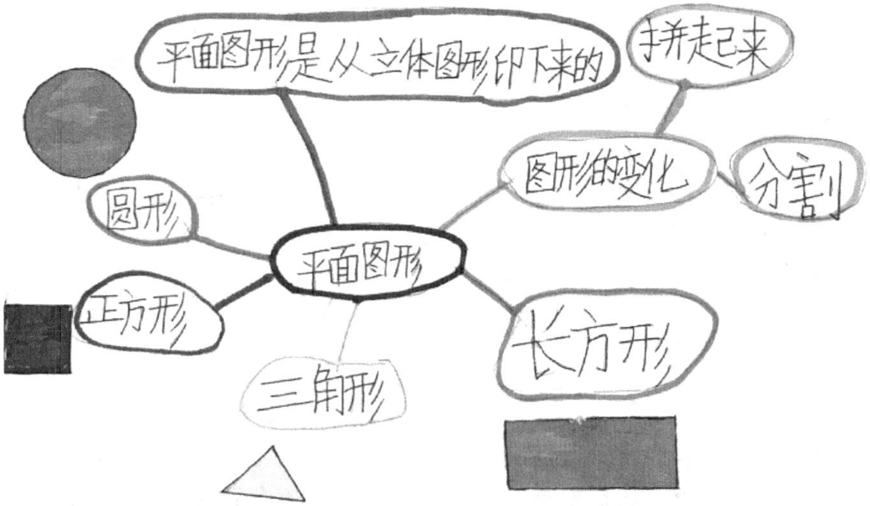

图 2-22　小鲍同学的思维导图(1)

人类的很多学习都是从模仿开始的，思维导图的学习也是这样。我想，这种模仿学习不仅是内容形式的模仿，更是思维方式的模仿。在模仿的过程中，通过教师引导，集体分析主题关键词，使学生逐渐形成分类意识；再借助独立绘制思维导图的活动，使学生慢慢固化分类思想。我认为，在思维导图的学习模仿阶段让学生形成分类意识，是对主题关键词信息整体架构的重要开始，也是学生思维可视化的良好开端。

2. 丰富阶段形成知识网络

一旦形成了分类意识，下一步就是让分类更合理，让内容更全面。

和一年级时相比，三年级的小鲍同学的思维导图分支更加细致，内容也更加丰富了。除了对"乘与除"这一单元主题关键词拆解分类外，他还对分级关键词的内容进行了举例说明，不断丰富对主题的认识。可见，在他的头脑中知识不再是抽象的，而是形象的、具体的。

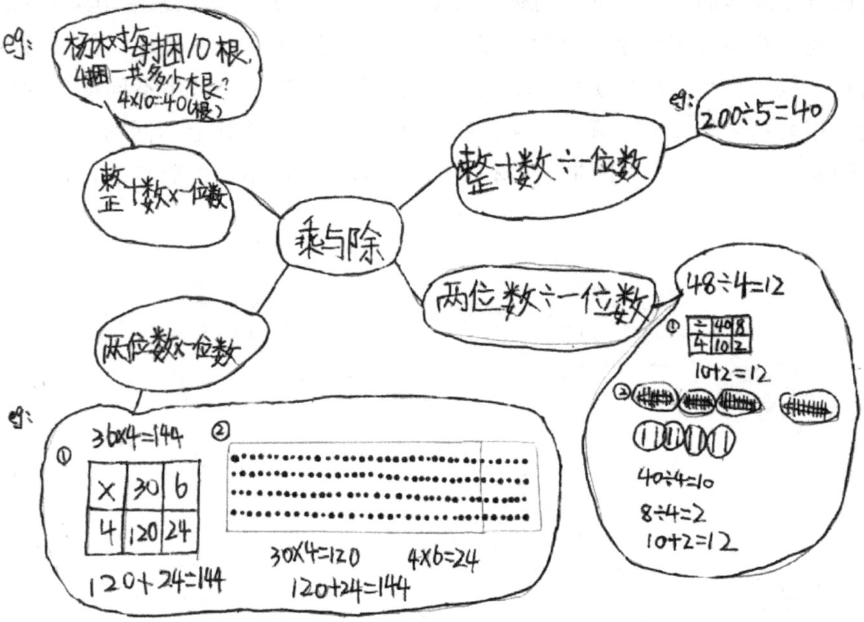

图 2-23　小鲍同学的思维导图(2)

我们知道，放射性思考是人类大脑的自然思考方式。每一种进入大脑的资料，不论是感觉、记忆或是想法，都可以成为一个思考中心，并由此中心向外发散出成千上万的关节点。每一个关节点代表与中心主题的一个联结，而每一个联结又可以成为另一个中心主题，再向外发散出成千上万的关节点，呈现出放射性立体结构。思维导图的呈现原理正是再现了人类大脑的思考过程。当我们对中心主题的解读越丰富全面时，就意味着我们越来越关注知识之间的联结，进而就更容易把看似零散的知识结构化，更容易形成知识网络，也就更方便掌握知识了。

3. 创意阶段形成活跃思维

由于性别、认知、个性等差异，即便是同一主题的思维导图也会风格迥异。

在五年级上册完成对“小数”内容的所有学习之后，我先带领学生对小数的知识内容进行了全面复习，然后让学生尝试以“我眼中的小数家族”为主题关键词绘制思维导图，进行自主梳理。一个周末过去了，同学们交上来的思维导图丰富多彩。

小郭是个严谨认真的孩子。这点从他的思维导图(图 2-24)中也能看得出来。他把“小数”的学习内容分成了八个不同的类别，这种分类方法合理又全面。在每个类别中，他还运用收敛性思维，选择典型事例加以说明，并配合各种图框或模型深入分析，简洁清晰，面面俱到。

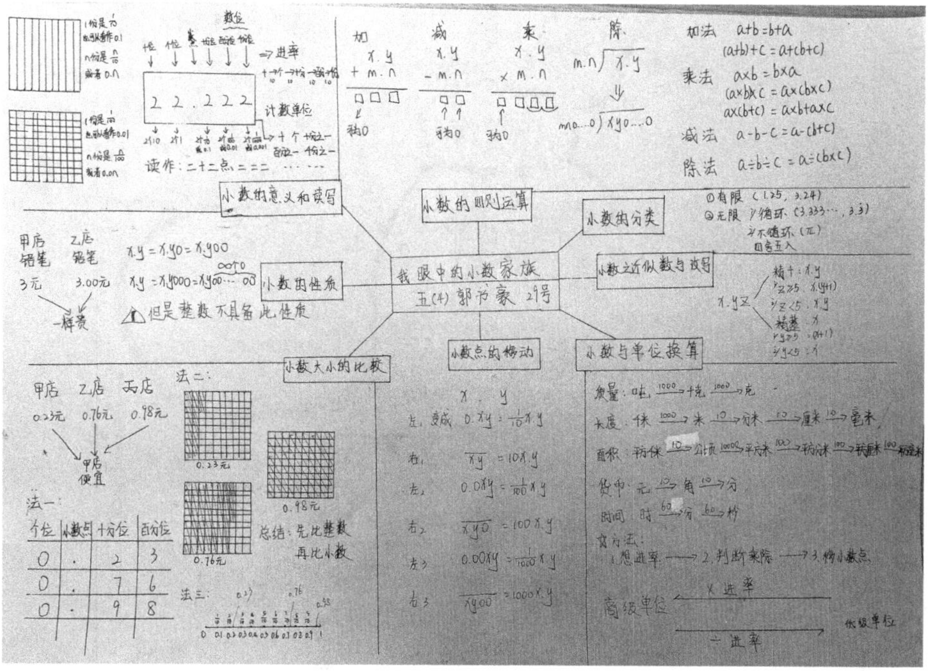

图 2-24　小郭同学的思维导图

同样是“我眼中的小数家族”这一主题，小刘的思维导图就显得更加自由奔放，充满童趣。她结合自己擅长的绘画技巧进行发散联想，把主题关键词下的每个类别都设计成一个彩色的云朵进行整体构图。不仅如此，会学习的她还结合自己的学习需求，在不同位置标注了“注意”“★”等。整个思维导图(见图 2-25)不仅图文并茂、版面美观，而且详略得当、重点突出。

【小结反思】

数学就是要教会学生思维，而小小的思维导图把众多发散性思维的结果从四面八方集合起来，同时融入了每个人不同的想象力、创造力。这大大增强了数学学习的工具性和趣味性，最终实现在不知不觉中使学生思维水平进阶的目的。

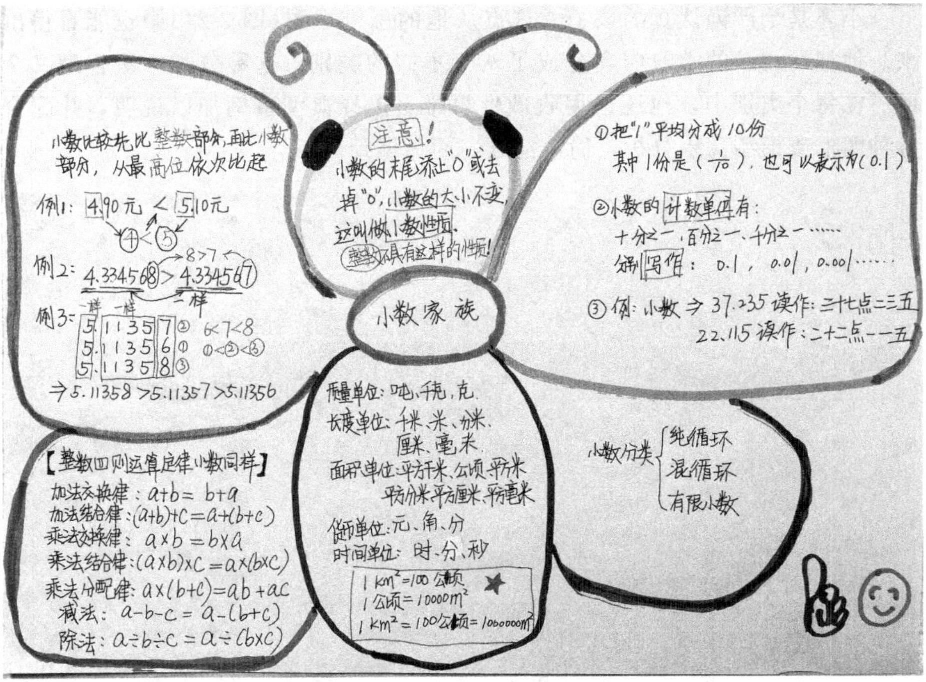

图 2-25　小刘同学的思维导图

直观场景，让研究更深入①

【痛点故事】

在挑战谁的自制高塔更稳定的科学课上，一名同学正在把一瓶水源源不断地倒进瓶子里加重底部，让自己的高塔变得更稳定。倒了一半水以后，小睿赶快拦住他说："别倒了，倒一半可能更好。""怎么可能，都倒进去，肯定越重越好啊，别拦着我。"同组的另外两名同学也十分肯定地附和道："肯定都倒进去稳。"小睿看起来很委屈，有些欲言又止，因为水已经被同组的同学开心地倒满了。

听到他们的争论，我很欣赏小睿同学勇于质疑的科学精神，这一质疑也引发了我的思考，因为以往的教学中学生只需要知道高塔具有上小下大、上轻下重的特点，学生们的这一"冲突"可以拓展到重心问题，继续探索有利于学生思维的可视化及思维的深度发展。

---

①案例提供者：代立超。

【工具链接】

所谓思维可视化就是将隐性的思维表达转化为显性的方式呈现在学生面前。思维可视化可以将学生需要学习的知识转化为直观形象的方式，例如通过直观的场景给学生带来不一样的学习体验；通过动态操作加强学生的印象，促进学生思维意识的形成及思维能力的提升。

【行动故事】

后来的课堂中，我将“你认为三个不同水量的高塔 A、B、C(见图 2-26)谁更稳定”这一问题引入课堂，目的在于将学生的隐性思维表达转化为显性的方式，利用直观的比较促进思维可视化的发展。

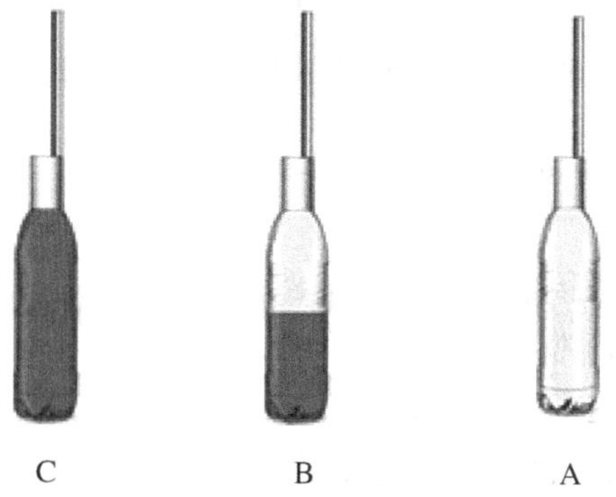

图 2-26　不同水量的高塔

小溪同学说：“老师我觉得 C 最稳定，然后是 B，最不稳定的是 A。我搬过水，满瓶的最重，最不容易倒，半瓶的容易推到，没有水的一吹就倒。”

那位发出质疑的小睿同学站起来表示不同意小溪同学的观点，“我认为 B 最稳定，然后是 C，最后是 A。不倒翁都是底下有一堆沙子，上面是空的。”

小栎同学接着说：“我不同意不倒翁的解释，不倒翁底部是圆弧形的，是因为有沙子和圆弧一起作用它才不容易倒，不是光靠一半沙子保持平衡。”

小雨同学认为：“半瓶水重心低，更稳定。”

在多位同学发表观点后，我带领学生一起进行了实验探究：用木板慢慢倾斜三个高塔，看看哪个最稳定。这也正是思维可视化的一个重要环节，因为这种直观的场景会给学生带来新的认识与思考。

实验过后，我问学生：“为什么半瓶水的塔最稳定?”有些同学随之想到了“重心”。于是我们又探讨了“三个塔重量的中心点大概在哪里？比较三个点的位置有什么不同?”。学生们认识到了“半瓶水高塔的重心最低，其次是满瓶水

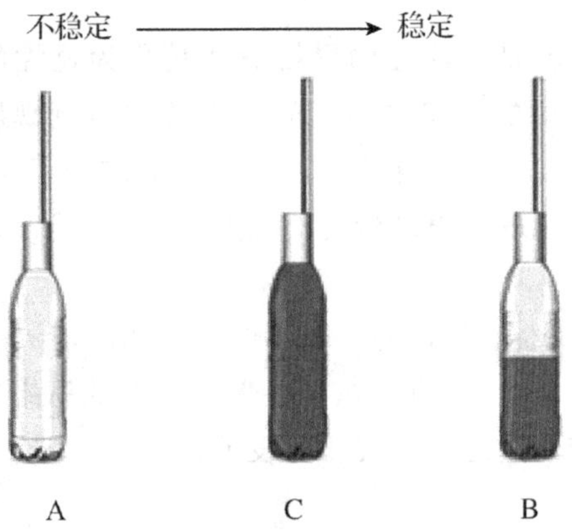

图 2-27　不同水量高塔的稳定性示意图

高塔，空瓶高塔重心最高”。“那么生活中还有没有可以证明重心低，物体就稳定的例子呢？”

“打篮球运球，弯腰，重心低，稳定。”

“过索道桥会晃，蹲下走不容易摔倒。”

“两支铅笔，一支横放、一支竖放，横放不容易倒，重心低。”

同学们说出了很多例子，更好地认识了“重心低，物体稳定性好”这一规律。重心是一个比较抽象的问题，我们通过直观活动和理性分析将抽象的问题可视化，这一过程正是思维可视化的过程。

【小结反思】

下课了，课上勇于质疑的小睿兴冲冲地跑过来对我说：“老师，我今天太开心了，我的观点是对的。”我也很开心地对他说：“你太棒了，今天老师也非常开心，也要感谢勇于质疑的你，给老师和同学们提供了一次非同寻常的学习经历！”

通过这次探索我意识到要想让学生的思维在课堂上得到发展，一是需要从低年级开始注重培养学生的批判性思维及敢于质疑的科学精神，从而形成良好的科学学习氛围；二是学生在说话之前要给学生足够的独立思考和处理问题的时间，这样他们才能够更好地用自己的语言建构出更好的想法。

作为教师，如果我们希望学生成为批判性思考者，需要为学生提供充满思考氛围、富于思维碰撞的课程与教学，这样才能使学生的思维真正得到发展。

新式鱼骨图，让英语阅读有方向①

【痛点故事】

"Now read the passage and underline the chores they do."一节英语阅读常态课上，教师带领学生阅读文本，并利用画线的方式对关键信息进行标记，学生按部就班地完成学习任务……这引发了我的思考：英语阅读课绝不应止于记忆关键信息、理解文章大意、仿写内容结构等方面。一节优秀的英语阅读课应该让学生"动起来，学进去，感兴趣"，"动起来"不限于身体，更体现在"思维"层面。活跃的思维动起来，有趣的知识学进去，对英语的学习自然感兴趣。

【工具链接】

《义务教育英语课程标准(2022年版)》(以下简称《课标》)指出，语篇是表达意义的语言单位，是人们运用语言的常见形式。教师要以语篇研读为逻辑起点开展有效教学设计，充分认识语篇在促进思维发展方面的重要作用。

思维导图是由东尼·博赞提出的。简而言之，它是用于反映思考模式的形式，主要通过文字及图像的方式，表达人们理解的理论知识或者观点，形成紧密相连的知识体系。此外，思维导图所体现的知识结构本身就是一种知识体系的展现，其自身的结构特点是由一个知识向外部逐渐发散，这是思维逻辑的具体表现。

【行动故事】

在《课标》的指导下，为了让学生的思维"动起来"，我结合思维导图，对本节阅读课有了新的思考和设计。

"Who and what do you see? What are they doing?"为了引起学生阅读语篇的兴趣，我首先引导学生观察文段配图，并预测主题。"I see Susan and Nancy. I think Susan is washing clothes and Nancy is making food."聪明的小顾发挥逻辑思维能力和想象力，表达了想法。"Now listen to the audio and read the passages for the first time. And try to underline the chores they do."学生整体听读语篇的主题、内容结构和语言特点等，以问题引领，使学生更加关注语篇大意及家务劳动信息。积极的小黄回答道："makes the bed, sweeps the floor, waters the plants, feeds her pet cat, takes out the rubbish…"对于学生的回答，我给予充分肯定。"You are right. They do so

①案例提供者：卜阳。

many chores on Sunday. Do they do the chores at one time or one after another?"我以"二人如何安排做家务的一天"进行提问，实际上是在解决"作者是如何书写语篇"的问题，即为绘制思维导图做准备。

经过小组讨论后，小刘汇报说："They do chores one after another. In the morning ... Then ... After dinner ..."学生们逐渐意识到语篇以时间顺序写成，将家务活动与时间顺序结合，连点成线，学生加深了对语篇的整体理解。为了帮助学生分析文章结构、厘清文章内容、深挖语篇内涵，我设计了"汇报活动"，以此促进学生深入思考。"在不使用教材的情况下，请你对文章内容进行汇报，你有什么好主意呢?"学生各抒己见，小张高高举起右手："我觉得用思维导图能帮助我们进行汇报。"

"这篇文章的结构特点是什么？运用什么形式的思维导图更有效呢?"我再次以问题启发大家。学生们皱着眉头，以往的叙事类文章都是一个事件，绘制一个横向的"鱼骨图"即可(以五上 Unit 2 Teachers 故事课为例，见图 2-28)。可是，本篇文章是 2 个主人公、2 条主线，又该如何绘制鱼骨图呢?

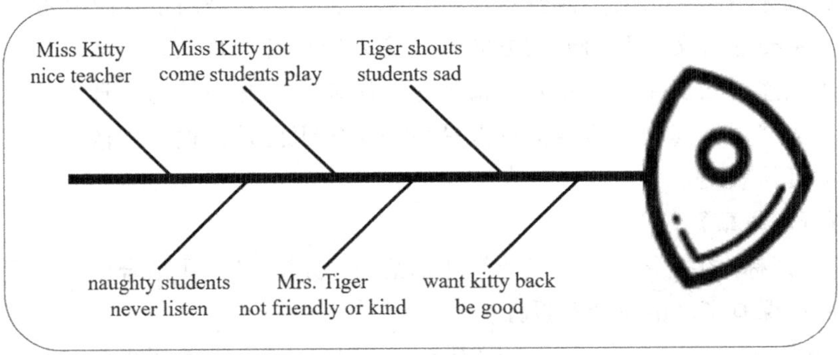

图 2-28 鱼骨图

小张说："我们不如将普通的鱼骨图结合本课文章的结构改进一下，上半部分鱼骨表示 Susan 所做家务，下半部分鱼骨表示 Nancy 所做家务。"足智多谋的小霍激动地说道："你可真是个会举一反三的学生！让我们在小组中思考、讨论，共同绘制新的鱼骨图吧!"学生们一呼百应，说干就干，纷纷绘制起新的鱼骨图。

学生们绘制的鱼骨图样式多样，有横版的、竖版的、黑白的、彩色的，鱼骨图虽然不尽相同，却都透露着学生对于文章结构和内容的思考，体现着学生运用思维导图强化对文章主题的理解(图 2-29 为我和学生们共同绘制的鱼骨图)。

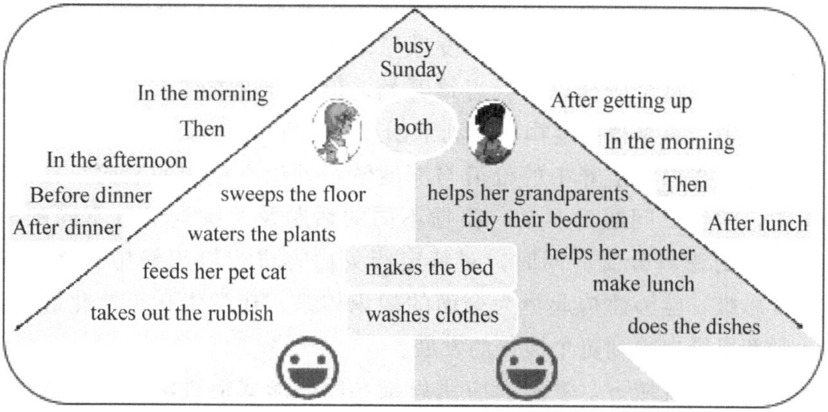

图 2-29　新式鱼骨图

在新式鱼骨图的帮助下，学生顺利地完成了“汇报”任务，再次切实地感受到思维导图对于语篇学习的帮助，更加坚信在英语学习时应更多地使用思维导图。

【小结反思】

“鱼骨图”是众多思维导图中的一种，通常在故事类的记叙文中使用，用以梳理文章的逻辑、结构、主题内容等。“新式鱼骨图”由学生共同研究和发现，整个过程既是对思维导图的更深理解，也是对思维导图的创新运用。学生在真实的学习活动中，感受思维的碰撞和提升。“新式鱼骨图”使英语阅读的思维看得见，相信学生在这样的课堂中，一定能够动起来，学进去，感兴趣！

第三节　丰富情境，让思维结构化

一、策略描述

深度学习本质上是高阶思维发展的过程，具体来说是指学生在理解的基础上，将新知识与原有知识结构相互融合，再将已有知识迁移到新的情境并解决问题的学习过程。这样的学习过程有助于学习者思维的发散与聚合，促进学生的思维建构。发散思维和聚合思维及它们之间的相互作用对任务解决、创造性思维发展有积极促进作用。发散思维过程能够激活学生大量的、新颖的、独特的对于问题任务的想法，使学生不断地从新的角度去看待问题、创造性地解决问题。聚合思维过程能够将发散的观点组织、梳理、合成为一个连贯整体的观点。在复杂任务中，发散思维和聚合思维同时激活，在发现问题、解决问题的每个阶段以发散思维开始，以聚合思维结束，在生成和整合的相互关系中，思维得到建构，有利于创造力的发挥。

思维导图在思维培养中的价值与深度学习理论有相同的取向。在绘制思维导图中，学生以问题为驱动，根据不同的话题及关键词发散不同的思路，生成多方面的逻辑分支。同时，对特定相关内容进行组织编排、整合归纳，培养聚合思维，能够建构起更为全面的知识体系，让学生在个性化的思维建构中，创新思维也得到更个性化的发展。

在深度学习视域下，教师们应用思维导图的形式促进学生的发散思维和聚合思维，形成思维结构，推动学生主动发展思维，探索思维建构与言语表达之间的内部联系，提高学生的信息提取能力，生成创意性成果，取得较好效果。

二、策略应用

合理想象，大胆“创造”①

【痛点故事】

“仙女们商量瞒着王母娘娘去人间看看。她们趁着王母娘娘醉酒的时候，手拉手地下凡了……”小灵绞尽脑汁地组织着语言。

“啊？刚才不是这么说的，商量的过程还没说，咋就下凡了？”婷婷悄悄地杵了杵小灵。

“对，不是还说了要瞒着天兵天将吗？”小哲也嘟囔着。

“啊？呃……”小灵尴尬地挠了挠头。

小灵一组毫无默契的配合引来了同学们善意的大笑，大家也开始七嘴八舌地给他们出起主意来。

“可以说说为什么仙女要下凡吗？天上生活多舒服啊，还长生不老，为什么要下凡呢？”

“还有下凡之后会发生什么事？七仙女怎么和牛郎认识的？”

“她们可能乘坐什么交通工具下去呢？坐飞船还是骑扫帚？”

……

①案例提供者：潘春艳。

这是“牛郎织女(一)”的课堂，学的是如何创造性地复述故事，围绕“仙女们商量瞒着王母娘娘去人间看看”这个情节，孩子们在七嘴八舌地想象完细节之后，试着自己初讲故事。

“好多信息啊，这要都放进去，故事可太长了。”小灵听得一阵蒙，“老师，到底哪些是重点呀?”

【工具链接】

学生面临的问题是要把一个简略的情节讲具体，需要把一个点的情节扩展成线的故事。当学生觉得信息多而杂，思路难以打开，无法有条理地、有重点地、清晰地把一个简略的情节讲具体时，认知冲突就产生了。这时，引导学生再次聚焦情节，想象画面，并不断拉近镜头，丰富画面中的细节。之后，借助下面的思维图(见图 2-30)引导学生将想象的画面及画面中的细节可视化(方格中写画面，箭头下备注细节)，条理清晰、重点明确地增补情节、丰富细节。最后借助思维图再讲故事，学生在创造性复述故事的过程中自然地调整自己的认知结构。

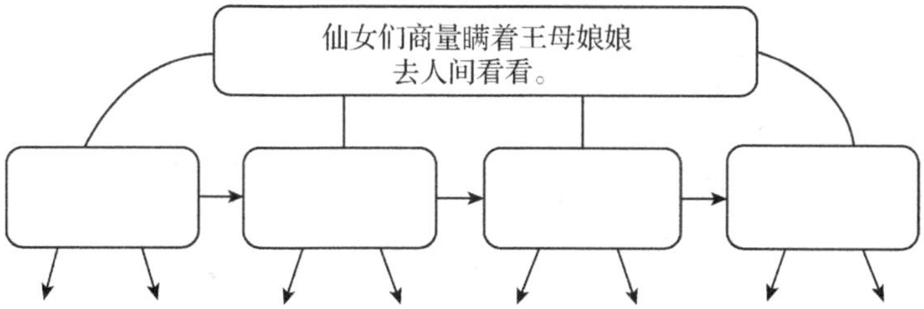

图 2-30　思维图

【行动故事】

“刚才同学们帮小灵他们组补充了很多内容，你们觉得思路清晰了吗?应该把哪些情节放进来重点讲?”我问。

学生们有的摇头，有的点头。

“现在大家再来读读这句话。(PPT 出示：仙女们商量瞒着王母娘娘去人间看看。)当你看到这个情节的时候，你的脑海中浮现了怎样的画面?”我接着问。

“仙女们躲在一个角落里在商量。”

“她们聚在一起，说话的声音很小。”

“我们再把镜头拉近一点，你还看到了什么?听到了什么?”我追问。

“我好像听到有的仙女在说，我们趁着王母娘娘喝醉酒再出去。有的仙女胆子比较小，一直在劝阻。”

“她们的表情是怎样的？有什么动作吗？把镜头再拉近，你看到了什么？”我问。

学生们陷入沉思中，过了一会儿，纷纷举起了小手。我不再让学生们发言，而是说：“可以把你的思考过程借助手里的思维图整理一下。方格中写情节，箭头下补充细节。”

学生们瞬间明白。类似的流程图和气泡图之前用过不少次，这个思维图是综合了流程图和气泡图设计而成的，能够帮助学生按情节进展梳理思路并丰富细节。

学生们开始借助思维图，将想象的画面和细节可视化，为讲故事准备丰富的素材，且素材不尽相同。

“小灵，你来展示一下你的思维图。”(见图 2-31)

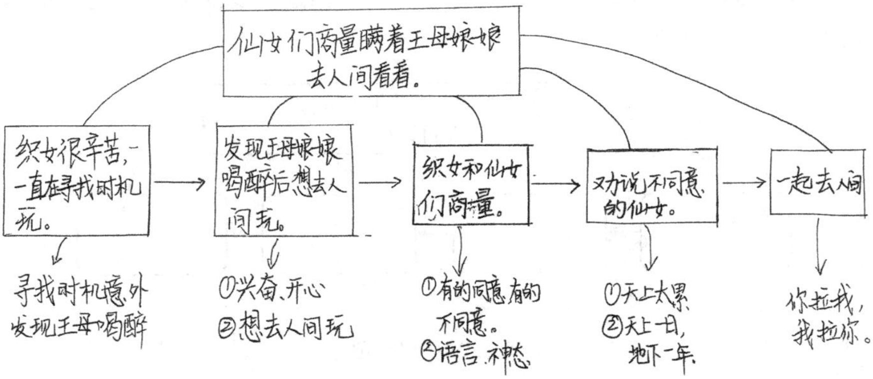

图 2-31 小灵的思维图

小灵拿出思维图讲了起来，这一次她把重点放在了仙女们商量的过程上，将这一情节拆分成寻找时机、商量下凡、相互劝说、决定一起下凡等小情节，很好地丰富了这一情节的内容。

结果非常令人惊喜，小灵一组借助这个思维图再去讲故事，讲故事的难度大大降低，很流畅地就把故事讲了下来，而且细节丰富，情节合理。最难得的是，因为难度可控，孩子们纷纷在形式上进行创新，小灵一组以第三人称的口吻来轮流讲故事，别的小组以第一人称仙女的口吻来讲故事，还有一个小组的同学摩拳擦掌，上台分角色表演了一番。课堂里充满欢声笑语且取得了实效。

【小结反思】

本节课使用的思维图是综合流程图和气泡图设计而成的，能够帮助学生按情节进展梳理思路，并丰富细节。在这一环节中，学生学的策略主要是通过想象画面来增补情节和丰富细节，同时借助思维图的帮助将想象的画面和细节可视化，为讲故事准备丰富的素材。教师教的策略主要是引导学生想象画面，不断拉近镜头，增补情节，丰富细节，并根据学生的学习需求提供合适的学习支架——思维图，帮助学生记录和梳理思路。

回顾整个教学过程，在学生初讲故事时，笔者安排了独立思考和小组讨论两个环节，学生初讲故事之后，其他同伴又进一步讨论和补充。此时，期望能呈现的是学生群体的真实认知起点：学生能从不同角度补充情节和细节，但是多而繁杂，不成系统。语感较好、思维水平高的学生也许能很快从众多信息中抽取出有用的信息，但是思维水平一般的学生仍然会觉得一片混乱。所以，此时重新聚焦情节，想象画面，通过不断拉近镜头进行启发和引导，使这个简略情节中的人物动起来，情节和细节自然就得以展开。之后，借助思维图将学生思考的过程可视化，一方面可以将思维水平较高的学生个体成功经验转化为全班同学的学习资源；另一方面也有助于学生审视自身思维的局限性和不足。最后学生再借助思维图去讲故事，使得创造性复述故事的难度大大降低。

魔法蚁图，打破“习作困境”①

【痛点故事】

在美丽的校园里，每个学生都有属于自己的一片天空。但是对于晨曦班的几位同学来说，他们头顶的这片天空却始终有一朵挥之不去的“乌云”——那就是写作文。小宇同学就是这样一位谈“写”色变的学生。这个活泼好动的小男孩，内心世界充满了奇思妙想和无尽活力，可是一道作文题就能瞬间将他所有的快乐一键消除。

“哎呀！为什么我脑袋里像装了一团乱麻？各种想法越聚越多，可拿起笔却一个字也写不出来？要是有种魔法，能让我的想法变得有条理，那该多好啊！”小宇一筹莫展，抓耳挠腮，逗得同学们哈哈大笑，而我却被他的话一下子击中了。是啊，为什么很多学生的阅读量和脑海中的想法并不少，但是却觉得写出一篇好文章“难于上青天”呢？很多时候不正是因为他们不懂得如何把“乱如

①案例提供者：钱畅。

麻”的思维捋通顺吗！该如何帮助孩子们清除这个习作中的“拦路虎”，打破思维局限，实现从谈“写”色变到妙笔生花的转变呢？我陷入了沉思……

【工具链接】

思维导图通过图形、线条和关键词的组合，将学生的思维过程可视化。在写作过程中，学生常常因为思维局限而无法展开论述。通过引入思维导图，可以帮助学生从中心主题出发，不断向外拓展思维，挖掘更多的写作素材和角度，并且更好地规划文章结构，丰富内容表达。这种形象化的表达方式不仅能够吸引学生的注意力，激发好奇心和探索欲，还能够提升逻辑思维能力，在提高写作速度的基础上提升习作质量，从而让学生们从“怕写”到“爱写”。

【行动故事】

“外出迷路的时候需要看地图，那思维迷路的时候……对了，用思维导图来厘清思路呀!”这个有趣的想法瞬间在脑中迸发，一下子令我豁然开朗。

又是一次习作指导课，还没走进教室，我眼前就已经浮现出了那几个学生愁眉不展的小脸。但是这一次，我有信心将他们从“习作困境”中解救出来。

教室里，一场关于连续观察日记的奇妙之旅正悄然展开。

“同学们，我们生活的地球上充满了生命的奥秘。而我们的任务，就是通过写连续观察日记，去探索其中的秘密。我还给你们准备了一张神奇的魔法地图，它会随着我们探索的思路和脚步不断拓展领域和信息，一步步帮助我们发现生命的秘密……”“就像《哈利·波特》里面的活点地图!”我话音未落，小宇就激动地喊了出来，随着一张名为“连续观察日记——探索地球生命之奥秘”的思维导图跃然眼前，孩子们一下就瞪大了眼睛，被这场有趣的探险活动深深吸引。

第一阶段：探索之始——明确观察目标

“我们要了解地球生命的奥秘，需要我们从哪些方面进行观察呢?”“环境”“气候”“地形”“物种”……学生们一个接一个地回答，思维导图也随之增添着新的分支。当一个个关键词出现在每一个分支上时，学生们惊呼：“哇，这真的像有魔法的活点地图啊！我们想到什么，它就出现什么，太有意思了!”了解了思维导图的用法后，学生们都跃跃欲试，迅速分成几个小组，各自选定了观察对象(有的选择观察小动物的活动，有的选择观察植物的生长，还有的选择观察天气变化)，并确定了观察目标。

第二阶段：规划之路——制订观察计划

接着，在我给学生详细讲解了如何制订观察计划(包括观察的时间、地点、方法、频率等)后，学生们继续分小组讨论，制订初步的观察计划，并将其整理到思维导图中(如在“观察蚂蚁”的分支下可以添加“观察时间：每天放学后”“观察地点：小区花园”等)。

第三阶段：实践之行——实地观察与记录

“现在，大家都有了自己的观察目标和计划，接下来就带上你们的‘魔法蚁图’，踏上探索之旅吧!”之后的课外时间，学生们都在兴致盎然地根据观察目标和计划，随时记录自己观察到的点滴变化。每次观察后，他们都会根据实际情况更新思维导图。

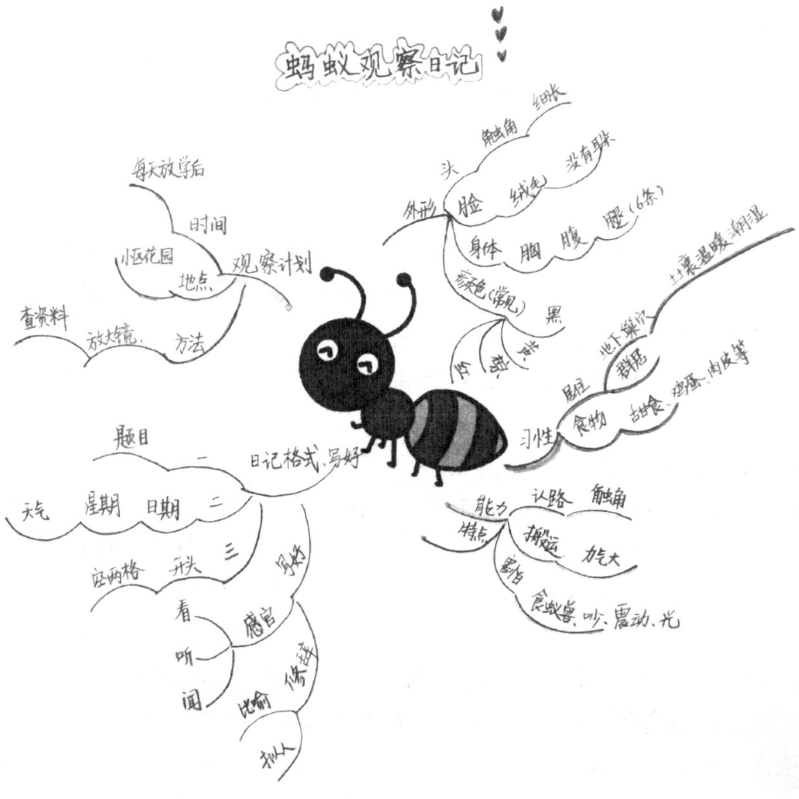

图 2-32　魔法蚁图

第四阶段：分享与反思——深化理解与改进

每周的课堂上，我都会邀请学生们分享自己的思维导图，并根据大家提出的建议和改进意见，再次更新和完善自己的思维导图。经过一段时间的连续观察，学生们对于观察目标有了非常深入的了解，并且随着思维导图的不断完善，他们的脑海中再也不是“一团乱麻”了，每个学生都能根据自己绘制的思维导图写出一篇条理清晰、内容丰富的观察日记。

“原来真的有魔法可以让我不再害怕写作文啦!”看到小宇捧着自己那本写得满满当当的习作练习册笑得合不拢嘴的时候，我也欣慰地笑了。

【小结反思】

在这场关于连续观察日记的奇妙之旅中，学生们不仅学会了如何用连续观察日记的方式去探索世界，更学会了如何通过思维导图这一可视化工具将复杂的信息进行结构化整理，从而形成清晰的思维框架，促进了知识的整合与迁移。正是这样一张神奇的“魔法蚁图”，帮助学生们打破了“习作困境”，让思维不再迷失方向，实现步步进阶。

概念地图，开启多元认知①

【痛点故事】

“Look at the teacher. What does she/he look like?”教师带领学生看着一张张学科教师的照片，紧跟着是学生跟着老师一遍遍重复着描写外貌的语句……我的英语课堂中的教学内容设计绝不能只停留在重复的记忆与理解层面。突然我脑海中涌现出学生们在一遍遍同等思维水平的活动中逐步感到无趣与乏味的情景，而讲台上的老师还在兴高采烈地为丰富多彩的活动形式兴奋不已……

【工具链接】

概念地图：概念地图是一种有助于进行分析的图形组织器。在图形中间的圆圈中写下分析对象的主题，在周围的小圆圈中写下分析对象的组成部分、模块或要素。这种可视化的图形组织器有助于人们开展分析思考。

同心圆和方孔圆：首先，在情境一同心圆的外圈中写下一种具体情境或情况；其次，在内圈中写下从这个情境下中提取的有用的原则、概念或主题；再次，在方孔圆的外圈里写下第二种情境或情况；最后，在方孔里写下情境一的原则、概念或主题如何启发、指导人们应对第二种情境。这种做法需要大脑面对纷繁的事物时自由想象，建立其间的关联。而学生掌握了这种迁移技能后就有可能激发出深层次的学习欲望，体验学习对于自身的益处。

【行动故事】

同样的教材，同样的内容，不同的理念呈现出了不同的情景……

“When you see the topic ‘teachers’, what do you think about it?”我在课

---

①案例提供者：蒋东伟。

前这样问学生们。“I think about my Chinese teacher, my math teacher, my PE teacher...”快言快语的小Q忍不住说出了这一串话。“I think about my 科学 teacher，心理 teacher。”小R也半中文半英文地继续补充道。“不错嘛！即使有不能表达的内容也在尝试说英语！”对小R的回答我赶快给予肯定。“They are all your teachers. You get to know them at school very well.”“But, today, I will show you another teacher . Let's see who she is and where she is from?”学生们随着我播放的视频，睁大了眼睛，竖起了耳朵，准备一探究竟。一位美国小学老师 Mrs. Gidden 的日常就这样一帧帧出现在学生们的眼前。“Jenny，国外的小学老师，怎么只有一位？而我们中国学生的老师至少得6位。”“哈！很棒！你一下找到了两国小学教师的不同点呢！”学生们已经完全进入了这条“心流”①当中。

“下面，让我们来认识一下这位 Mrs. Gidden 吧。”我把话题进一步向下推进。

This is my favorite teacher, Mrs. Giddens. She teaches us Chinese, maths, science, music and PE. She is not young, but she is slim and beautiful. She has long curly hair. She wears glasses. She is good at drawing animals. She's nice to us. She always helps us when we have problems.

图 2-33 录音片段文本

孩子们看完原版视频后，开始边听着录音(见图 2-33)边在熟悉又陌生的 PPT 中(见图 2-34)寻找着答案。而捎带手他们还要完成一个学习单(见图 2-35)。这可是我的“特意安排”。我要让学生们知道学习新内容没有那么难！以其知之所知以养其知之所不知。

我们之间便展开了多轮问与答。“Is Mrs. Gidden slim/chubby/young?” “Does she have curly/straight hair?”“Does she wear glasses?”“Is she nice?” “Why do you think so?”随着学生“Yes”“No”或疑惑的回答，我毫不犹豫地一遍遍地重放着录音，学生不时发出“Oh, I see”的声音，好像恍然大悟。与此同时，他们边回答边完成学习单中“who is Mrs. Gidden?”的判断(见图 2-35)。

“Great! All of you have found Mrs. Gidden.”我对学生们终于找到了

①美国积极心理学家契克森米哈赖(M. Csikszentmihalyi)提出了心流这个概念，用于描述人们在学习、从事某项工作或爱好活动时的愉悦参与状态。

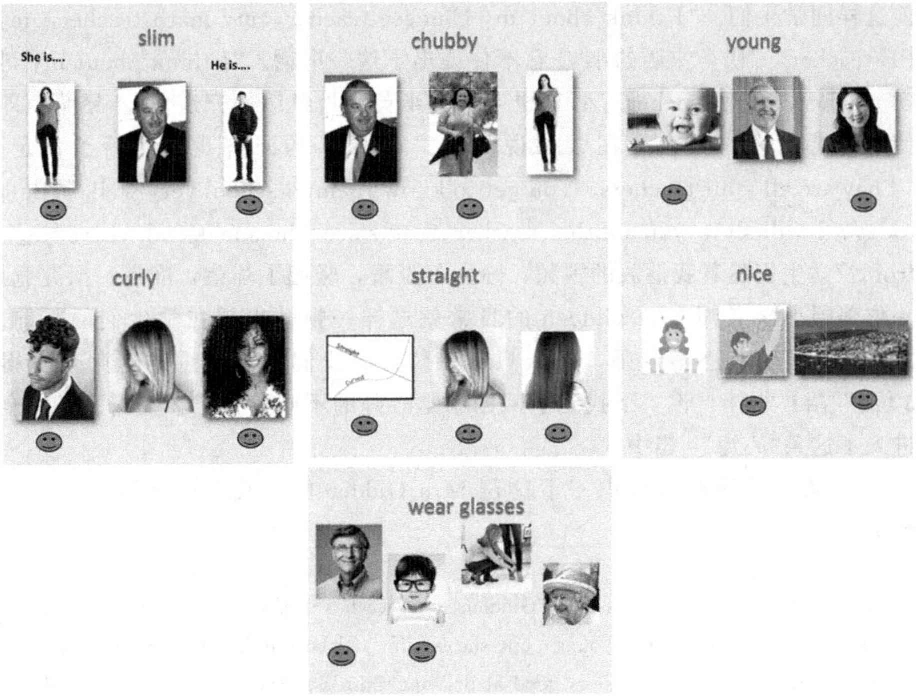

图 2-34　PPT 截图

Mrs. Gidden 大加称赞。要知道，当学生们愿意付出必要的努力和思考时，他们在这复杂的体验、放松而警觉的状态和积极的反思中才最终体验进行严谨与专注的思维。

“最后，我非常想听一听你们对自己老师的介绍，可以吗?”我将问题又重新引回到课堂最初时的主题上。看着高高举起的一双双小手，我迅速捕捉到了小 U。小 U 很紧张地张开了嘴。“你看着还挺紧张，不然咱们先来帮大家做个梳理，好不好?”我邀请他与我一起在板书上开始了思维梳理。

我们总结了本课的词汇，并将其归纳为“外貌”和“性格”，接着又补充了“工作”“爱好”等词汇(见图 2-36)。“学生们，你们小试身手的时候到了! Please tell me one of your teachers.”学生们如法炮制，先罗列出关键词，再投入到自己的创作中(见图 2-37)。

names of teachers / Descriptions	Mrs. Giddens	______
age	young　old not young	
Body Type	**slim　chubby**	
hair	long　short curly　straight	
glasses	wears doesn't wear	
hobby	like enjoy　drawing be good at	
personality	friendly　helpful clever　polite quiet　active popular　nice	
Others		

图 2-35　学习单截图

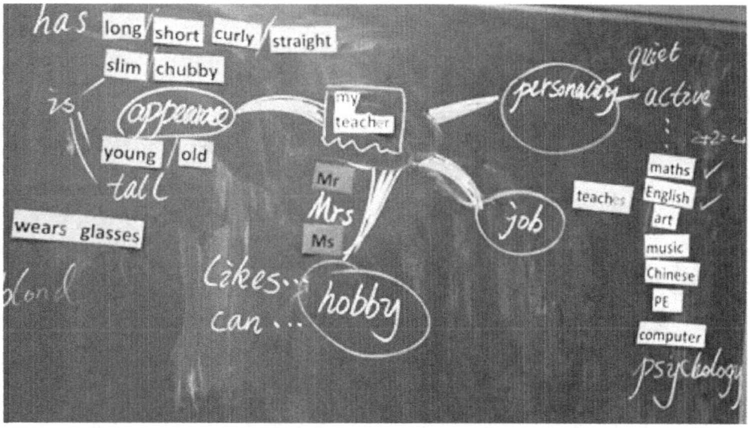

图 2-36　思维梳理

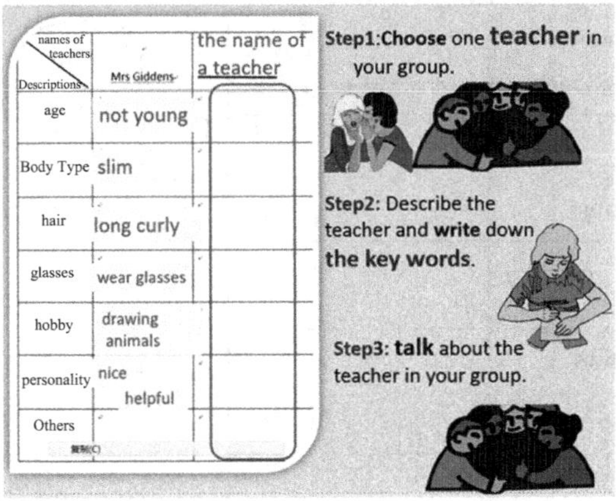

图 2-37 学生们的创作

就是在一个个可视化思维工具的引导下，孩子们再一次开始尝试运用所学语言创造性地表达出自己的意图、观点和态度……

【小结反思】

“心流”是一种愉悦的参与状态。戈尔曼说：“心流状态或许可以为我们展现出如何为掌握技能或学习注入强大的力量。”学习者的情绪状态会直接影响他们能否进入“心流”状态。有情感、有意义的学习内容可以帮助学习者达到一种专注与投入。情感是通向专注的途径，而专注是通往高阶思维的途径。

如果要问英语学习中的情感有什么特别之处？答案就是：它是一次次奔赴“将世界的大同小异转变为丰富多元”的体验之旅。

第三章

问题驱动，引领思维进阶

创造始于问题，有了问题才会思考，有了思考，才有解决问题的方法，才有找到独立思路的可能。

——陶行知

问题是学生思维活动的起点，思维灵动的课堂需要问题的激活。① 问题教学在培养学生独立思考和创造力方面发挥着至关重要的作用。② 通过问题的引导，学生能够将零散的知识点有机地串联起来，形成完整的知识体系，从而增强思维的连贯性和深度，更好地理解和把握所学内容。而情境则是学习环境中不可或缺的一部分，它是激发学生的主体性、积极性和创新精神，帮助学生实现对所学知识的深度建构的重要载体。③ 在深度学习导向的高阶思维培养中，情境创设是其中的核心要素。④ 通过将问题置于真实情境中，学习变得更具意义和目的性，学生能像专业人士一样去探索和解决问题，并将所学知识和经验有效地迁移到实际生活中。⑤ 在真实情境的映衬下，问题不再是孤立、抽象的存在，它与学生们的日常生活经验紧密相连，变得更加鲜活、具体，更能触发学生的探究兴趣和思考动力。同时，作为学习过程中的核心任务，主任务能够巧妙地整合学生的各个思维阶段，帮助学生构建清晰、完整的思维框架。通过完成主任务，学生的思维得到进一步提升和整合，为未来的学习和生活奠定坚实基础。

本章以问题为导向，通过三个环环相扣的小节，探讨如何通过问题的引领来促进学生思维的逐步发展。大问题、真情境和主任务这三个关键要素相互交织、相互支持，共同构建了问题驱动教学的完整框架。同时，每一节都融入了来自一线教师的精彩教学案例，使得理论与实践得以结合，帮助读者感受到问题驱动教学的魅力和实效。

第一节 大问题让思维“长”起来

一、策略描述

问是思之始。大问题是直指本质、涵盖教学重难点、高水平的、以探究

①李卫青：《用问题驱动，促思维发展——以五年级下册〈杨氏之子〉教学为例》，《语文建设》，2022年第8期，第69—71页。

②罗祖兵：《教育学问题教学：涵义、价值与操作》，《高等教育研究》，2010年第3期，第71—75页。

③谭景凤、于波：《问题情境的性质及其教育意义》，《教学与管理》，2016年第25期，第1—4页。

④许令周：《深度学习视角下阅读教学问题情境创设策略》，《中学语文教学》，2021年第2期，第21—24页。

⑤蔡亚萍：《基于真实情境问题解决的教学设计》，《电化教育研究》，2011年第6期，第73—75、80页。

为主的问题，能引导学生思考，推动其探究，促使其实践，从而发展思维能力。课堂教学要实现思维的进阶就要用植根于学生已有经验的“原点”去撬动学生思维需要的“支点”，达到引领通往学生生长的“远点”，这就要求教师具有设计驱动性的大问题的能力，让学生的思维生长起来。

大问题的核心在于用“问题”来“驱动”学习，能够促进儿童的思维进阶和学习力提升，让深度学习真正发生，将核心素养的生成真正落到实处。

什么样的大问题能够驱动学生思考、探究，助力思维的生长和进阶呢？在本节呈现的实践案例中，我们看到了可以用统领学习内容的“大问题”“核心问题”给课堂学习提供宽度和深度，触及问题本质，促进思维的生长，让思想走向深刻。也可以根据教学内容，围绕目标或中心问题，按照一定逻辑结构精心设计一组有梯度的“层进式问题串”，将问题的类型从封闭式逐步演化为开放式，构建一个连续、有序的“问题连续体”，以“问题定义”为中心，以“方法”为中介，以“答案”为结果，引导学生在一个个问题解决过程中，经历知识的再现、分析、比较、想象、迁移、创新等一系列的思维过程，让理解真正发生，使每位学生都是探索者、研究者和发现者，使其成为学习过程中的助推器，促进思维一次又一次地生长和飞跃。

总之，从教师讲述的教育故事中，我们可以真切地感受到设计驱动性的大问题开展的课堂教学能够引领学生深度学习，发展学生的高阶思维能力，实现思维的生长和素养提升。

二、策略应用

“大问题”让思维走向深刻①

【痛点故事】

课堂上，我们常常会听到或者看到一些“无关痛痒”的问题，学生只需简单回答“是与否”就可以，没有一定的思维深度；还会提出一些偏离课堂本质的问题，或者一堂课中有几个小问题前后之间有点跳跃，显得散而乱；甚至有一些问题是老师根据自己的设计提出的，单纯依据教案，并没有从学生实际出发。师生之间应该是彼此支撑、共同提升的状态，这样的课堂才更加具有生命力。

①案例提供者：李旦旦。

【工具链接】

“大问题”一词来源于罗伯特·所罗门所著的《大问题：简明哲学导论》一书，这本哲学入门读物按照哲学上的“大问题”来组织写作，通过一个又一个问题的阐述，逐步把读者引入哲学的殿堂，并享受思考的乐趣和思想的光芒。那么课堂中的大问题为何物呢？在《大问题的形与神》中，黄爱华将课堂的“大问题”定义为“直指本质、涵盖教学重难点、具有高水平的、以探究为主的问题”。

“大问题”是文本的“文眼”，是课堂的“课眼”，是教学的“主线”。大问题究竟具有哪些特征呢？第一，能触及数学的本质。第二，它必须有一定的难度，但又需要在学生的最近发展区内。第三，“大问题”的结果不唯一。第四，“大问题”必须有“繁殖力”，能引发学生不断提出新的问题。第五，“大问题”一般来源于学生提出的“雏形问题”。

【行动故事】

基于以上现象，本文旨在把“大问题”教学模式和小学数学教学设计整合在一起，进行系统深入的研究，力求扩充“大问题”教学模式的理论、深化小学数学教学设计研究，为广大一线教师提供教学案例参考，以提高数学课堂教学的有效性。

案例一：北师大版《义务教育教科书数学五年级下册》“分数乘法二”

图 3-1　案例一题

请问：男生比女生多植树多少棵？画一画，说一说你是怎么理解的。

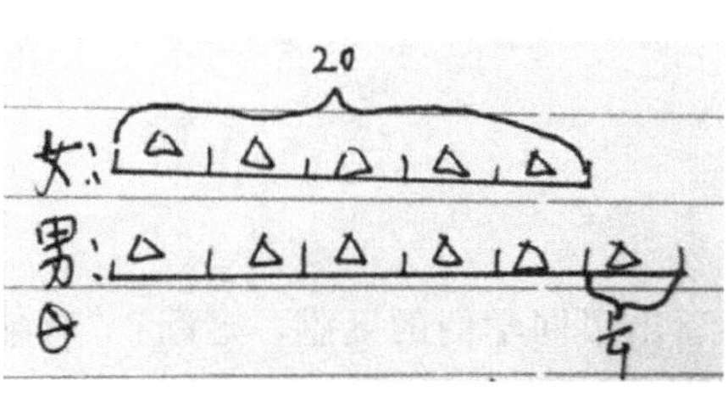

图 3-2　学生作品(1)

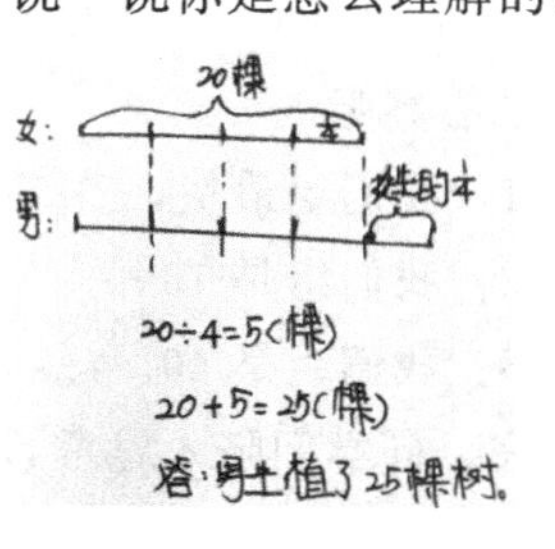

图 3-3　学生作品(2)

从学生的作品中发现90%以上的学生都对线段进行了平均分。于是，我问学生们：你们思考过没有，这些线段中的平均分是何时发生的呢？学生一下睁大了眼睛，紧接着陷入了沉思，看来之前没注意这个环节。看似差不多的图，原来藏了一个大家忽略的“大问题”。一位同学表示提前预习过教材内容，属于单纯的模仿，没有深度思考，因此说不明白这幅图作图的前后顺序及内在逻辑关系。有的学生还在一边画图一边思考，只有极少同学能够说明白其中的缘由。可见，对于大多数学生来讲这是他们的盲区，需要我们在课堂上“拎出来探究一番”，犹如人体经络般，必须疏通才能健康长寿。如果学生能把这个“大问题”搞明白了，那么整个画图过程的逻辑顺序就对了，易出现的问题也就避免了。

经过讨论学生才发现，无论女生还是男生植树的线段中的平均分都不是最初就画的，而是在表示男生比女生多的四分之一时，为了确定女生的四分之一到底是多长的线段才对女生植树线段开始进行平均分的(如图3-3中女生的四分之一)。学生们此时豁然开朗，为自己开心鼓掌。

这个“大问题”的提出可迁移到诸多类似问题的研究中(多几分之几，少几分之几，多几倍等)，具有拓展性，具备“繁殖力”。在一次次的提问中，帮助学生再次明晰画图的步骤及每一步的先后顺序是有因果关系的，拨开表象，挖掘本质，达到敢画图、会画图，进而喜欢画图的目的。一个问题的学习到一类问题的迁移学习，再到不同问题的辨别、思考、创新、突破，考验的是学生综合解决问题的能力，能够迅速准确地提取有效信息和资源进行勾连、对比、整合，考验灵活性和思维的深度及广度。实现研究“大问题”的一个收获——具备真正解决问题的能力。

案例二：图形与几何领域“单位”的学习探究

以二年级上册“教室有多长”一课为例，在测量教室的长度时，同学们小组合作，很快得到了教室长度的数据。

师：同学们刚才在测量时会合作，很认真，真棒！我们一起分享一下每个小组的答案吧。

生1：我们组最快，答案是10。

生2：我们组是13。

生3：我们组是40。

听完，同学们陷入思考，老师看出了同学们的疑惑，追问：“有什么想说的吗？”

生1：他们刚才也是测量的这面墙壁的长，怎么结果和我们不一样呢？

生 2：我们测量时比较小心，误差比较小。

生 3：我们也是两人合作，边测量边做标记，误差也不大。

经过思考和讨论后，同学们发现原来误差是不同测量工具导致的……大家恍然大悟。

生：那该怎么解决这个问题呢？如何才能方便大家交流呢？

学生接下来的思考和解决问题的方法重现了我们智慧的祖先"统一单位"的历史过程。本节课中，"大问题"在真实体验的过程中由学生主动提出，进而想办法得以解决。可见在课堂上应给予学生大空间，多聆听学生的想法，这些"小不点儿"充满"大智慧"，很多"大问题"都来源于学生提出的"雏形问题"，在解决问题的过程中学生的知识不断地系统化、结构化、完整化。

【小结反思】

在今后的学习中应重视挖掘每节课的"大问题"，"大问题"不仅是前辈解决问题的智慧，也是新时代学生解决问题的"钥匙"。充分发挥"大问题"的引领与教师的引导作用，帮助学生动起来、学进去，感受学习的快乐。

真正的理解不会遗忘①

【痛点故事】

五年级的小轩是个可爱的小孩儿，圆圆的脸庞常挂着灿烂的笑容，这个大大咧咧的小男孩学习任务能按时完成，但常常容易粗心，出现各种小错误。这不，在学习用方向与距离确定位置的时候，小轩把"书店在学校北偏东 40 度，距离学校 500 米"误写成了"书店在学校东北方向 40 度，距离学校 500 米"。这可是在之前的课上才纠正过的错误，没想到刚过两天，小轩的作业里就再次出现了同样的错误。追问出错的原因，小轩憨憨地挠挠头说："我给忘了！"自己仿佛也很无奈。

小轩的错误让作为老师的我也很伤脑筋，是讲解中出现了什么问题吗？怎样帮助小轩克服困难，才能让知识真正扎根到他的心里呢？问题反复在头脑中盘旋，唯有真正的理解才不会遗忘！用方向和距离描述位置的方法在某种意义上看起来像是一种规定性知识，但像小轩这样的孩子其实没有真正理解确定位置知识背后的本质，所以才再三出错。

【工具链接】

通过"大问题"的提出，逐步把学生引入思考的殿堂，并享受思考的乐趣

①案例提供者：孙博。

和思想的光芒。“大问题”要能触及数学的本质，这个本质不仅仅指的是数学知识与技能的关键，更重要的是指数学思维和问题解决的方法。它必须有一定的难度，但又需要在学生的最近发展区内，既要使人人都能获得发展，但又是指向高阶思维发展的问题，要使不同的人得到不同的发展。“大问题”的结果不唯一，它是非线性的问题，能引导学生的思维方式呈多元化发展，能引发学生不断提出新的问题。它是极具创造力的问题，一节课以它为始，也以它为终。当我们小心翼翼地试探一个“大问题”时，它常常并不向你显示什么，似乎敞开了无数条道路，使我们找不到确定的原则以便开始，也没有明确的方向以便前进。但当你全心全意地厘清思绪去回答它时，它也逐渐让你的心灵明晰起来，使你的目标越来越明确，直到终于能够相对合理地回答一个“大问题”，你突然发现概念和思维理解建立起来了。

【行动故事】

知之者不如好之者，好之者不如乐之者。要调动起小轩和同学们，兴趣是最好的老师，我想到创设一个具有趣味性和恰当探索空间的“大问题”情境，把生硬灌输规定性的概念转化为自主探索合理的规则，让同学们在思维碰撞中深入理解知识背后的本质，真正发展空间观念，实现思维的进阶。

思考带来行动，第二天一上课，我故弄玄虚地说：“同学们，今天的数学课咱们一起先来看小一段动画(见图 3-4)，好不好?”同学们一听都开心极了，一个个睁大了眼睛看向前面，特别是小轩，身子坐得直直的，一脸翘首以盼的表情。

“一艘海上船只出现故障停止航行，请求救援。”

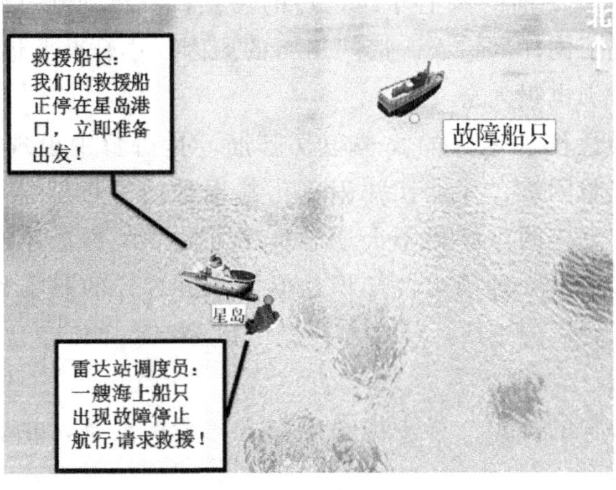

图 3-4　动画示意

“我们的救援船正停在星岛港口，立即准备出发！”

学生们好奇地紧紧盯着大屏幕看，我抓住时机顺势提问：“如果你是雷达站调度员，应该怎样告诉救援船长事故船只的位置呢？”

海上救援问题一下子激起了大家探索的热情，有的学生若有所思，有的小组热烈地讨论了起来。图 3-5 为学习单。

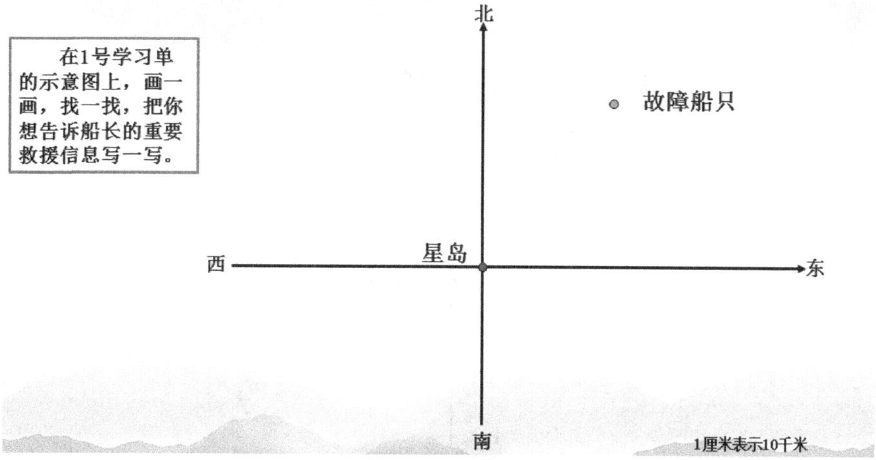

图 3-5　学习单

一位同学对着“航海图”（见图 3-6）边画边指说：“我发现，如果只说救援船在星岛的东北方向，那可是东和北之间的那么一大片区域，茫茫大海根本找不到救援船；而要是雷达站调度员只告诉救援船长故障船只距离星岛 80 千米，船长只能围着圆形的一圈去找。”仔细聆听的学生们情不自禁地发出赞同的声音，我也频频点头鼓励。

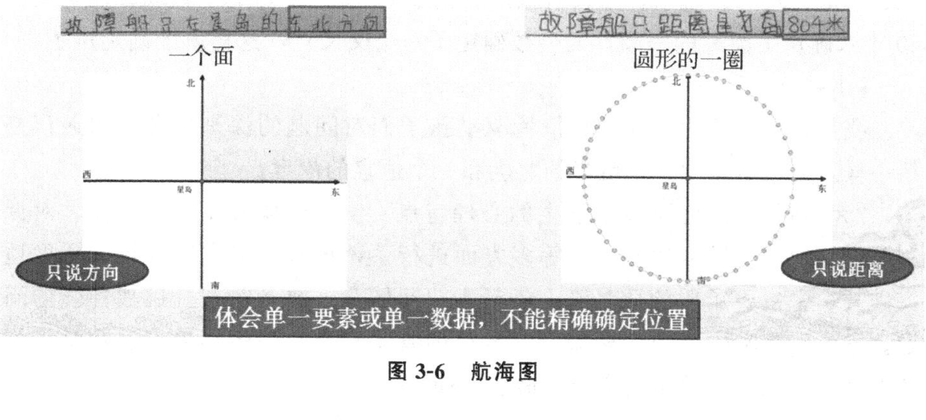

图 3-6　航海图

这时，小轩和其他许多同学也高高举起了小手想发言，当我叫起小轩的时候，他恍然大悟地说："我明白了，如果告诉船长事故船只在星岛的东北方向 40 度，距离星岛 80 千米，我画了图(见图 3-7)，可能会沿着两条线出发找到两个点呀，既可能是和正东方向夹角 40 度的方向，也可能是和正北方向夹角 40 度的方向，这样告诉救援船长就不能确定唯一的救援位置，船长也会犹豫不知道该往哪个方向开了！"

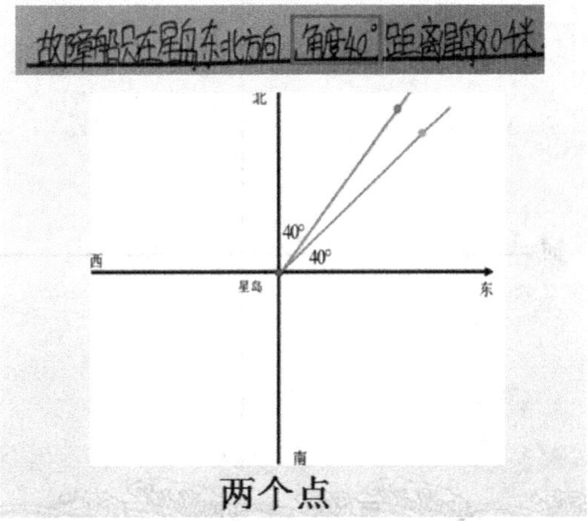

图 3-7　小轩的图

下课的时候，小轩来到我身边悄悄对我说："我觉得这节课的问题特别有意思，感觉自己真的像船长一样在用数学知识为海上救援出谋划策，这次我掌握确定位置的方法了！确定位置可不能随便说说，那样就不准确了。"他一边说还一边向上伸起一只胳膊，并向右边斜侧了一些给我比画："你看，上北、下南、左西、右东，这大概就是北偏东 40 度，它确定了直线方向，距离 80 千米确定了圆形的一圈，两个数确定了一个交叉点，这样就准确定位了。"

【小结反思】

我想，用生动的"大问题"情境驱动孩子们对问题的深刻思考就像遇河搭桥一样，可以给课堂一个恰当的宽度和一个适宜的深度。

"大问题"的提出要根据学生的心理特点、学习经验及学习困惑点，对课程关系、问题引导、学习方式等多方面进行系统梳理，以求能够最大限度地突破教学中主要矛盾的质量高、外延大、问域宽、数量精并且挑战性强的问题。它一般是学生学习的疑难点、教材的省略点、知识的连接点、数学思维的聚焦点，能牵一发而动全身，追求"不问而问"。

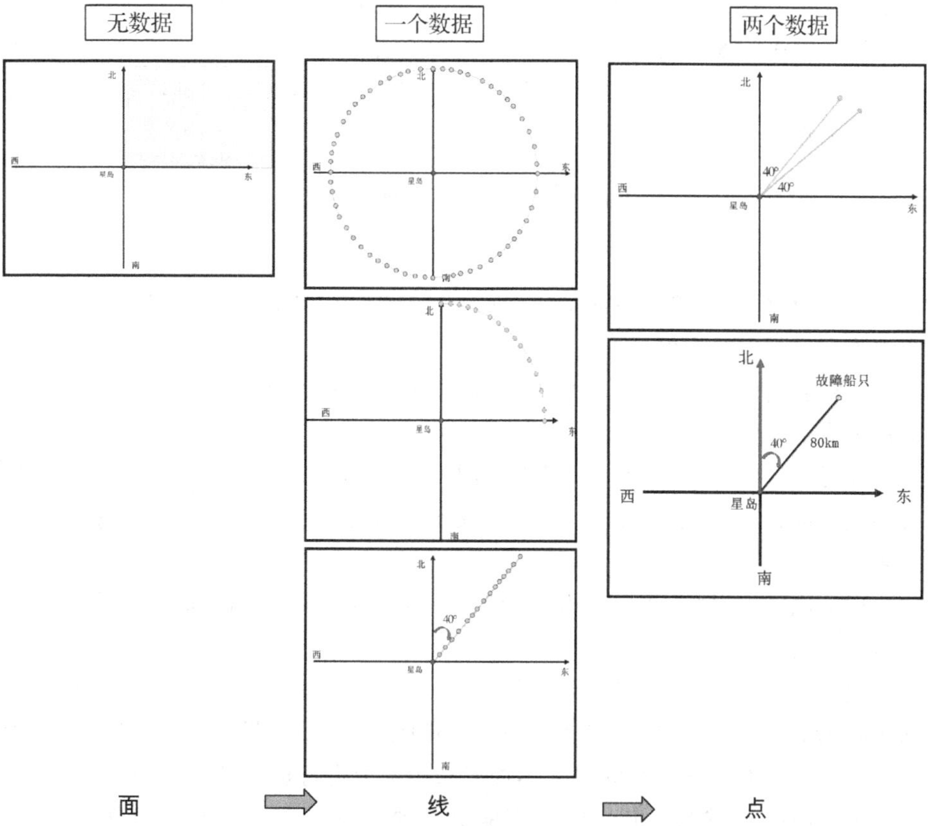

图 3-8　确定数据

“大问题”的提出不仅仅局限于教学内容的整合，它要指向明确的学习目标，将自主探究与合作学习相结合，更加强调教师和学生角色的转变，运用“小老师”教的策略把讲台让给学生，在思维重点处有效开展深度对话。它是以“学”为核心的教学，教师不仅要传授学生知识，更要教会学生学习；它是一种学生在前、教师在后的教学，教师是引导者，引导学生自主选择学习方式解决问题，发展思维。

“大问题”情境要立足于解决现实问题，富有趣味性，具有开放性和可探究性，学生可以根据自己的理解选择不同的信息，从而形成个性化的解决问题的方法。探究性的“大问题”情境就是为学生提供思考和探索的空间，要让学生跳一跳摘到果子，每个学生都是一位探索者、研究者和发现者，教师要做的是激发或成全他们的探索和求知的欲望。只有亲身经历体验了，参与感悟了，发生变化了，才能称为真正的学习。在自主发现问题、提出问题、分析问题和解决问题的过程中逐步积累教学活动经验，用“大问题”给课堂一个恰当的宽度和一个适宜的深度，触及问题本质，沟通方法间的联系，才能实现思维的进阶，让思想走向深刻。

“大问题”引发的思维寻宝①

【痛点故事】

“哈哈！你的小组学习活动通知只写了日期，没有具体几点钟，我们大半夜去你们家行不行啊？”

“还笑我？你写的运动会训练通知的参加者是‘大家’，谁知道谁是大家，大家都有谁啊？”

此时，一年级七班的教室里很热闹，因为我让大家在学习写“通知”这种应用文体前自己先试着说一说，然后交流看看合不合理。这不，大家就讨论起来了。

因为刚刚学过“动物王国开大会”这一课，所以同学们写的通知内容其实具有模仿的样子。

比如刚刚引起大家争论的两则通知，一位同学写道：“为了一起完成小组谈论，请大家在 6 月 12 日来我家参加小组学习活动。”另一位同学写道：“为了运动会取得好成绩，请大家在本周五来操场上进行训练。”

乍一听很不错的通知，学生们能够仿照着样子写出人物、时间、地点、事件，但是由于缺乏真实的生活情境，仔细落实到操作层面就会发现由于细节信息不清楚，大家搞不清楚到底是谁去哪里做什么。

面对这样的情况，我在教学中再一味地强调通知要说清楚几个要素就意义不大了。因为这节课对孩子的思维要求不是停留在“识记”层面，而是要提高到“分析”“理解”“应用”这样的层面。孩子们需要的不是记下来的“死”要素，而是能够运用的“活”知识和“真”能力。所以，我抛出了一个“大问题”——怎么能让别人看到你的通知就知道要怎么做？

这里的“大问题”教学策略就涉及问题本位学习理论了。

【工具链接】

问题本位学习(Problem-Based-Learning，PBL)是一种能够引发学生深度思考的教学策略。主要是运用与教学内容高度相关的不完全结构的问题(ill-

①案例提供者：马海鹏。

structured problems)，辅之以学生中心的教学论来实现①。问题本位学习理论强调把学习设置到复杂的、有意义的问题情境中，通过让学习者合作解决真实性(authentic)问题，来学习隐含于问题背后的科学知识，形成解决问题的技能，并形成自主学习(self-directed learning)的能力②。

本文使用的“大问题”策略，就是对“问题本位学习”中最主要的不完全结构的问题的具体实施。这里的“大问题”首先要和教学内容高度相关，甚至能够统领教学内容，在解决问题的过程中一步步将知识点挖掘出来，加深学生思维深度；其次，“大问题”具有开放性，给学生多元思考的可能，让学生在你来我往的头脑风暴中受到启发，拓展学生思维广度。

如果用一个比喻来形容这个过程，我觉得非常像是学生感兴趣的寻宝历程。提出一个“大问题”，好比给了学生一张“寻宝图”——“看吧，你的目标就在那里，你要自己想办法去往宝藏所在地。”学生在向着宝藏前进的过程中会遇到各种艰难险阻，他们会通过思维的深入和拓展去一一解决问题，最后到达胜利的终点。

【行动故事】

1. 激发寻宝热情——体验创作失败

“老师，今天我们是要讲通知吗?”刚走进课堂，孩子们迫不及待地询问今天的学习内容。

“也是，也不是。老师今天想让大家当一次活动组织者。你可以组织大家去春游，也可以一起约着去运动，还可以邀请大家参加生日聚会……不过你得想想怎么通知大家。”

“那是不是让我们自己来发布通知?”

“可是我们还没有讲通知怎么写啊?”

“我觉得没学我也能写呢!”

面对学生们的“困惑”和“自信”，我告诉他们：“对喽！你们自己写，至于怎么写我不要求大家，只要能通知成功就可以。总之，你的通知你做主！现在大家以小组为单位，快点试试看吧!”

---

①Davidson，J. E. & Sternberg，R. J.，Smart problem solving：How meta-cognition helps. In D. J. Hacker，J. Dunlosky，& A. C. Graesser (Eds.)，*Metacognition in educational theory and practice* (pp. 47—68). Mahwah，NJ：Lawrence Erlbaum，1998.

②Dolmans，D.，De Grave，W.，Wolfhagen，I.，& Van Der Vleuten，C.，Problem based learning：Future challenges for educational practice and research. *Medical Education*，2005，39(7)，732—741.

学生们非常兴奋，有的当起了小班长要让大家一起劳动；有的还当起了小班主任通知大家开主题班会；还有的干脆变成了大队部的老师要给大家举行升旗仪式……

“大家想好了吗？谁来给全班同学发布通知？”

结果都知道了，就是文章开头的那一幕，大家听了通知，不是不知道有哪些人参加，就是不知道到底几点钟去哪里。

嘻嘻哈哈中大家知道自己的通知确实有点问题，到底要怎么把通知写明白呢？这时，学生们心里已经很想解决这个问题了。

2. 设置宝藏地点——抛出“大问题”

此时，我趁热打铁，抛出本课的大问题：“同学们，怎么能让别人看到你的通知就知道要怎么做呢？你们到底是哪里出了错呢？”

其实老师们心里都知道，这个问题的另一种表达就是“通知这种应用文体的写作要素和写作要点是什么”。这里我把本课的学习内容变成学生们要自己解决的一个问题。在解决这个问题的过程中，学生们必然会总结出通知的写作要素和要点。

3. 克服艰难险阻——小组讨论分析

果然，这一次学生们的讨论少了一些嘻嘻哈哈，多了一些皱眉思考，也多了一些讨论甚至是争执。我走进每一个小组，当孩子们的思维受阻时给他们一个小提示；当学生的思维停滞的时候再给他们提个小问题把话题继续深入下去。

比如，某小组在谈论修改一则去小林家制作科技节展品的通知时，一致同意小林说的“周日上午十点来我家集合”。大家觉得说得很清楚了。我赶紧问坐在旁边的小雅：“你真的知道去哪里吗？你有他们家的地址吗？”孩子们先是愣了一下，结果反应过来，原来有了地点这个要素也不全面，要把这个要素介绍清楚。小林马上补充：“我家在学校对面的小区，进门左手第一栋楼的805。”这下大家说这个通知简直可以当作真的，要不大家这周日就去吧！

总之，学生们想不到的时候我要帮忙，学生们想不下去的时候要推进，确保学生们的思维能够不断进阶，解决这个大问题。

使用“大问题”策略需要注意的是采用合适的课堂形式。民主宽松，能让学生们畅所欲言，让思维不断碰撞和深化课堂氛围是非常重要的。值得注意的是，这里的畅所欲言不仅指师生之间的对话，更是指生生之间的对话。学生提出的问题往往是让思维进阶的重要资源。

同时，让这种形式形成习惯，就变成了稳定的氛围。比如我们经常使用小组合作学习形式，学生们之间的默契度和小组之间的明确分工都会对思维活跃度和思考质量有积极影响。

大家修改后就到了再次发布通知的时刻了。

“这次，大家看起来都胸有成竹。那么哪组愿意来分享你们的通知内容？”学生们非常踊跃。

“我们组来！”

“我们先来！”

“我们肯定能说明白！”

先上来的是第五小组。

“同学们听好了，跳绳比赛通知：各位同学，我们班将于本月的26号举办一场跳绳比赛。请全体同学在这一天的体育课上带好跳绳，在操场集合。不带跳绳的要取消比赛资格。通知者体育委员，日期为2021年10月20日。”

“大家觉得怎么样？”

“好严格啊，还要取消我们的比赛资格！”

“不过好像挺清楚的，没什么问题！”

接下来的分享也很顺利，大家这次基本都能够说清楚了。

4. 胜利到达终点——全班总结提炼

我对大家说：“同学们写得真不错。你们现在知道通知的写作要求了吗？你们能通过刚才自己写通知的经历总结出来吗？”

“老师，我觉得格式上要在第一行正中写‘通知’二字。正文开头空两格。落款在右下方一行写清楚通知人，第二行写清楚日期。”

“我觉得内容上要写出参加人、时间、地点、做什么。”

“我还要补充一下，写的内容一定要详细，要不就让看到的人糊涂了。”

“还有，通知人和日期的位置很容易写反，大家要注意。”

…………

大家提到的需要注意的地方太多了，有些都超出了我的教学预设，比如参加活动的时间必须得比写通知的时间晚，甚至还谈论到了虚构时间时要注意每个月有几天这样的细节。我觉得学生们真的很棒。

【小结反思】

这节课，我让学生们分小组完成三个任务，任务一：发布个人通知，小组评价是否可行；任务二：小组成员帮助修改通知；任务三：小组讨论“通知”需要写清楚哪些内容？怎样算是“写清楚”？

我们来看这几个任务对学生思维提出的要求：在课堂开始时，只有个别同学有机会向全班说出自己的通知，而在小组讨论环节中，所有同学都要把自己的想法说出来。这就要求每一位学生都要进行内容的构思、要素的组合和完整的创作。

在其他小组成员评价过程中，学生需要分析其他人的通知内容，并且对照脑子里已有的关于通知的知识点，评价是否正确，这里对学生的“批判思维”也有一定程度的要求。同时找出有问题的地方进行逆向思维，也就知道了正确的通知写法。

最后在听取了小组所有成员的发言，并且评价完所有的通知后，学生们需要在具体的错误中归纳总结出通知的要素和写作要点。

看着学生们总结出来的内容，感觉跟刚开始写出来的“大”“空”的通知相比，达到了能够真实应用于生活实际这一要求。我觉得从教学效果来说，这样的效果是最有意义的。

本课由一个“大问题”开始，通过小组合作讨论、全班总结归纳的方式，让学生在解决问题的过程中思维在纵向深入度和横向的拓展度上得到锻炼和发展，从而解决问题，让学生的能力得到提升。

在前文中我们说知识点是宝藏，思维是寻找宝藏的钥匙。其实从学生角度和一个人发展的角度来看，思维本身又何尝不是宝藏呢？学生们的智慧无穷无尽，想各种办法挖掘学生思维的潜能，培养孩子的高阶思维，也是我们教育工作者的“大问题”。

“学习支架”促进学生深入理解古诗①

【痛点故事】

部编版《义务教育教科书语文六年级下册》第四单元“古诗三首”中编排了《马说》《石灰吟》《竹石》三首古诗。通过课堂前测，我发现学生能够很快了解每句诗的意思，但是他们对古诗的探索也停留在这里，似乎能够将古文转化为白话文即完成了古诗的学习。这种浅尝辄止的学习方式是学生学习古诗的通病。长此以往的“似懂非懂”会使学生的思维局限于此，得不到更加深层次的发展。不仅如此，学生还会失去对古诗学习的兴趣，使其永远无法探及古诗这一文化瑰宝的魅力。这样学习古诗又有什么意义？

如何使学生深入理解古诗并促进其古诗学习的思维发展呢？为学生提供时代背景、诗人人生经历等方面的资料是很好的方法，但是这只是暂时使学

①案例提供者：刘雨微。

生深入理解了古诗，古诗学习的思维并没有得到提升，之后的学习依旧会循环往复。

这时，单元学习的语文要素映入我的眼帘：查阅相关资料，加深对课文的理解。我灵机一动，这不正是一个好方法吗？但是，要怎么在课堂中实现查阅资料，深入理解三首古诗这一目标呢？学生查阅到的资料肯定五花八门，能够满足其思维发展的资料是少数。让学生把电子设备带到课堂中现场指导学生查资料再逐步引导？根本不现实！用教室的电脑带着学生查资料再进行小组讨论？恐怕会事倍功半。

经过一段时间的冥思苦想，一个想法在我的心中酝酿着……

【工具链接】

教师设计了资料袋在课堂中作为“学习支架”使用。资料袋中综合了各种类型的资料供学生选择，学生可以从中筛选出有助于自己深入理解古诗的资料。借助这一学习工具，深入理解古诗并实现古诗学习的思维发展，即学习古诗时要自主查阅资料，走进诗人内心，体会其深厚意蕴。

【行动故事】

我将《石灰吟》作为本课的第一课时教学内容，并在课前布置了查找资料的任务。课堂教学有序进行着，很快学生就结合注释了解了诗句的意思。“针对古诗还有什么不理解的吗？”学生对我摇摇头，班长小乔更是一副自信满满的样子。

“那古诗中的‘清白’具体是指怎样的高尚节操呢？谁能结合资料谈谈对这首诗更加深入的理解？”不出所料，由于学生课前查阅资料不充分，纷纷低着头不敢与老师对视，没有一个人举手。小乔更是一言不发，眉头拧成了一个疙瘩。

“请大家打开资料袋(见图 3-9)，仔细阅读。”这次，小乔第一个举起手来：“结合资料 3，我认为‘清白’是指于谦为官的清廉、不同流合污；结合资料 4，‘清白’应当是一种不怕牺牲、为国献身的高尚节操……”大家不住地点头，结合诗人的生平侃侃而谈。听着学生的发言，我知道他们对古诗的理解深了一步。

伴随着配乐，学生入情入境，再次诵读了这首诗。小乔声音时而高昂，时而低沉，借助资料，他已逐渐走进诗人的内心。

资料袋

资料1：

于谦，字廷益，号节庵，明仁和(今杭州)人。出身仕宦世家。从小聪颖过人，承习家教。6岁入私塾，15岁时考取县儒学生员，博览群书。

资料2：

于谦从小学习刻苦，志向远大。相传他十二岁时，看到青黑色的山石，经过熊熊的烈火焚烧后，都变成了白色的石灰，深有感触，便写下了此诗。

资料3：

于谦为官，经常轻装骑马，访问父老，亲历考察。稍有水旱灾害，马上上报。

资料4：

明英宗时，太监王振开始掌权。百官大臣争相献金求媚。而于谦每次进京奏事，从不带任何礼品。有人劝他，于谦潇洒一笑，甩了甩他的两只袖子，说："只有清风。"

资料5：

土木之变后，皇帝被敌人抓走了。于谦亲自督战，抵御敌人。敌军见毫无办法，便放了皇帝。议和后，于谦仍积极备战，边境得以安宁。

资料6：

于谦个性刚直，招致一些人的忌恨，面对官场的排挤与打压，他视若等闲，仍旧保持自己的清正刚直。

资料7：

1457年，于谦再次被诬陷，含冤遇害。抄家时，发现他家徒四壁。

资料8：

《石灰吟》是一首七言绝句。此诗托物言志，采用象征手法，字面上是咏石灰，实际借物喻人，托物寄怀，表现了诗人高洁的理想。

资料9：

《石灰吟》全诗笔法凝练，一气呵成，语言质朴自然，不事雕琢，感染力很强；尤其是作者那积极进取的人生态度和大无畏的凛然正气更给人以启迪和激励。

图3-9 资料袋内容截图

课堂尾声，我向学生提出这样一个问题："在深入理解古诗时，有没有什么好的方法呢？""可以借助有关诗人生平经历的材料。""还可以查一查当时的时代背景，这些资料可以很好地帮助我们走进诗人的内心，深入地理解故事，我现在知道怎么学习古诗了！"这就是学习古诗的思维，我心中不禁雀跃。"老师，原来古诗学习这么有意思，我真想赶快学习另外的古诗……"小乔最后说道。

我又何尝不是如此呢，真盼望下一节语文课能早点儿到来啊……

【小结反思】

当学生在学习新的任务时，老师可以向学生提供“学习支架”，在设计支架时要考量学生可能遇到的困难，并在其实际水平与潜在发展水平间进行设计，以促进其思维发展。当学生的能力提升后，可以逐步撤掉“学习支架”，使学生真正获得能力的提升并逐渐成为独立的学习者。

巧设核心问题，厘清易混概念①

【痛点故事】

“同学们，你们听说过平均数吗?”问题一提出，孩子们就露出一副“你怎么会问这么简单的问题”的表情，纷纷抢着说：“当然听说过，平均数就是用总数除以个数呗!”“是呀是呀，我们学习除法的时候就学过了呀!”听着大家出奇统一的答案，让我对这节课的学习产生了不太妙的预感。

平均数是小学生第一个学习的常用的刻画数据集中趋势的重要统计量。通过访谈我们发现，很多学生很容易把统计中的平均数与数学计算中的平均数混为一谈，他们认为所谓的平均数就是把所有数据加在一起再平均分就可以了，对于平均数与群组中每一个数据之间的关系并没有清晰的认识，而且容易在处理数据时把平均数作为一组数据的唯一代表，从而忽视其他数据的意义。

【工具链接】

心理学家莫里斯·L. 比格等都强调问题情境理论对课堂教学的指导作用。数学问题情境创设需观照现实生活。现实生活是数学的源泉，数学问题是实现生活数学化的结果，有意义的学习一定要把数学内容放在真实且有兴趣的情境中，让学生经历从生活问题的自然语言逐步抽象到形成的数学问题。数学知识与实际生活息息相关，教师不应当孤立地、片面地向学生传授知识，而是应该把知识放置于其自身所在的情境，引导学生融入情境、发现数学问题，进而寻找方案来解决数学问题，投入探索数学知识的过程。

同时，莫里斯·L. 比格指出：“教学是以有问题的情境开始的。”教学离不开问题，数学作为抽象性强、逻辑性高、应用性广的学科，在教学中更离不开以问题为向导。如何提出问题才能优化教学效果是数学学者一直在探索的难题。

---

①案例提供者：孙伟娜。

【行动故事】

怎样才能让学生从数据分析的角度更好地体会平均数的统计意义呢？我们精心设计了一个学生感兴趣的真实问题情境，打算让学生在核心问题解决的过程中发展数据分析观念。

“同学们，老师打算设计一个抓糖果的游戏，吸引大家都来玩儿，把募集到的钱捐赠出去。游戏规则是按次收费，每人每次抓一把糖果，多少不限。同学们想想，抓一把糖果定价多少钱合适呢？”

这个问题很快引起了学生的兴趣，大家纷纷讨论，有的说这得根据一把能抓多少颗糖果来决定；有的说每个人抓的都不一样，这个价格不好定；还有的说定价低点儿，玩的人多；也有人反驳要是定价低了，成本收不回来就不能多捐赠了；还有的人说定价太高了就没人来玩了。大家考虑得都很有道理，最后经过协商一致认为：找些人而且尽量多找些人抓一把试试，应该做数据调查及分析。

我们在课堂上随机找了 5 名同学各自抓了一把糖果，收集了一组数据——6、9、7、5、3。面对这组数据，我提出了问题：参照哪个数据来给这一把糖果定价呢？这个问题很开放，考查了学生对于数据价值的基本认识。有的认为应该选最大的数，有的认为应该选最小的，有的则认为应该选中间的数，也有的认为应该选出现次数多的数，还有的认为应该选这组数据的平均数。在讨论这个问题的过程中，大家通过表达各自的依据，充分体会了每个数据的独特价值。

接下来，我引领学生把目光聚焦核心问题：平均数是怎么得来的呢？你是怎么理解平均数的呢？

小林抢着回答：“把所有数据相加的和除以数据个数就能得到平均数，这个在学习‘平均分’的实际问题时就已经知道了！”其他同学纷纷点头表示支持他的观点，看来小林的回答代表了绝大多数学生的已有认识。小美还有补充：“平均数还可以通过‘移多补少’来得到，我们可以通过画图或摆棋子来表示这样的过程。”这也是学生从统计的角度正式认识“平均数”之前的认知经验，很多学生也有这方面的理解。但显然大家的理解都还停留在工具化阶段，而没有数据观念。

为了让大家能从统计角度认识“平均数”，我引导学生在摆一摆、画一画的过程中体会“移多补少”和算平均数之间也是有联系的。小林从几何直观的视角充分感受到平均数与每一个数据之间的关系，小美也能把数和形联系在一起体会数据的意义。大家不断体会平均数与每一个数据之间的关系，感受到平均数是这组数据的代表。

但我感觉这仅仅只是初步体验，我鼓励学生提出新问题。大家仔细观察着数据，突然小林站起来挠着脑袋问："有一位同学一把抓了6块糖果，这组数据的平均数也是6，这两个6一样吗？"这真是一个好问题！同学们很快就和自己的小组成员展开了热烈的讨论，大家一会儿皱皱眉头，一会儿小声地交流，甚至有的小组还有争执……小美第一个站起来表达自己的想法："我们小组认为这两个6表示的意义是不一样的，但是我们也说不好到底哪儿不一样，反正就是不一样！"小风赶紧抢着补充："我们小组也认为不一样，大家看图，第一个6是第一位同学抓的糖果块数，它是固定的，是不能变的，但是这个平均数6是通过把多的匀给少的匀出来的，它是会变化的，我们感觉它好像是虚拟的数。"小林眨眨眼，调皮地问："那我可不可以认为第一个6是抓出来的真数，平均数6是匀出来的假数？"大家听了小林的话都哈哈大笑，觉得他这样理解还挺形象生动的。小韩又补充了一下："我们认为第一个6只能代表它自己，而平均数6是可以代表大家的。"看来大家对平均数的代表性又有了进一步的认识。接下来我们又继续深入讨论：①如果换5个人抓，数据会怎样？平均数会怎样？②如果换5个人抓，平均数一样，数据会一样吗？③如果还是同样的5个人抓，数据会怎样？平均数又会怎样？在一次次讨论、实验、辨析的过程中，学生对平均数的统计意义逐渐明晰，对数据的价值感受也越来越深刻，同时也在不断地发展着自己的数据分析观念。

【小结反思】

小小的一组数据不仅蕴含丰富的信息，而且从不同的角度分析有不同的发现，在不同的问题背景下分析会有不同的结论或做出不同的决策。陈希孺先生曾说过：习惯从统计规律看问题的人在思想上不拘执一端。他既认识到一种事物从总的方面看有一定的规律，也承认例外。我们精心设计了一个源于生活的问题情境，让学生在核心问题解决的过程中发展了数据分析观念。希望我们的统计教学课堂能以小小的数据为载体，引导学生学会从统计的角度思考问题和看世界，不断提升学生的统计素养，进行一种思维方式的变革。

让"问题连续体"成为思维的助推剂①

【痛点故事】

小王是我们班的小机灵，喜欢和大家分享自己的"重大发现"。有一次我

①案例提供者：张学慧。

在课程的结尾向大家预告了下个单元要学习平面图形，小王同学踩着下课铃急匆匆地朝我跑过来，激动地和我分享："张老师，我知道平面图形都是平的，就是把立体图形用力拍扁了，那个扁片就是平面图形。"小王对自己的发现很是满意，说罢只见他的眼睛又笑得眯成一道缝儿。小王的这个发现让我感到惊喜，显然他对平面图形的基本特征已经有了自己形象的理解，我连忙继续采访小王："说说你都认识哪些平面图形呀？""长方体、正方体，不对不对，应该是长方形和正方形，我怎么总叫错……"随后我又采访了"围观群众"，得到了丰富的答案，如"三角形是尖尖的，三条棱都一样""长方形是细细的、长长的"……

我发现学生对平面图形并不陌生，有一定的感知基础，但对平面图形与立体图形的区别认识得比较浅，而且是割裂着看的。如何帮助学生加深对图形特征及图形多样性的感知，感受平面图形和立体图形之间的联系，促进学生思维进阶，发展学生空间观念呢？

【工具链接】

我认为采用问题连续体教学模式可以很好地解决这个问题，可以设计由封闭到开放的问题连续体，贯穿于课堂教学中。

问题连续体指在课堂教学中以"解决问题"为基本教学策略，将传授知识与培养技能融合在一个统一的过程中，使学生循序渐进地由接受、掌握知识到灵活地运用知识解决实际问题，并发展为创造活动。这个连续体从教师和学生两个方面，以"问题定义"为中心，以"方法"为中介，以"答案"为结果，把问题类型从封闭到开放变成一个连续的、序列的问题体系。标示着学生掌握知识和能力发展的不同水平，具体有五个层次的问题类型，表 3-1 为梅克-斯维克的"问题连续体"简表。

表 3-1　梅克-斯维克的"问题连续体"简表

	问题		方法		答案	
	教师	学生	教师	学生	教师	学生
一类	已知	已知	已知	已知	已知	未知
二类	已知	已知	已知	未知	已知	未知
三类	已知	已知	多种	未知	多种	未知
四类	已知	已知	开放的	未知	开放的	未知
五类	未知	未知	未知	未知	未知	未知

以“解决问题”为任务驱动，用问题连续体中 5 个不同层次的问题去引导学生对立体图形旧知激活、自主发现平面图形的特征及多样性、自主构建平面图形和立体图形之间的关系，帮助学生学以致用，反思总结。催生学生思维经历识记、理解、运用和创新的纵深过程，经历思维进阶，帮助学生掌握知识、解决问题、发展创造力及空间观念。

【行动故事】

依据问题连续体的 5 个问题类型，我设计了如下教学思维路径：猜图形(唤起旧知)—摸图形(初步感知图形特征)—“请”图形(体会“面在体上”)—画图形(感知特征，学以致用)—回顾总结(引发思考)。

下面对如何运用“问题连续体”设计问题展开教学略做具体说明。

第一类问题：封闭性的低认知水平问题。

教学片段一：

我创编了一个图形王国的故事情境：有一个美丽图形王国，里面住着很多图形朋友。国王爱民如子，所有公民都很幸福地生活在这里。这些公民也是上学期认识的老朋友“立体图形”。然后提出问题：“谁愿意摸一摸老朋友，说说它的样子，让大家猜猜他摸的是谁?”“我摸到的图形能滚动。”“是圆柱!”“不对，也可能是球!”“多给点提示吧!”“它最调皮了，四面八方地滚!”……这是一款人气超高的游戏，“猜图形”不仅调动起同学们的学习兴趣，也顺利唤起了学生对立体图形的已有认知，感受到立体图形上有平面和曲面，为进一步学习新知打好基础。

第二类问题：次封闭性的问题。

教学片段二：

我给每个小组都准备了几个立体图形：“请同学们动手摸一摸，在这些立体图形上能摸到几个平平的面?”在摸、数立体图形身上平平的面的同时，还引导大家观察立体图形上每个面的形状。“我摸的是三角体，它的身上有两个三角形，有三个长方形。”“你观察得真细致，它的名字叫三棱柱。”看到同学们对立体图形上平面图形的形状有了初步的感知，我顺势引出新知——认识平面图形。

第三类问题：半开放性(综合性)的问题。

教学片段三：

我继续给学生们讲故事：有一天，老朋友立体图形们请求国王能否带自己的好朋友来王国里玩，国王热情好客，愉快地答应了。立体图形们很高兴，但是很快它们又犯难了，怎么把好朋友请来呢?原来立体图形的好朋友正是它们身上这些平平的面。“你们愿意帮立体图形们把好朋友请下来吗?”这个问题掀起了课堂的又一高潮：同学们想到各种方法从立体图形身上“请”平面图形到纸上，有描画的方法、折纸的方法、用印泥印的方法……活动如火如荼地进行着，不知不觉学生们已经加深了对图形特征的感知。我再次追问学生：“新朋友平面图形和之前我们认识的老朋友立体图形一样吗?”帮助学生感受平面图形与立体图形的不同与联系，体会“面从体来”。

第四类问题：开放性的高认知水平问题。

教学片段四：

我再次将同学们带回故事情境中：在你们的帮助下，平面图形们顺利被请到了图形王国，它们发现图形王国太美丽、公民也很善良，也想以后在这里生活，便一起来请求国王允许它们做这里的新公民，国王愉快地答应了。为了庆祝新公民的加入，国王想邀请小画师帮助新公民平面图形们画一张集体照。“你们愿意当小画师帮它们画集体照吗?”我鼓励大家在图形王国的专用画纸“点子图”上大胆创作。同学们创意无限，我也折服于他们超棒的想象力和创造力(课堂展示作品如图 3-10 所示)，“画图形”游戏加深了同学们对图形特征及图形多样性的感知，体验了图形的魅力。

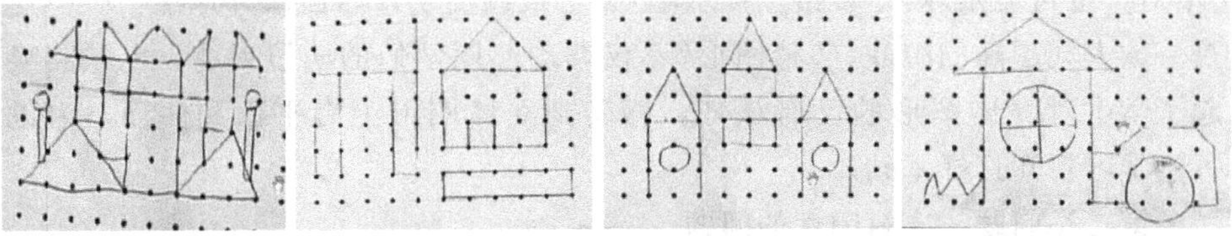

图 3-10　学生课堂展示作品

第五类问题：完全开放性的高认知水平问题。

教学片段五：

我带领学生们回顾整个认识过程：“通过今天的学习，你有哪些收获? 你还有什么问题? 或者还想再研究点什么吗?”“平面图形是从立体图形身上来的。”“立体图形里面也有平面图形，我们也可以把球掰开了画圆!”“老师，我已经画出了三条边都不一样的三角形!”“除了圆，我还想研究立体图形里面还藏着什么平面图形?”……

以上这五类问题构成了一个由封闭到开放的问题连续体，问题之间是连续的、渐进的、有序的，如此贯穿于课堂，帮助孩子们逐步经历思维进阶，加深对图形特征及图形多样性的感知，感受平面图形和立体图形之间的联系，发展学生的空间观念。可见，“问题连续体”是问题解决教学在课堂中的具体运用，优化数学教学过程的同时帮助学生搭建“脚手架”，形成扎实的知识体系。

【小结反思】

1.“问题连续体”的设计要有梯度

在教学中，教师要考虑不同学生的认知水平、学习能力及自身素质，设计出一个具有难度梯度，环环相扣、步步深入的“问题连续体”，这样，不同的学生可以根据自己的水平选择要达到的学习层次，满足不同学生的学习需求。无论数学学科还是其他学科，问题的类型本身其实没有好坏之分，也并非每节课或每一个学习内容都要到达高度“概括化”或理论水平。

2.“问题连续体”的设计要有连续性

学生思维的发展是一个循序渐进的过程，不能一蹴而就。在设计“问题连续体”时，还需要考虑不同问题的连续性：难度跨度太大，学生的思维可能跟不上；难度梯度太小，不足以激起学生解决问题的欲望。此外，问题之间还应该具有一定的逻辑关系。

总之，“问题连续体”的设计要依据学生已有的知识和经验，针对学生在学习过程中将会产生或可能产生的困难，将教材知识转化为层次鲜明、环环相扣、步步深入的一系列具体的学科问题，激发学生的内在学习动力，深化学生对知识的理解，培养学生的实践创新能力，同时，“问题连续体”还可以作为教学评价的工具。“问题连续体”就像助推剂，促进思维产生一次又一次的飞跃！

巧用“层进式问题串”促思维发展①

【痛点故事】

在三年级“空气”单元学生认同了空气的存在后，我向学生提出一个问题：假如把一个纸团粘在杯内底部，然后将杯子倒扣在水里，里面的纸团会湿吗，为什么？大多数学生回答“会湿，因为水会进入杯子”，也有学生回答“不会湿”，但不知道为什么。当做完这个实验，看到杯子里的纸不会湿的时候，大多数学生还是不知道为什么。

在三年级学生的认知中，他们知道空气存在于空的空间中，但还没有形成“空气占据空间”的概念，不能说明也不能自行设计实验证明“空气占据空

①案例提供者：孙重霞。

间”。学生大多停留在“空气会跑掉”的元认知中。如何设计教学让学生更容易理解“空气占据空间”并逐渐形成这个概念呢？针对这个问题，我从学生的元认知出发，利用最近发展区理论设计问题阶梯，帮助学生理解并形成“空气占据空间”的概念。

【工具链接】

基于问题的学习是一种有效的教学方法，其主要特征表现为使学生成为问题情境中的角色；教师围绕一个完整的问题设计安排课程，鼓励学生解决问题；教师创造一种学习环境，激发学生思考，不断引导学生深入地理解问题。

“问题串”是问题导学理念下的一种有效的设计方式。所谓“问题串”，是指将若干个单个问题按一定顺序串联成的一个问题系列，该问题系列围绕同一主题且有明确的目标指向，其中的每个问题又围绕该目标并承担各自的功能。“问题串”中的问题不仅是思维训练的良好载体，还是思维链条中的路标和思维方向的指引者。

“层进式问题串”是指在一定的学习范围或主题内围绕一定目标或某一中心问题，按照一定逻辑结构精心设计的一组有梯度的问题。其主要特征表现为使学生成为问题情境中的角色，激发学生分析问题、构建模型、解决问题，促进学生发展。

【行动故事】

首先，利用学生熟悉的“乌鸦喝水”的故事，我提出问题(问题 1)：“为什么放入石子水面就可以上升?”学生很容易回答出“石子在水中排开了水”“石子占据了水的位置(空间)”。这个问题可以让学生抽象并建立“占据空间”的概念。

其次，为了解学生的认知水平并帮助学生积极参与到课堂中，向学生提问(问题 2)：“如果没有石子，还有其他物体可以代替石子占据空间让水面上升吗?”这时学生的回答就很丰富了，有沙子、橡皮、铁块等。但都集中在像石头一样的固体物体上。显然，在学生的思维里想象不到空气也能占据空间。这时就需要老师给学生建立两种物体的关联性。

最后，引导学生思考(问题 3)：“上节课我们学习了空气这种物质，那空气能像小石子这些固体一样占据空间让水上升吗，为什么?”这时学生就会对“固体(石子)”和“空气”这两种物质状态进行梳理，接着区分、判断，并组织语言表述自己的想法。大多数学生认为“空气不能像石子一样占据空间”。他们认为“空气会跑掉”“空气看不见”“空气没有一定的形状”……

学生在比较的基础上总结出了“空气不能像石子一样占据空间”的理由。然而，恰恰是这些理由让我们的课堂有了更好的上升空间。我借此给学生出难题(问题4)：“空气没形状，会跑掉，那我们怎么做能克服这些困难让空气像石子一样在水中占据空间?”

这样，通过四个问题组成的“层进式问题串”层层推进，通过新旧知识建立联系，再通过比较，最后实现了知识、方法、应用的迁移。学生通过“固体在水中占据空间”的概念及方法思考并创新“能让空气在水中占据空间”的方法，并逐渐构建“空气占据空间”的概念。

【小结反思】

在探究教学中利用“问题串”进行教学就是围绕探究目标，通过设置一系列有针对性的问题引导学生反应，教师在识别学生反应的基础上采取有效指导，促进学生不断达成探究目标。教师通过一系列的“问题串”能使学生的思维清晰，更深刻地理解其正在探究的问题。这样的设计符合学生的认知发展规律，有利于学生的思维进阶。

设计“层进式问题串”可以把距离学生现有认知水平较远的目标分解成多个小目标，让每个目标都处于学生当前的最近发展区内，让学生看到成功的希望，获得前进的动力。充分了解学生的元认知水平，并在此基础上利用最近发展区理论，根据教学目标分层设计问题，为学生提供带有难度但又可以“跳起来够得着”的内容，让学生逐步接近目标，既可以调动学生的积极性、发挥其潜能，又可以逐步引导学生思维发展。整个问题解决过程中，学生经历了知识再现、分析、比较、想象、迁移、创新等思维过程，是一个学生思维发展、提高的过程。

关联性提问促进学生音乐思维进阶①

【痛点故事】

三年级音乐课有一节欣赏课是赏析《乒乓变奏曲》，乐曲包含五个变奏。“乒乓”很容易理解，学生们对“变奏曲”的理解则是本节课的难点。设计这节课之前我做了一次学情调研。当我让学生聆听整首《乒乓变奏曲》时，他们很难分辨五次变奏，也不了解“变奏”的含义，有的学生在聆听过程中还出现注意力不集中的情况。怎样让三年级的学生能够形象感受并理解抽象的概念呢?我试图利用高阶思维中的“关联性提问”及图形组织器帮助学生进行音乐思维

①案例提供者：王珊珊。

进阶。

【工具链接】

1. 关联性问题提问

高阶思维的一个重要功能就是帮助大脑在新旧信息之间建立联系。对于教师而言，课堂上采用关联性问题进行提问则能很好地激发学生发挥高阶思维。在课堂中提升建立联系的思维技能的一个途径就是把新信息与学生已知信息联系起来(见表 3-2)，用“已知”唤“新知”，这样能够促进学生学习。教师可以借鉴高阶思维中的 KWL 图形组织器帮助学生进阶音乐思维。

表 3-2 建立联系

已知(K)	想知(W)	新知(L)
☑ 熟悉《老麦克唐纳》旋律	☑ 四分音符弹奏的时候表现的“大树形象”	☑ 听辨出《乒乓变奏曲》的五次变奏
☑ 四分音符、八分音符、十六分音符	☑ 十六分音符弹奏的时候表现的“大树形象”	☑ 理解“变奏曲”
☑ 大树枝叶茂盛与稀疏的形象	☑ 通过熟悉的旋律能够听辨出主题旋律不变	

2. 理解信息——比较/区别

对于学生而言，比较和区别是两种有助于学生理解信息之间关系的思维技能。新信息与已知信息之间有什么联系？具体来说，比较和区别是指辨别已知事物和新事物的特征，并识别它们之间相同点与不同点的技能。教师在运用比较和区别时可以创建比较/区别 Y 图图形组织器(见图 3-11)。

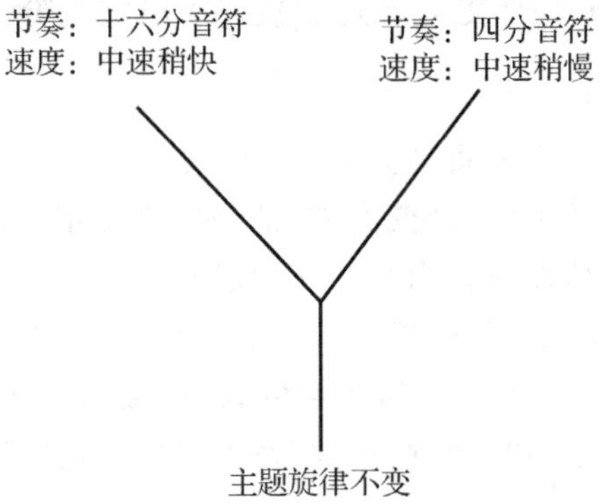

图 3-11 比较/区别 Y 图图形组织器

【行动故事】

以《乒乓变奏曲》导入环节为例：一走进教室，我神秘地跟学生说："教室里有棵大树，你们发现了吗？"学生开始左右张望、四处寻找，过了一会儿他们很失望地告诉我没有发现。我笑了笑，接着说："那我可以变出一棵大树，你们闭上眼睛，一定要仔细聆听，想想这棵大树的树枝是稀疏的还是茂密的？"此时学生的心里充满了好奇，他们迫切想知道老师口中说的"大树"是什么样的。

于是，我在钢琴上弹奏了一首他们都熟悉的歌曲《老麦克唐纳》，但是我稍加改编，用的是十六分音符的节奏。弹完后，有一个学生举手回答："老师，如果把这段旋律比作大树，我认为这肯定是一棵枝叶茂密的大树，因为我听出了旋律中好多音符，节奏比较紧密。"

我紧接着说："下面，请你们再闭上眼睛仔细聆听，老师接下来弹奏的音乐表现的是怎样的大树？"这次我弹奏的还是这段《老麦克唐纳》的旋律，但是我用的是四分音符节奏。弹奏完毕，有一名女同学起身回答："老师，我觉得您还是弹的《老麦克唐纳》，但是好像又不太一样。"我接着这位女同学的回答说："你的听觉真灵敏！"转而把问题抛给大家："如果我们把这首曲子也联想成大树，那么这棵大树跟刚才的大树有什么不一样吗？"一名男同学起身回答："我觉得不是那么茂盛了，因为我感觉节奏有点稀疏。"这时，我出示节奏型（二分音符、四分音符、八分音符、十六分音符）并问大家："你们能结合这两段音乐形象跟节奏型连一连吗？"学生很容易判断出第一次弹奏老师用的是十六分音符，第二次弹奏用的是四分音符。

接下来我又抛出了一个问题："你们还有其他的感受吗？"这时，一个学生举手告诉我："老师我发现了，这两段音乐的旋律都一样，都是一首歌曲的旋律，只不过您用了不同的节奏型表现，所以我们就仿佛看到了不同的音乐形象。"其他学生听到这个同学的回答后似乎非常激动，抑制不住兴奋地举手想表达自己的内心感受。一个高个子男孩起身问道："老师，您弹奏的时候能再变化得多一点吗？让我们听听看，还会有什么样的大树出现？"

【小结反思】

本堂课通过一系列的"关联性提问"及 Y 图图形组织器，学生们显然对于"变奏曲"的理解逐步加深了，导入环节中他们一直在参与并创造思维的教学环境并且与这个环境进行交互。当我听到学生的问题时很兴奋，他们在不知不觉中理解了抽象的音乐概念，我还没有告诉他们什么是"变奏曲"，他们就已经理解了"变奏曲"的概念。导入环节后，当我们学习新课《乒乓变奏曲》时就更加容易了。

显然，高阶思维有助于学生深入探索他们同自我、他人及世界的关系并不断成长。运用高阶思维意味着一个人不仅吸收信息，还要考虑到真实的、互相关联的问题。教师都希望学生发挥高阶思维，而生活中的真实问题能够很好地激发学生的高阶思维。

用核心问题打开学生思维空间①

【痛点故事】

“下周是幸福的一周！因为数学要学的是长方体的体积，特别简单！我已经知道长方体的体积＝长×宽×高，就是底面积×高，我都会了……”这是小苏同学的数学日记，字里行间我已经看到了他那洋溢着得意的笑。

课间，我把小苏叫到了身边，问：“长方体的体积＝长×宽×高，也等于底面积×高，能说说这个公式什么意思吗？”

“长×宽就是底面积，底面积×高就是体积。”小苏一脸的得意，仿佛在告诉我：“这还不简单吗？”

“长和宽都用来测量长度，为什么相乘就是底面积，怎么再乘高就是体积了？”我手里拿着长方体，问得尽可能慢，可小苏还是一脸迷茫，没太明白。小苏的情况不是个例，学生基础参差不齐，有的是“小白”，属于真正的零基础学生，有的像小苏一样已经知道长方体体积的计算公式，觉得自己都会了。怎么让不同起点的学生在同样的课堂教学中都有所收获呢？显然，照本宣科地猜测长方体体积公式、验证猜想，已经不符合学生的学情，那样的猜测不过是学生在“陪你玩”，验证也不过是装装样子，只是简单从数据上说明公式的正确性。怎么办呢？

【工具链接】

核心问题是相对于课堂上过多、过浅、没有思考价值的问题而言的，是指一堂课或者一个知识点以一个问题为中心，向多个方向进行思维发散，可以引起学生深入思考、讨论，调动学生积极参与思考和讨论。这种问题往往能够“牵一发而动全身”，属于低门槛的问题，能够让不同层次的学生都有生长点，不同层次的学生都能够在核心问题的思考中进行新旧知识的迁移，建立知识之间的关联，突破重难点，理解知识本质。

---

①案例提供者：闫静。

【行动故事】

在长方体体积的探究课上，我拿出了一个长方体盒子："你们觉得它的体积大约是多少?"有些学生开始猜测，而小苏已经拿出了尺子，想要量一量——直奔公式计算去了！我没有给他机会，接着提出了活动要求：你认为多少1立方厘米的小正方体能表示出长方体的体积，就从盆里往外抓多少(学生的学具里有一盆1立方厘米的小正方体)，时间为1分钟。没有尺子量，没有时间算，小苏有些迷茫，不知怎么抓，抓多少。小苏的表现说明他正在将老师布置的活动和自己已知的长方体体积的计算公式进行区别和判断：新的活动是什么？我会的是什么？它们之间有什么联系？我能不能直接得到答案？他们发现会公式并不能帮助自己。想完成这个任务，需要利用之前课堂学习的体积和体积单位的知识。小苏和同学们一起进入了体积的世界，看着我手里的长方体，再看看眼前的一盆小正方体，边对比边抓。聪明的小苏关注到了要求中的"表示"两个字，眼睛里闪着亮光，把我叫到身边说起了悄悄话……时间很快就到了，我收走学生手中装着1立方厘米正方体的盆子，他们手里只有自己刚刚抓出的正方体了。

"请你利用抓出的1立方厘米的小正方体表示这个长方体。"这是一个低门槛、大空间的活动，小苏已学会的体积公式计算对操作没有太大的帮助，活动基于学生对"表示"一词的理解：可以怎么表示？我打算怎么表示？学生不同的理解呈现了不同的操作状态，有的企图摆满，有的摆一层和一个高，而小苏只摆了一个长方体的长、宽、高框架。

交流时，小苏拿着他的长方体框架侃侃而谈："大家看我的这个框架，虽然只有一组长、宽、高，但是你们能想象出我摆的长方体是什么样吗？知道如果把它填满需要多少个小正方体吗？没错，这一行有几个长方体就说明长是几，一层有几行就说明宽是几，长×宽就是长方体里一层有多少个体积单位，高是几就说明长方体一共有多少层，所以长×宽×高就可以算出我的这个长方体里容纳体积单位的数量，就是它的体积。"小苏的眼睛里闪着自信的光。

没有人问小苏长方体体积公式是什么，也没有人特意寻找长方体体积公式，但是小苏却主动地将长方体的体积和它的长、宽、高三个维度进行了关联，将用单位测量时的"数"和用公式测量时的"算"进行联系，真正理解长方体体积公式实际上就是数体积单位，在操作中潜移默化地理解了公式。

【小结反思】

有时候学生以为的"会"只不过是操作层面的"应试"，而真正的"会"是理解，是应用，是数学素养。如何帮助学生从“应试的会”走向“理解的会”？借助精心设计低门槛、大空间的核心问题，就可以在目标明确的情况下精准突破知识本质，推动学生主动探索发现，达到每个学生都在自己的基础上有效成长的目的。

在深入开展核心问题促进学生思维发展进阶的课堂实践中我发现，核心问题有的时候是一个问题，有的时候是以核心问题为主线展开的问题串，有的时候则是一个核心活动，它们的共同点是能够根据学科本质让不同思维层级的学生都参与进来，帮助他们进行新旧知识的迁移、建立知识之间的关联，进而理解、突破重难点。其实说到核心问题老师们也并不陌生，在日常教学中我们有时会抓住学生的一个课堂生成进行深入探讨，有时会因为学生练习中的某一个错误进行相关知识的对比区分，这些就是针对核心内容进行教学，课后如果没有及时进行反思小结，这些行为就会成为偶然行为。如果我们能够根据学科知识本质深入发掘知识之间的关联，让这种针对核心内容的偶然行为成为精心设计的必然环节，这就是核心问题。我们不妨在教学前先研读教材，罗列相关知识问题，再分析已有问题、厘清思路，最后梳理前面罗列的问题，那么一定能够找到核心问题。教师有意识设计低门槛、大空间的核心问题的行为会让每个学生都能够在自己的知识基础上进行探索，有所提升，久而久之，学生的思维也会在自身基础上得到发展进阶。

第二节　真实情境让思维“动”起来

一、策略描述

核心素养统领下的课程改革，首先是课程目标中要体现核心素养的要求，其次要以真实情境为任务载体，以领域知识为必要基础，变革学习方式为实施途径，在复杂学习过程中逐步形成和发展高阶思维能力。新课标强调：教学设计要强化情境设计与问题提出，注重发挥情境设计与问题提出对学生主动参与教学活动的促进作用；要把“真实情境与任务背后的真实世界直接当作课程的组成部分，以实现课程与生活的关联”。

学科教学不仅仅是关注学科逻辑，更应该关注生活逻辑，打破学科结构，从学生成长与现实生活的角度重构学习内容，解决学生生活、学习和发展的现实需求问题。在真实情境下创设任务，能够让学生在解决真实任务的过程中，获得对事物的认识、形成和发展概念，以培养学生的核心素养，发展高阶思维。真实情境是开展教育教学的一个很重要的载体。

在本节案例中，教师结合不同学科教学创设了内容丰富的真实问题情境，把知识与技能、过程与方法、情感态度和价值观自然地整合，将学习任务蕴藏于情境之中。当学生面对情境、任务、问题、挑战，能够灵活运用已有学科知识创造性地解决问题的时候，这才是学生主动思考的源动力，进而教师培养学生追根溯源的思考习惯，引导进一步深度思维的路径和方法，从而让学生学会思考、乐于思考、善于思考，让思维真正动起来。

二、策略应用

长城长，长城宽①

【痛点故事】

《长城赞》是北师大版语文教材六年级下册二单元“遗迹”中的一篇主体课文，是一篇对联，叙述了长城的特点，历史悠久、绵延万里、雄伟壮丽，赞美了黎民百姓的聪明智慧和坚强毅力。如果按照常规的教学方式，一定是深挖教材字里行间所表达的思想感情，对文本本身进行精读品味。而采用这种常规式教学方式，学生的习得往往只停留于这副对联本身——能熟练地背诵课文内容，能初步感知对联的特点，能体会作者所表达的情感。实际上老师们一定希望将教材作为学生学习的起点，在教材内容的基础上展开广泛而深入的学习，从而培养学生的整体语文素养，提升学生的学习兴趣，扩大学习面，增加学习深度。如何才能达到如此效果呢？

【工具链接】

广义的主题研究性学习泛指学生主动探究问题的学习，在目前的实践中，主要是指学生在教师指导下以类似科学研究的方式去获取知识、应用知识、解决问题。这种学习方式通常要围绕一个需要探究解决的特定问题展开。实施研究性学习，着眼点在于转变学生学的方式，着手点是转变教师教的观念和行为方式。

【行动故事】

教学中我尝试了主题研究学习的方式，在学习《长城赞》第一课时，我和学生一起初读了课文，读懂了文章大意后，我让学生针对课文内容提出质疑，如长城的工期有多长？长城怎么修建的？长城的相关典故有哪些？修建长城

①案例提供者：洪丽娟。

消耗了多少人力？长城到底有多长？作者如此赞美长城，它的景致如何？长城的贡献和影响有哪些？……一系列的质疑经过学生的归纳提炼后确定了六个研究主题：①长城的建造结构；②长城的故事；③长城的军事意义；④长城的历史；⑤长城的保护；⑥文章的体裁。

在学生根据自己的兴趣结组，进行了一周反复的研究思考之后，问题暴露出来了，学生觉得先前所确定的六个主题不够明确，有的主题内容界限不分明，有的有从属关系……可见学生对问题认识的提升。因此我们进行了二次研究主题的确定，学生将各组初步研究得来的内容进行了分享，思考哪些内容是可以合并为同一主题的，哪些是可以独立成为一个主题的，并将有从属关系的研究内容进行了调整，二次确定了主题：①长城的建造结构；②长城的修建情况；③长城的影响力；④赞美长城的形式；⑤与长城相关的人或事；⑥长城的现状和保护。

主题确定了，学生围绕六个主题展开了多渠道的学习，有的上网查阅资料(文字类和相关纪录片视频类)，有的选择听书或读书(《中国历史故事》《上下五千年》《吴姐姐讲历史》《话说八达岭长城》等)，有的进行了实地走访(攀登长城、走访专家)，历经了为期 20 多天的前置性合作学习。学生每天要将自己小组的研究内容在课下进行沟通，之后确定下一步的研究方向。学生按照不同研究小组的研究内容展开合作学习，通过合作学习更进一步地了解长城。在这个主题研究学习中，我更加关注学生的思维发展，为学生的思维发展提供了更好的平台。学生在研究中制定研究目标、研究计划、研究方式、研究内容和研究反思等，在主题研究中学生合作学习，分享收获，解决疑问。每个学生手中的主题研究记录单记录了他们的学习内容和学习过程，更记录了每一位学生思维的宽度和广度的提升。不同形式的主题研究方法促进学生的探求和交流活动发展，这样的良性学习环境促进学生的合作学习，合作学习又促进学生的思维发展，从而互相启迪。这种把学习收获通过记录单的形式进行记录、总结、归纳、提升、分享、再质疑的学习过程，实际上就是学生思维提升的过程。

采用常态的语文教学形式的汇报多以语言表达为主，而在《长城赞》这一课的课堂上，汇报形式是多元化的，在语言表达的基础上增添了许多新的汇报形式，如思维导图、海报制作，书法作品、面塑作品等多种形式。开放多元的形式不仅不会降低学生对文本的理解与表达，反而拓宽了学生对文本理解的视角，提升了学生表达的能力，让思维可视化且螺旋上升。

【小结反思】

在主题研究性学习中，学生能够更加准确地整合学习素材和资源，在对话交流中经历学习过程，他们的研究成果表现了他们所学到的知识，任何形式的表现都是学生对已有知识储备的领会和反思，都是思维提升，也是学会“学习”中重要的一部分。

在组织实施主题研究性中我们力求做到以下几点：

(1)以“三个转变”实现以“拓展思维深度和宽度”为中心的主题研究性学习。

①课堂权力转变：从以教为主的课堂转向以学为主的课堂。

②学习目标的转变：从知识到方法，从记忆理解到经历探究思维提升。

③教师角色的转变：从知识的传授者到思维提升的引导者与方法的指导者。

(2)以“三个不怕”贯穿以“拓展思维深度和宽度”为中心的主题研究性学习。

①不要怕走弯路，在研究性学习过程中给学生试错与调适的机会。

②不要怕战线拉长，思维能力的养成与提升需要长线设计。

③不要怕形式纷乱，“多元”和“深度”思维是学习效果的保证。

深液流水培幼苗①

【痛点故事】

学校的“空中小农庄”是学生最喜欢的秘密花园。一天，好奇心强的可可围着小农庄里的一个三层种植架转来转去，看个不停。只见她轻轻掀开覆盖在上面的泡沫板，发出疑问：“咦，里面怎么全是水呀?”小毅闻声赶来，凑近看了看说：“这里面可不是简单的水，是营养液，能给植物的根提供营养。”可可也不甘示弱：“我知道，这个种植架是用来水培植物的。但是，这个‘大家伙’看起来就很复杂，该怎么用它水培植物呢?”小毅和其他同学也问道：“是啊，老师，快教教我们吧!”

这些四年级的同学们绝大多数有过参与在花盆中土培和简单的水培的实践经验。他们对小农庄里的科技型农业生产系统——深液流栽培系统很感兴趣，但这套系统如何促进植物的生长，怎样利用它栽培植物，都是学生感到新奇又陌生的。因此，基于利用深液流系统栽培植物这一真实的任务，引发

①案例提供者：姚慧玥。

学生将已有的日常种植经验迁移到新型种植系统的运用中，体验技术进步对农业发展的促进作用就成为本课教学的难点所在。

【工具链接】

《义务教育劳动课程标准(2022年版)》课程实施的要求中指出："要引导学生从现实生活中的劳动需求出发，筹划劳动方案，综合运用所学知识和技能解决问题，完成真实、综合的实践过程，激发学生的主动性和创造性。"

基于运用新型种植系统——深液流系统水培植物这一真实任务，从学生实际的种植经验出发，激发学生认识深液流系统的兴趣，在"实地观察，初识系统—对比发现，情境实验—动手操作，学习方法"这一系列活动中，引导学生初步了解深液流栽培系统的组成部分及作用，体验利用深液流栽培系统栽培生菜的过程，在习得劳动技能的同时获得劳动思维的提升。

【行动故事】

1. 实地观察，初识深液流系统

上课伊始，教师出示"沙漠种植""深海种植""太空种植"等极地种植的图片，调动起学生对于新型农业种植系统的好奇。

这时，请同学们通过看一看、摸一摸、动一动、说一说等多种观察方法来认识深液流系统。学生在观察中发现深液流系统共有三层，增加了种植的空间。第一层和第二层的上面安装有灯带，为植物进行人工补光，提供植物最需要的光照。每层上面覆盖定植板，由泡沫塑料制成，上面有许多定植孔，可以把植物种在定植孔里。定植板下面是栽培槽，里面储存营养液，为根的生长提供了空间和养分。最下面还有营养液槽，里面储存着营养液，通过管道把营养液输送到各层，为植物生长提供充足的水和营养。由此，学生对于深液流系统的各组成部分有了直观的感知。

2. 对比发现，认识种植工具

此环节是激发学生思维迁移的重要一环。我创设了将普通水培的工具、方法与深液流水培的工具和方法进行对比的小实验，通过三个问题层层递进，使学生在对比思考中发现深液流系统中种植工具的使用方法。

问题一：我们在家中进行普通水培时，可以直接把小苗放进花瓶里。但利用深液流系统水培时，我们也可以直接把苗放进去吗？

学生观察发现，如果没有定植板，直接把苗放进栽培槽中，小苗会浸在营养液里或者沉下去，这样小苗将因为缺少氧气而不能成活。有了泡沫制成的材质轻巧的定植板，就能帮助小苗浮起来。

问题二：把小苗直接放进定植板的定植孔中，是不是就可以了？

学生再次仔细观察定植板，发现其中的定植孔比较大，如果直接把小苗放进去，整棵苗还是会全部浸在营养液中。

问题三：观察工具盒，什么工具能够帮助小苗，只让小苗的根浸在营养液里呢?

学生在工具盒中发现了海绵，海绵松软有弹性，中间可以打开。用海绵包住苗的茎部，再放入定植孔中，这样既能保护植物娇嫩的茎，还可以把苗固定在定植孔中，防止倾倒。

3. 实践操作，学习移栽方法

有了认识工具和材料的基础，学生再来学习生菜移栽的方法就水到渠成了。

教师首先在板书中打乱出示移栽的四个步骤：洗根、夹茎、栽种、检查。请学生根据对深液流系统的认识和已有的种植经验，讨论移栽的正确顺序，这一环节也是在引导学生探究种植步骤，自主制定种植方案。

其次，根据正确步骤细致示范种植方法，并提示种植要点。

小组同学合作移栽生菜，教师巡视，个别指导。

移栽完成后，提示学生把使用过的工具整齐地摆放在工具盒里，养成良好的种植习惯。这样有层次地帮助学生学习掌握利用深液流系统水培的方法，突破教学重难点。

4. 分享感受，形成劳动品质

种植实践后，请学生谈一谈利用深液流系统水培生菜和普通的水培方式相比的感受，以及自己的劳动心得，体会科学进步对农业种植方式的改变——使种植更加清洁、安全、高效、创新。同时，也更加真切地认识到劳动成果来之不易，劳动创造美好生活。

【小结反思】

课程实施中充分利用学校特色科技种植资源——深液流栽培系统，对科技种植中水培生菜的真实问题进行探究。学习中关注学生的起点，连接学生已有的种植经验和科学知识，将原有知识技能迁移至新技术的应用中。与此同时，关注劳动品质和精神的形成，自然渗透德育教育，引导学生理解劳动的辛苦，努力做到有劳动也有教育。

本教学设计中还存在有待改进的问题，例如种植实践操作中可以给予学生更多尝试、探究的空间，教师不要急于细致指导，要让学生在动手实践中发现问题、解决问题。

重走长征路①

【痛点故事】

“丁老师，我们从四年级开始跟您学习机器人课程，通过这两年的学习我们已经初步掌握了机器人的搭建、简单机械装置的设计、基本程序的编写，以及场地任务的调试。如今到了六年级，我们也想综合运用前面学习的知识自主设计机器人，并用它来解决生活中的实际问题。”

正如学生们所说，以往的课堂学习都是以我设计的任务为驱动，让他们根据我的设计意图进行结构设计、程序设置、传感器的学习使用。如何让学生在充分了解这些基础知识的前提下，通过自主设计结构、自主选择传感器、自主解决任务促进学生思维进阶，进而培养他们的科学素养和持续的创新研究能力呢？

【工具链接】

我认为采取任务驱动的教学模式能够很好地解决这个问题，让学生们在做中学，通过不断地解决问题逐层深入，最终完成任务。

“重走长征路”这一任务让学生根据任务自主设计机器人小车的结构，通过程序设计操控机器人小车完成任务。在整个过程中检验学生对已有知识的掌握程度，以解决问题为任务驱动，通过模拟红军长征的路线让孩子们自主选择传感器进行任务设计、程序编写、场地测试、成果展示，获得成功，逐层深入并最终完成红军长征任务。

【行动故事】

依据做中学的学习模式我设计了如下教学流程：接到任务—制订重走长征路计划—设计长征路线—选择合适的传感器—解决遇到的问题—取得胜利—总结成功的经验并进行分享—拓展传感器的应用。

环节一：通过智能电动汽车导入，激发学生探究的兴趣，通过播放自动辅助驾驶视频，使他们更想了解这台车是如何实现自动驾驶的，从而引发他们探究传感器的热情。

环节二：活动意图说明。通过设计小车行进路线让学生们通过小组讨论分析如何合理地选择传感器，如何发挥小组的团队合作，并在反复交流沟通中通过最合理的方案完成红军长征任务。

环节三：通过示例程序的讲解让学生能够合理准确地使用循环结构，更

①案例提供者：丁磊。

好地提高编写程序的质量。学生通过小组合作共同完成重走长征路的任务，让学生感受小组合作的优势。引导学生对在调试过程中遇到的问题进行分析思考并解决问题。采用限制挑战时间的策略，使小组成员更加有的放矢地修改机器人小车出现的问题，成员更加团结、高效，沟通更加紧密。同时大家各抒己见，商议出最佳修改方案。汇报展示给了学生更多的机会，培养他们百折不挠、永不放弃的精神，对于成功的小组，学生们自发地给予热烈的掌声。

环节四：同学们圆满地完成了重走长征路的任务，操控机器人小车到达了终点，进一步加深了学生对传感器的认识。现在国内很多汽车厂商都在研发自动驾驶的汽车，也研发出了像激光雷达这样更为先进的传感器，未来自动驾驶汽车将会更加智能和安全。我鼓励学生：希望你们在不久的将来投身这一领域，让我们真正地实现技术突破，引领世界。

【小结反思】

这是一节以任务为驱动的研究性学习课，课前设计时我就想放手让学生自主设计红军长征线路，自主选择传感器进行场地任务研究，充分发挥小组的合作作用。但也不是放任学生不管，要求学生汇报内容完整、细致，活动成果方能得到很好的展示、交流、共享，更有实效性。从熟悉长征任务到设计小车行进路线，再到选择合适的传感器，学生都能独立完成，教师在一旁指导。实践证明在学生具备一定基础操作能力的条件下，这样做是完全可行的。

生成性的内容比预期的丰富，课堂气氛很活跃，学生认真调试程序、思考，既能准确发现程序设置的问题，又能给予有效的改进建议；汇报者表述清晰，在尊重队友测试结果的基础上，既能坚持自己的观点，又能虚心接受别人的意见。最终，大多数小组都能够顺利地完成重走长征路任务。

这节课情感目标的达成度很高，通过重走长征路任务使学生了解红军长征经历的艰难险阻，如同机器人小车行走路线一样困难重重，但学生们克服了各种困难，一步一步解决问题，最终获得了“长征”的胜利，顺利到达终点。最后，我用习近平总书记在“七一勋章”颁授仪式中的讲话“心中有信仰，脚下有力量”鼓励学生们，为建设科技强国奋勇前进。

机器人送餐定位的秘密①

【痛点故事】

小李是我们班的“小问号”，他特别善于观察生活，总是能够提出自己好

①案例提供者：赵静。

奇的、想研究的问题。有一天他满脸疑惑地问我："赵老师，我发现现在很多餐厅都有送餐机器人，可是餐厅那么大，我特别想知道机器人是怎么做到准确完成送餐任务的。"同学们听到这个问题也非常感兴趣，于是就你一言我一语地讨论起来了："是呀！餐厅里的桌子那么多，送餐机器人是怎么知道要送到哪张餐桌还不出错的呢？""我认为机器人的内部是有程序控制的，我觉得这个程序就能够帮助机器人找到餐桌位置送餐。"……

我发现学生对机器人如何准确找到餐厅中每一张餐桌的位置这个问题很感兴趣，这刚好是四年级数学课中会学到的一节内容：用数对表示点在平面当中的位置。但是教材上的学习情境就是利用教室中的桌椅摆放，以行列结构良好的情境作为学材，介绍数对并且会使用数对即可，缺少构建平面直角坐标系的过程。如何创设更有挑战性的真实情境，让学生在问题解决的过程中构建坐标系，体会需要用有序数对来表示点在平面当中的位置，在构建的过程中促进学生思维进阶，进而发展学生的空间观念和应用意识呢？

【工具链接】

奥苏贝尔于1963年在有意义言语学习理论的基础上提出认知结构迁移理论，这一理论认为一切有意义的学习都是在原有认知结构的基础上产生的，不受原有认知结构影响的有意义的学习是不存在的。一切有意义的学习必然包括迁移，迁移是以认知结构为中介进行的，先前学习所获得的新经验通过影响原有认知结构的有关特征影响新学习。

在"数对确定位置"的教学中容易出现两种极端，一种是只研究行列机构良好的平面图当中确定点的位置问题，另一种是只研究散点分布的平面当中确定点的位置问题。两种教学情境单独使用可能效果都欠佳，对学生来说相当困难。因此我想找到这两种方式的平衡点，给学生提供两个不同的实际情境，让学生想办法表达物体在平面中的位置：一个是桌椅摆放非常规则的餐厅的"员工餐厅"，即行列结构良好的有利于建立用第几行、第几列来表示餐桌在餐厅中位置的餐厅；另一个是桌椅摆放比较分散的餐厅，即行列结构并不明显的"中餐厅"，需要学生主动补上一些餐桌或者自主构建均匀分布的网格图去表达餐桌在餐厅当中的位置。在对比当中让学生能够迁移行列结构良好的餐厅中确定位置的方法，学生会在自己构建"网格图(坐标系)"的过程中解决散点分布的点在平面当中的位置问题，能够从特殊走向一般。

【行动故事】

面对这个真实问题，我带领学生进行了思考、交流，在大家的思维碰撞下我们达成共识，要想让送餐机器人准确到达指定餐桌的位置送餐，需要设计一款送餐程序，设计这款程序很重要的一个环节就是采集餐厅中每一张餐桌的位置信息。于是我给学生出示了两张生活中真实餐厅的餐桌分布图(见图3-12)。“如果你是程序员，你打算先帮助哪个餐厅采集餐桌的位置信息?”为了方便研究，我给学生准备了两个餐厅的平面图，员工餐厅先确定A桌在餐厅中的位置，中餐厅则确定B桌在餐厅中的位置。为每个学生提供学习单(见图3-13)，以便在上面写一写、画一画，想办法先确定一张餐桌的位置并表达出来，如果有兴趣，两张餐桌都研究也是可以的。学生先独立思考，然后在小组内交流、讨论，最后全班交流汇报。

员工餐厅　　　　　　中餐厅

图 3-12　生活中两个真实餐厅的餐桌分布图

学习单

活动要求：

1.（任选一个或两个）写一写，画一画，想办法确定A桌或B桌分别在餐厅中的位置。

2. 在横线上表示出A桌或B桌的位置信息。

员工餐厅

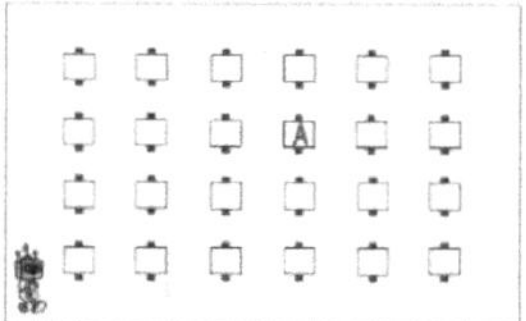

A桌在餐厅中的位置：

____

中餐厅

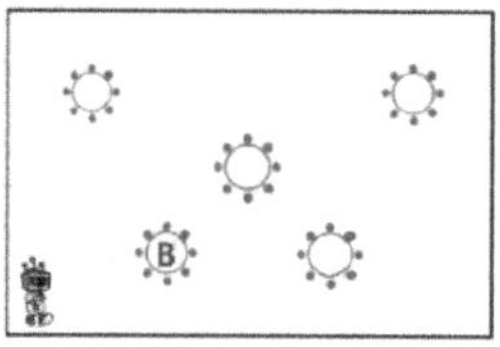

B桌在餐厅中的位置：

____

图 3-13　探索餐桌位置的学习单

学生在探索后达成共识，员工餐厅中的餐桌位置比较好确定，所以我们先分析 A 桌的位置。学生大胆地向同伴说明自己的表达方法(见图 3-14)。

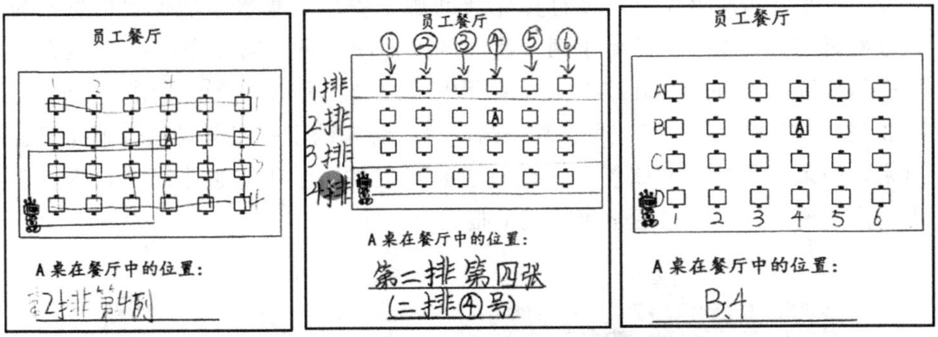

图 3-14　学生表示 A 桌位置的不同形式

面对学生多样的表达，我进行了积极的评价和启发性的提问："同学们都能够想办法确定 A 桌在员工餐厅的位置，非常了不起！但是表示位置的方式却不完全相同，这些不同的方式有什么共同的特点吗？你还有什么问题吗?""我发现每个方法都有第几列和第几行，或者第几排，第几个。""我发现观察的顺序都是从横着和竖着两个方向来看的。"学生很快能发现确定位置的共性：用横纵两个方向的数来确定餐桌位置。"这些方法虽然都能确定位置，但是有的同学是从上往下数的，有的同学是从下往上数的，大家数的方向都不一样，这可怎么解决啊?""应该统一观察起点和方向。"

研究完员工餐厅中的 A 桌，我向学生展示了一个小组表达 B 桌位置的方法(见图 3-15)。"刚才有一个小组的同学推荐了一份作品，他们是用这种方法表示 B 桌在餐厅中的位置的，对此你怎么看?"

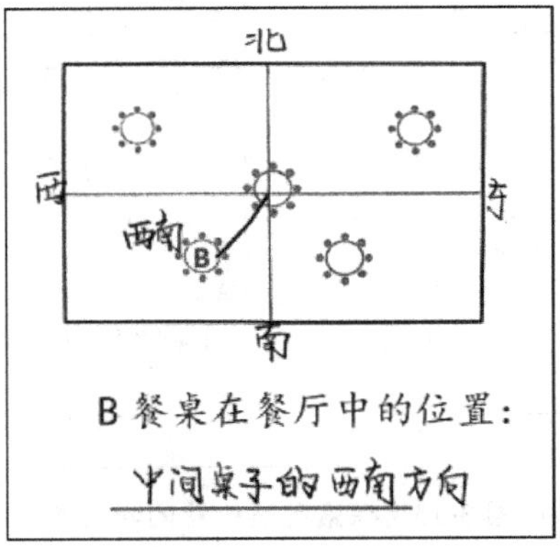

图 3-15　学生尝试确定 B 桌位置的方法

生：我觉得这种方法不能准确表示 B 桌的位置，按照这样的方法，中间桌子的西南方向有很多地方，机器人不一定能到达 B 桌位置。

师：看来这种方法还不能准确表达 B 桌的位置，你们能不能就 B 餐桌位置问题再想想办法，看看有什么启发和突破？想一想，再做一做。

生：我们组想用“第三排第二列”这种方法表示 B 桌的位置(见图 3-16)。

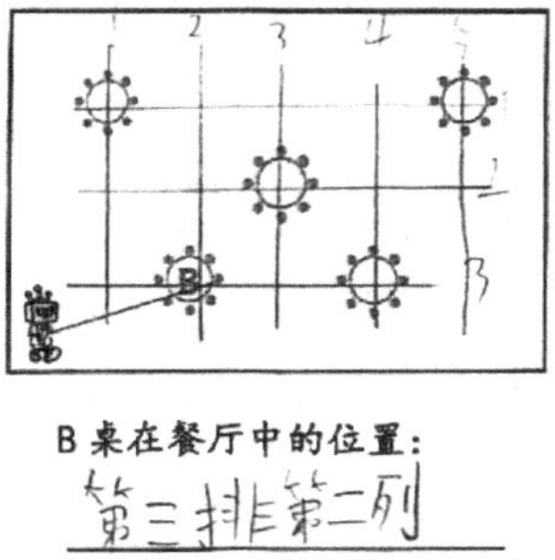

图 3-16　学生改进确定 B 桌位置的方法

能够受到前面确定 A 桌在餐厅中位置的启发来确定 B 桌的位置，真的是拥有非常了不起的迁移能力，我不禁追问：“你们怎么想到用这种方法来确定位置的？这样做的灵感来自哪里？”

生 1：我们想的是把员工餐厅中的方法用在中餐厅上，画出中餐厅的行和列，就能确定 B 桌位置了。

生 2：我想到了棋盘。

生 3：我还想到了电影院的座位，也是用第几排第几号来确定座位的。

师：同学们真的特别会思考，相信有很多同学都受到了员工餐厅中用第几行、第几列来确定餐桌位置的方法的启发，进而想到了在中餐厅中是不是也能找到隐藏在它背后的行和列，然后也用第几列和第几行两个方向的数来确定 B 桌的位置，是这样吗？还有的同学想到了生活中的事物，比如棋盘，或者电影院中确定位置的方法。大家真是太棒了，为你们点赞！咱们在面对困难和问题的时候，不妨关联一下周围的事物，也许你能获得启发和灵感来破解难题，我建议再次把掌声送给他们，送给自己！

就这样，学生在为机器人确定餐桌位置的情境中逐渐建构起确定位置的关键要素，感悟到确定位置的本质。员工餐厅中整齐排列的行列结构为学生自主迁移方法确定中餐厅餐桌位置提供了支持，从而使得确定位置从特殊走向了一般，也完成了学生对于这个知识学习的思维进阶。

有了前面的基础，我又启发学生："怎么用机器人能听懂的语言告诉它餐桌的位置呢?"学生七嘴八舌地表达自己的想法，最后我向他们介绍数对："其实在机器人的眼里，这一张张的餐桌就是一个个点，机器人在大脑中会自动地画出餐厅的方格地图(见图 3-17)。要想把餐桌的位置用机器人能听懂的语言告诉它，就要用到数学语言，比如 A 桌的位置就是(4，3)，这就是数学上的数对。"最后，我让学生用今天学习的数对语言把剩下的餐桌位置信息告诉机器人。

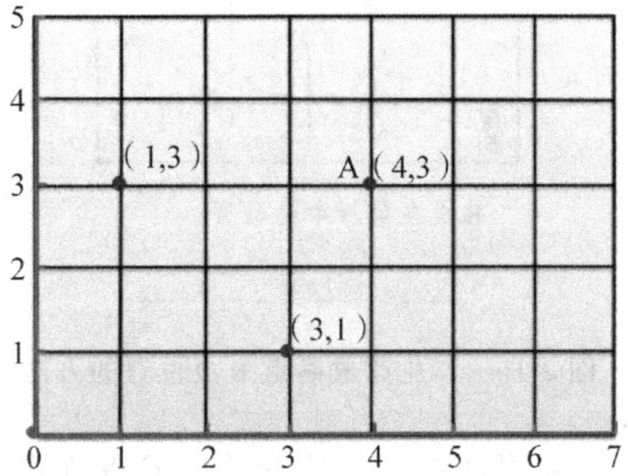

图 3-17　餐厅中的餐桌位置在机器人大脑中呈现的方格图

计算机程序设计用到了数学语言，数学是编程设计的基础。借助机器人的情境帮助学生自然理解了从餐厅平面图到方格图的抽象过程。用数对表示点在方格图中的位置有助于发展几何直观和空间观念。

【小结反思】

"探秘送餐机器人"的主题学习紧密联系了科技与社会生活，融合了数学与信息技术中的图形编程设计，促进了数学与科技生活的联系，实现了跨学科主题学习中由教师主观的"跨"到学生主动的"跨"。

1. 找到联结点，"跨"而有"联"

本主题是将"坐标"作为数学学科和图形编程中的共有概念，从而找到了跨学科的联结点和出发点。同时结合送餐机器人的科技情境，聚焦核心问题"如何设计一款机器人送餐程序"，将数学与信息科技学科实现关联融合。

2. 把握关键问题，"跨"而有"核"。

本主题学习抓住送餐编程设计中的"收集餐桌位置"和"设计机器人行走路线"作为解决问题的关键，虽然指向的是编程设计任务和成果，但是仍然以数学学科为主，学生在数学中理解编程语言，在编程设计中应用数学。

当然，这一主题设计和实施也有需要进一步思考改进的地方，比如可以整合图形的位置与运动主题中的其他内容或者其他学科，让这一主题的学习“跨”得更加有广度，有深度，为学生创造更加开阔的学习空间。

生活中的安全规则①

【痛点故事】

“Boys and girls，what safety rules do you know?”“Don't play with fire.”“Don't run down the stairs.”“Please use the sidewalk.”…… 在学生学习讨论Safety这个话题的时候，通常想到的就是课本上提到的这些安全规则，突然小Z同学说道：“Don't touch the power supply with your wet hands.”这个答案让大家眼前一亮，他提到了课本上没提到而和我们生活相关的一条安全规则。小Z的发言也让我很惊喜，不过当我进一步追问遇到这样的情况我们该怎么办时，有些学生能够说出一些解决办法，有些孩子则表现得很茫然。一直以来我都希望在课堂上可以给学生更多的时间和空间，帮助他们开阔视野，主动学习到更多和实际生活密切相关的知识，从语言、思维等方面全面提高学生的能力。因此，如何将课本与生活有机结合，提高孩子们的思维能力，树立他们的安全意识，最终将语言的学习内化为用英语做事的能力呢？这是我在这节课上将要突破的重点和难点。

【工具链接】

任务型教学作为一种教学模式具有结构性，它由教学目标(goals)、信息输入(input)、活动方式(activity)、师生角色(teacher/student role)、教学环境(setting)等要素组成。任务型教学认为，要培养学生在真实生活中参与和完成真实的生活任务。真实生活任务的关键在于任务要有真实生活的特征。真实生活任务教学强调直接通过课堂教学让学生用英语完成各种真实的生活、学习、工作等任务(做各种事情)，从而培养学生运用英语的能力(用英语做事的能力)。结合教育家陶行知先生提出的“生活即教育”的教育观，让教育从生活中来，回到生活中，才能塑造出真实、可靠的人。英语教学内容的生活化能有效地促进“书本世界”与学生“生活世界”的融会贯通，即在教学中让学生感受到知识来源于生活，同时服务于生活。

体验式学习指从阅读、听讲、研究、实践中获得知识或技能的过程。这一过程只有通过亲身体验才能最终有效地完成。语言教学中所指的体验是指

①案例提供者：孙宜。

教师以课堂为舞台、以任何可用感官接触的媒质为道具、以学生为主体，创造出值得学生回忆，让学生有所感受，留下难忘印象的语言活动。

【行动故事】

带着这样的思考，我和同组几位老师开始深入研究教材，并对教材进行了一些整合和调整。我们结合学情选取了几个日常生活中常见的具有安全隐患的场景，运用教材中的语言及学生所学创编了四段对话语篇(见图 3-18)，在对话中我们不仅仅关注 What，即提出安全规则，如“Don't climb the tree”，还进一步涉及 why 和 how 的问题，即这样做很危险的原因，以及当出现危险状况时我们的处理方法，如“Don't climb the tree. You might fall off. ”“Calm down，please. What's your mum's phone number? I'll call her. ”。

Peter: Caution，hot!
Bill: Ah! My hand hurts.
Peter: Let me help you. You should wash your hands in cold water.
Bill: Thanks! I will stay away from the hot water.

Mike: Be careful! Don't throw things out of the window! You might hurt others.
Lily: Oh, I'm sorry.
Mike: It's dangerous.
Lily: Thank you. I won't do it again.

Sally: Stop!
Billy: What's the matter?
Sally: Don't climb the tree. You might fall off.
Billy: Ouch! My leg hurts. I can't move.
Sally: Is your mum near here?
Billy: Maybe. I'm not sure.
Sally: Calm down, please. What's your mum's phone number? I'll call her.
Billy: Thank you.

Jerry: Wow，the video is funny!
Police: Look out! The car is coming!
Jerry: Oh my god!
Police : Be careful! Don't play with your phone while walking! It's dangerous!
Jerry: Ok! Thanks.

图 3-18　对话语篇

由于本课是 Safety 话题的最后一课时，因此在课堂教学中，我们首先通过和学生的交谈复习我们学习过的安全规则，随后我提问：“What other safety rules do you know?”学生根据自己的已知回答，随后学生通过阅读对话语篇找到语篇中的安全问题，学习其表达。在学生明确了语篇中的安全规则后，我追问："How can we deal with them?"学生很快从语篇中找到了对策。

由于语篇的对话是基于教材和学生所学创编的，因此在课堂上我鼓励学生独立或与小组同伴共同尝试朗读对话。在朗读过后，学生根据对话内容，以小组为单位表演。在表演中，A 小组选择了"高空抛物"的对话场景，小 Y 同学扮演高空抛物者的角色，小 W 同学扮演被抛物误伤者的角色。只见小 Y 把道具抛出，一下甩在了小 W 身上，小 W"啊"的一声，应声倒地，表演真实到位，观看的同学们发出一阵惊呼"太真实了"！同组的小 L 同学这时进行总结："Don't throw things out of the window! You might hurt others."通过表演，学生在体验中培养了兴趣，巩固了语言，也加深了对这些安全规则的理解。

为了让学生更好地将所学和实际生活相联系，学生以自愿结合的方式结为小组，小组讨论选取和他们联系更紧密的有关安全的生活场景，通过自己喜欢的方式展示给大家，帮助同学们了解更多的安全规则，学到更多的处理安全问题的方式方法。在学生准备的过程中，我也给学生提出了具体的要求，并进行了 7 分钟的倒计时(见图 3-19)。

图 3-19　倒计时图示

在小组展示环节，学生的表现令人惊喜。B 小组选取了在河里游泳溺水遇险的场景，并通过教育戏剧中的表演活动进行展示，表演进行到岸上的同伴救助溺水伙伴时，小 L 同学对表演想要跳水救人的小 D 同学喊道："Don't jump into the water! It's dangerous!"并向落水的小 C 同学抛出一条绳子：

“Catch it!”此时，台下学生马上有人说道：“哦对！可以用绳子！”“还可以用棍子！”听到学生的表达和交流我很欣喜，因为在之前学习 Asking for Help 话题的时候，我也曾引导学生讨论过遇到危险时具体的处理办法，溺水的救助就是其中之一，这节课上的表现告诉我，学生已经把所学内化为自己的技能。

C 小组选择的是遇到陌生人时要注意的安全规则，他们通过表演加海报的形式呈现。表演时，小 E 同学表演的陌生人利用棒棒糖引诱小 F 同学扮演的小朋友，“Come and go with me，I have candy.”在被拒绝后，小 E 同学又拿出玩具，“Look! Do you want it? Go with me.”小 F 同学回答道：“No，I can't go with you! Help! Help!”表演结束后，全组成员一同给大家展示他们制作的海报，在海报上，他们通过图画、安全标识和安全提示语展示遇到陌生人时的处理方式，并带领全班同学一同朗读了“Don't go with strangers! Don't open the door for strangers!”的安全提示。

随后，我通过 Gallery work 活动让选择只进行海报制作的小组也有了展示的机会，学生邀请在场的老师一同欣赏他们现场制作的安全海报，现场气氛达到高潮。

通过学生的展示，我看到了学生无限的潜能，他们从选材、准备、制作、排练到展示，无论是语言技能、思维能力，还是学习能力，都得到了有效的锻炼和提升。

展示过后，我利用教育戏剧中的 I remember(我记得)活动和学生一起梳理生活中的安全规则，学生积极勇敢地走到台前，用英语大声说出他们记住的安全规则及一些处理办法，有些学生还边说边表演了出来，有的真实，有的夸张，赢得现场同学和老师们的赞许和掌声。

【小结反思】

纵观本节课，在教学中围绕单元主题，依托语篇，创设真实情境，设计体验、模仿、理解、应用等体现逻辑关联的语言实践活动，学生从对话语篇的学习到语篇内容的朗读表演，帮助学生构建基于主体的结构化知识，内化语言。学生通过小组合作自主选择生活场景，学生用英语交流展示，表达新的认知，体现对主题的理解。通过任务型教学的方式让学生在体验中学习，在实践中运用，在迁移中创新。既培养了学习兴趣，又鼓励学生主动积极地思考，并将所学与实际生活相联系，做到知识的迁移，让所学能够解决实际问题，体现了正确的价值观，真正将所学用到实际生活当中，使二者融会贯通，发展了核心素养。

制作《小葵花入学手册》①

【痛点故事】

刚入学时，小安同学出现了种种不适应……上学第一天，小安沮丧地抱怨："学校里怎么没有玩具啊。"上着课，小安突然离开座位和其他同学互动。询问时，小安理直气壮地说："我在幼儿园可以呀！"虽然背着鼓鼓的书包到学校，但小安还是丢三落四，忘记带齐学具……在深入了解幼儿园学习模式后，我发现不仅刚上学的小学生有难以适应的过渡期，即将升学的幼儿园大班小朋友也有对小学生活充满好奇的探索期，并且这两个阶段几乎是同时发生的。

于是我开始思考，如果既能让已入学的小学生加深对校园及规则的认识，又能让即将升学的幼儿园小朋友初步了解小学生活，那就可以达到事半功倍的效果。可如何将其巧妙地对接呢？借助制作《小葵花入学手册》实现双向表达的念头在我心中逐渐形成……

【工具链接】

1. 真实情境

《义务教育语文课程标准(2022 年版)》指出："语文学习情境源于生活中语言文字运用的真实需求，服务于解决现实生活的真实问题。创设情境应建立语文学习、社会生活和学生经验之间的关联，符合学生认知水平……"作为刚经历过幼小衔接的一年级学生，他们在小学已经度过了最关键的第一年，对于小学规则、生活、学习等方面要求的适应已经初见成效。面对幼儿园中即将上小学一年级的新生，作为哥哥姐姐，他们有经验、能力和意愿向学弟学妹进行入学介绍，帮助他们尽快适应小学生活。因此，本课就是基于这样的现实背景创设了通过制作新生手册的方式，向新同学介绍学校和小学生活的学习情境。

2. 拓展型学习任务群

跨学科学习是"拓展型学习任务群"中的一类。2022 年版新课标对此任务群是这样解读的："本学习任务群旨在引导学生在语文实践活动中联结课堂内外、学校内外，拓宽语文学习和运用领域……在综合运用多学科知识发现问题、分析问题、解决问题的过程中，提高语言文字运用能力。"本课最重要的学习活动是制作手册，这是一次跨越学科的交融，是对学生综合素质及全方位能力的培养与训练。

---

①案例提供者：刘雨新。

【行动故事】

1. 创设情境，让表达更具实践性

首先，在课堂上我播放了一段实地采访幼儿园小朋友的视频。当看到视频中的大班小朋友时，学生们的脸上不禁露出了微笑，仿佛看到了曾经的自己。我发现小安的笑容中似乎还有着几分骄傲，想来应该是身为哥哥要为弟弟妹妹们树立榜样的责任感已在他心中生根。

其次，通过我的引导，学生们共同确定了在《小葵花入学手册》中从哪些方面为幼儿园大班的小朋友介绍小学生活。学生们在听与说的语言交流中，在真实的社会实践活动中，提高了理解与表达能力。

2. 动手实操，让表达更具综合性

随后，我们进入本课最重要的学习活动环节——制作手册，通过课堂上的剪裁、拼贴，学生锻炼了动手操作的实践能力。在填充手册内容的过程中，既巩固了学生在语文学科中收获的识字写字能力，又渗透了看时间、写数字等数学方面的知识与技能。在布局排版中，学生的审美创造力也得到了提高。小安同学所在的小组选择的是“行为规范”板块，我观察到他在制作过程中先是认真阅读了《葵园的共同约定》，接着又跟其他组员一起讨论了“上课规范”还可以增加哪些内容。在大家的互相启发中，小安在行为规范方面有了更深刻的认识，这一点在最后的小组展示介绍环节体现得尤为明显。

3. 传递心意，让表达更具真实性

在课堂总结环节，小安特别积极地表达了自己的感受，通过本次制作新生入学手册，他更加明确了小学生应遵守的规则，而且更加热爱自己的学校和小学生活了。其他学生也表示希望在赠送仪式上能亲手将自己制作的手册交给幼儿园的弟弟妹妹，圆满完成此次具有特殊意义的双向表达活动。

【小结反思】

平时老师们耳提面命，对学生强调班规校纪，但老师的话很难真正融入学生内心，以小安为代表的这一类学生更难发现这些要求对于他们的成长有哪些切实的帮助。然而，实践出真知，在学生自发、自愿、自主地向即将进入小学学习的新同学介绍小学生活的实践活动中，学生们深刻认识到小学生应遵守的规则，了解这些规则给自己带来的真实变化，感受小学生活的美好。同时，通过采访和赠送活动，幼儿园里即将入学的小朋友们也对未来的小学生活不再迷惘。

在实际上课的过程中，我发现学生们在用耳去倾听心声，用眼去捕捉变化，用口去表达感受，用心去体悟美好，而这也渗透了语文学科核心素养，即从文化自信、语言运用、思维能力和审美创造四个角度全面培养有智力更有能力的聪慧少年。

关爱地球①

【痛点故事】

小博是我们班的英语学霸，每次谈到新的话题，他都能用英语流利地表达自己的想法，那滔滔不绝的英语表达，让人十分佩服。小姚是班里的“百事通”，从小饱读各类书籍，知识相当丰富。在一节英语绘本阅读课上，我们通过阅读绘本 *Caring for Earth*，开展以“关爱地球”为主题的讨论。小博像打开了话匣子：“We care for Earth when we plant trees. We care for Earth when we clean up outdoors. We care for Earth when we save water…”正当大家对小博的想法投去肯定的目光时，小姚举手说道：“老师，读完这本绘本，我有很多想法，可是我用英语表达不出来。”我隐约发现有一些同学也在轻轻点头，我最怕的事情发生了：在英语绘本阅读的过程中很容易出现学生的认知水平和语言表达水平不贴合的情况，由此会导致其情感和思维受到阻碍，使学生既失去了交流的欲望，也失去了课堂的归属感，英语表达能力弱的学生瞬间成了课堂讨论的局外人。

【工具链接】

“学习共同体”(Learning Community)是指一个由学习者及其助学者(包括教师、专家、辅导者等)共同构成的团体。该团体成员彼此之间经常在学习过程中沟通、交流、分享各种学习资源，共同完成一定的学习任务，因而形成了相互影响、相互促进的人际关系。

英语学科实践活动课程是指基于一定的课程目标，以英语学科为背景，以学生的兴趣和直接经验为基础，以与学生学习生活和社会生活密切相关的各类现实性、综合性、实践性问题为内容，以研究性学习和体验式学习为主导学习方式，以培养学生的创新精神、实践能力及学科核心素养为主要目的的一类新型课程。

外语课堂不应只是教语言的场所，还应是一个通过学习者之间的互动为学习者提供各种学习机会的平台。“学习共同体”作为一种教学模式，是在建构主义理念启发下由师生共同营造的能够激起创新思维，给学习者提供交流思想，相互审视、学习和交换成果的平台。学习者在追求学习目标和解决问

①案例提供者：张琳琳。

题的活动中可以使用多样工具和信息资源，创建由师生共同营造的相互合作和支持的场所。

【行动故事】

1. 基于真实问题，师生共享教学情境

在设计这节绘本阅读课时，我聚焦“人与自然”主题范畴，将 Caring for Earth 为主题的配图绘本作为语篇依托，将语言学习与现实生活中日益严峻的环境污染问题紧密联系，基于如何“关爱地球”的真实性任务，开展英语绘本阅读活动课程。四年级的学生已初步具备自主学习能力和探究意识，并对全球环境恶化所带来的气候变化有初步感受，但对于日常生活中“关爱地球”的方式和思路不够开阔，语言储备不够丰富。

教学片段一：

在讲到节约水资源的部分时我抛出问题：“When do you use water every day?”“Brush teeth.”“每天洗澡的时候。”“Drink.”孩子们你一言我一语，中英文夹杂着表达着自己的想法。这时，我和小姚同学的“支架”作用就可以充分展现出来。我引导，小姚和其他一些语言能力较强的学生一起补充，“Do we use water to wash hands? Brush teeth? Wash face? Take a shower? Do you drink water? Do you need water to cook?”“We use water in many ways. Can you live without the clean water?”在共同感受水资源宝贵的同时，师生共享情境(见图 3-20)，共同架起“目标知识”与“现实世界”的桥梁，让学生充分体验节约用水(save water)的方式在现实生活中的作用和价值。

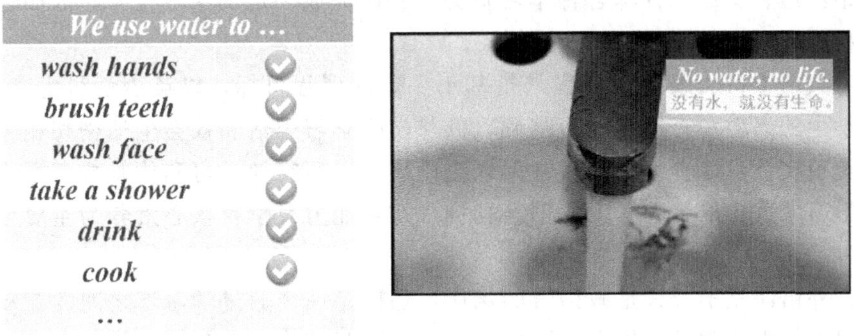

图 3-20　课堂片段(1)

2. 设计合作活动，团队共同面对挑战

在读后环节，我通过设计小组合作探究活动引导学生深入思考“关爱地球”的方式，运用绘本中所提供的语言做支撑，尝试向他人发出倡议，提高学生合作交流的能力及环保意识。

教学片段二：

“Our care can make a big difference. We are volunteers. Let’s make posters!”学生结成小组后，我提出了如下要求，并提供了海报题目相关的语言支撑(见图 3-21)。

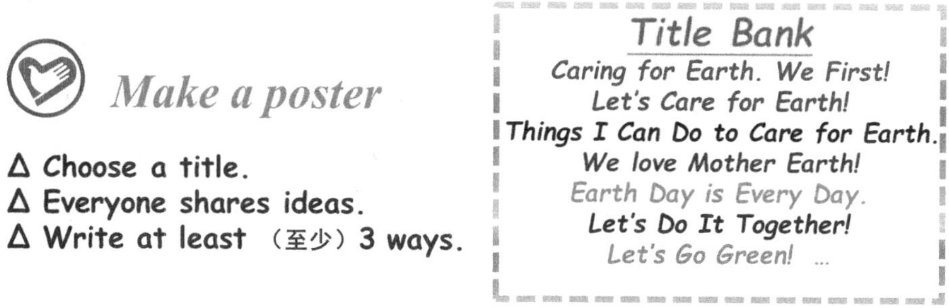

图 3-21　课堂片段(2)

学生在小组中要通力配合，彼此合作，相互支持。这个活动内容涉及较多具有挑战性的问题：选题、艺术字、提出关爱地球的方式、配图、向全班展示……面对这些具有挑战性的问题，学生是难以单独解决的，需要依托团队。教学观察发现：学生们喜欢在小组中与同伴共同学习，一起解决复杂问题时，他们会表现得更积极和主动。当学生为了解决一个富有挑战性的问题而携手合作时，他们的情感和思维会因为这些问题不断地进行联系，共享解决问题的思路，并从获得的反馈中及时修正或调整自己的观点，丰富自己原有的认知。当然，在小组合作过程中，学生有时也会产生分歧和争执，这就需要教师发挥引导作用，促进学生彼此包容，融洽交流。

3. 分享学习成果，同伴共促智慧分享

在“学习共同体”中，学习是知识建构、智慧分享的过程。“学习共同体”中的每一个成员都有自己的特长，都为共同体中集体知识的形成、文化的建构和共同目标的实现做出了贡献。

教学片段三：

在本次课程的最后环节，学生兴奋地将自己团队制作的小海报挂在展示架上，汇报者落落大方地向全班展示自己团队的作品，掌声此起彼伏。此时，我作为课堂的引导者也发出倡议：“We should try our best to care for Earth. It’s not difficult. Just like the posters you’ve made. We can put these posters in our school and share our ideas with others. Let’s do it from the small start.”

随后，在布置作业环节我又提议：每人根据自己的经验积累，为这个绘本增加两页内容。“Don’t forget today’s homework. Add 2 ways of Caring for Earth after class. Let’s try to do it in following ways.”（见图 3-22）

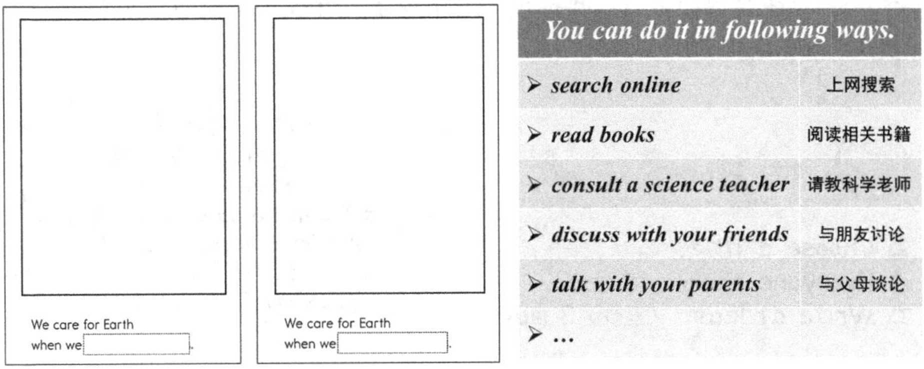

图 3-22　课堂片段(3)

通过与同伴、教师进行广泛讨论、分析和评价，共同体成员能够对自己的成果进一步反思，也可以对自己的作品进行解释和说明。课后他们可以将“学习共同体”扩大到网络、书籍、其他任课教师、校外朋友、父母……开放地接纳他人的建议，从而不断完善、修正自己的成果。

【小结反思】

“学习共同体”中的话语空间是多元丰富的，学生间的交流不仅限于学科知识，学生在与他人的交流中还将倾听来自不同领域、有着不同思考的声音，学习与人真诚、平等地交流、对话与共享。

跨学科实践活动就像建构在各个学科之间的桥梁，教师基于学生的视角设计具有主题意义的学习内容，引导学生跨越原有学科知识的边界，根据学习主题整合学习资源，采用多种学习方式以实现深度学习，解决现实问题，促进核心素养的全面发展，让“真正的学习”发生。

一碗饺子的魅力……①

【痛点故事】

“歪歪扭扭的桌椅，满地狼藉的书包、外套，随意丢弃的纸张……”这常常是周三下午我走进一年级班级时见到的场景，学生年龄尚小，自理能力不

①案例提供者：张智勇。

佳，是导致这一场景频繁出现的原因，更为本质的原因在于学生不理解他人背后付出的辛劳，进而不知珍惜，更加不懂感恩。现在的学生多数受从小饭来张口、衣来伸手的生活习惯影响，或者受家长观念影响，更主要的是几乎没有人引导学生去观察、去关注自己日常生活起居是需要他人付出劳动的，导致他们不能感同身受这劳动背后的艰辛……

【工具链接】

《义务教育劳动课程标准(2022 年版)》中劳动素养要求第一学段需在简单日常生活、生产劳动中，认识到人们的衣、食、住、行都离不开劳动，懂得人人都要劳动的道理，积极主动参与劳动、崇尚劳动，同时要尊重各行各业的劳动者。

皮亚杰在《儿童认知发展理论》中认为，人类的发展是一个适应过程，适应的最高形式是认知或了解。

情感认知理论关注儿童对情感的认知过程。儿童会通过对自己的和他人的情感经验的反思来理解和识别情感。

【行动故事】

无论是学生的日常德育教育，还是每天的劳动课堂，这个问题都时长萦绕在我脑海，要如何引导学生从小理解、认同、珍惜他人劳动，并心怀感恩，从而愿意主动帮他人分担劳动，还要学会珍惜自己和他人的劳动成果。2024 年学校迎新活动策划过程给了我一次尝试破题的机会。

1. 数一数：一天当中为我们生活学习付出努力的人

在活动策划的过程中，我尝试与学生们分享，看他们的反应、听他们的意愿。我首先抛出问题：每一天，从起床到入睡，有几个人为你的生活、学习付出了劳动？请数一数！学生先是热烈讨论，而后突然平静，掰着手指，认真地数着……妈妈叫我起床，奶奶做好早饭，爸爸送我来学校，保安叔叔在门口值岗，值周生迎接我，保洁阿姨在擦地，老师们要讲课，营养餐公司的叔叔来送餐……学生使劲儿地想着，像比赛一样，生怕比别人数少了！随后我们逐个分析，每个人的工作内容、时长、辛苦在哪里，我们还决定要在未来的假期实践、家务劳动、劳动课堂上，把每个人的工作内容来一遍大体验。

2. 试一试：一个职责为我们课堂教学贡献一份力量

第一个体验是对每周三晚上保洁阿姨为各班打扫卫生的工作进行实践，目标团结一致，效果赶超保洁阿姨。全班 40 名学生，分成 8 个组，将扫地、擦地、擦黑板、擦桌椅、擦窗台、整理柜子、浇花、摆桌椅、清洗整理工具等内容进行分工，5分钟时间内小组5个人分工，利用25分钟操作，最后10分钟对工作内容进行评价和复盘。分工环节激动不已、信心满满；操作伊始热情高涨、豪情满怀；收尾时段稍显混乱，部分人有了抱怨情绪。当看到如画画般擦不匀的黑板，满头大汗也未摆齐的桌椅，使出吃奶的劲儿仍除不掉的双面胶痕迹……学生们泄了气，觉得保洁阿姨是大人、力气大，打扫卫生是专业的事。“可是孩子们，我们虽小可人多力量大呀！保洁阿姨往往是一个人，一小时彻底打扫一间大教室……”孩子们面面相觑，没有了刚刚的抱怨和畏难情绪。“随着年龄的增长，本领的增加，班级卫生需要我们自己负责，从此刻开始，珍惜阿姨们的劳动成果，从保证自己座位和座位周边的整洁开始！”

3. 比一比：一碗饺子、两小时，回馈日复一日的关爱

劳动课上你的25分钟，叫苦连天；每日为我们生活起居努力的人们则是日复一日，他们从不叫苦。这说明他们对你们有着无限的爱和关怀。我们也用勤劳双手的劳动去传递对他们的爱和感恩吧！一呼百应！每个班的学生都积极报名迎新活动“包饺子寄感恩”环节，我详细为学生解读：这个环节每班只招募3名学生、3名家长志愿者，是光荣的班级代表；当天除了这个环节还有做礼物、逛庙会等有趣环节，参加包饺子需要牺牲一些玩耍的时间；另外40多人小手拉大手，需要包制至少1000个饺子，很辛苦，需要你们的奉献精神；但是当全校师生吃到你们包的美味饺子时，一定是幸福的，你也会成就感爆棚！就这样，无论是积极参与的学生还是家长，明白其中道理后，短短两个多小时，超额完成任务包出了2000多个饺子，且质量很好，没有煮破的，说明幸福和感恩都被紧紧包裹住了。

学生双手捧着自己包的饺子，给保安叔叔、保洁阿姨、老师、家长、校长……就是他们一开始努力在心里想着、在手上掰着数的那些为他们辛勤付出，他们心心念念想要感谢的人！这也许才是劳动教育的真谛！在劳动教育领域让学生完成了解、实践、感悟的思维进阶过程，才能让教育真实有效。

【小结反思】

这个活动无疑是非常令人满意、温暖和幸福的。但是活动只是一上午的光阴，余温带来的影响力是几天还是数月我们无从得知，如何将这样的尝试系统化、全员化、日常化需要我们去进行更深入的研究和固化；另外将好的想法和形式与班主任联动，多多开展班级内的日常行动才能产生持久效应，这是接下来需要努力的方向。

影子的秘密①

【痛点故事】

在六年级上册“比的认识”一课，我借助立竿见影的自然现象，创设了学校科学小组测量杆高和影长的情境，让学生在课上探索：观察杆高和影长，你知道哪几个是同一时刻测量的吗？你是怎么确定的？（见图 3-23）学生通过研究某一时刻杆高和影长的倍数关系，认识比的意义。

在操场上，并排竖立着长度不同的 5 根木杆，科学小组的同学们分别测量了这些木杆在阳光下的影长，并记录了下来，如下图（单位：分米）

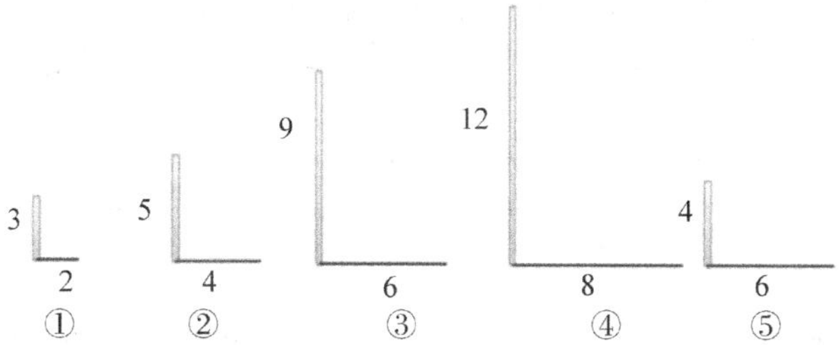

观察杆高和影长，你知道哪几个是同一时刻测量的吗？你是怎么确定的？

图 3-23 探究活动学习单

因为都是教师提供的现成数据，学生很容易就得到：杆高和影长在同一时刻的倍数关系是一定的。学生在课上交流时激动地说：“老师，我一眼就能看出这些数据之间的倍数是一样的！太简单了！”

学生的话引发我的思考：既然学生对“比”已经有了一定的认知经验，那这些杆高和影长的数据能否发挥更大的价值呢？什么样的学习方式能让学生更有兴趣？更能发展学生的核心素养？

【工具链接】

《义务教育数学课程标准（2022 年版）》中提出：立足学生核心素养发展，体现数学课程育人价值。在主题学习活动中，学生能够在实际情境中发现和提出有意义的数学问题，进行数学探究；在活动中综合运用数学及其他学科知识解决问题，提高应用能力；逐步养成从数学角度观察现实世界的意识与习惯，发展好奇心、想象力和创新意识，形成和发展核心素养。因此，在教学中要为学生创设可以“真探究”的“真实情境”，并解决“真实问题”。

①案例提供者：张翠。

【行动故事】

“在同一时刻，杆高和影长之间倍数是一定的”，这里面蕴含着什么科学道理？怎样从数学的角度发挥数据的价值？如何让学生更有探究的兴趣？

为了回答这些问题，我决定改造先前这个学习任务，将其变成一次学生真正参与的跨学科主题学习活动——“影子的秘密”(见图 3-24)。让学生在解决“影长与物体高度和时间之间的关系”中，借助科学研究的方法，利用数学语言表达现象背后的规律，提出合理猜想并进行验证；学生发展模型、推理、应用和创新意识，形成独立思考、敢于质疑、实事求是的科学态度。

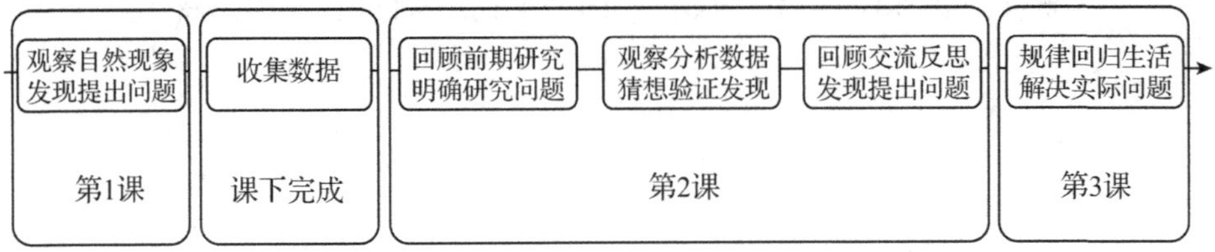

图 3-24　单元课时分配

在第一课，学生通过观察生活中的影子现象，发现影子的长度与很多因素相关，比如时间、物体高度、太阳高度等。从寻找关系的角度出发，学生能感受到：影子的长度与这些影响因素之间有关系。教师提出驱动性问题：影子的长度与哪些有关？关于影子长度你有什么想要研究的问题？

学生提出了很多有价值的问题(见图 3-25)。聚焦“影子长度与物体高度、时间到底有什么关系？”这个问题，学生设计了具体的研究计划(见图 3-26)，并按照计划开展研究。

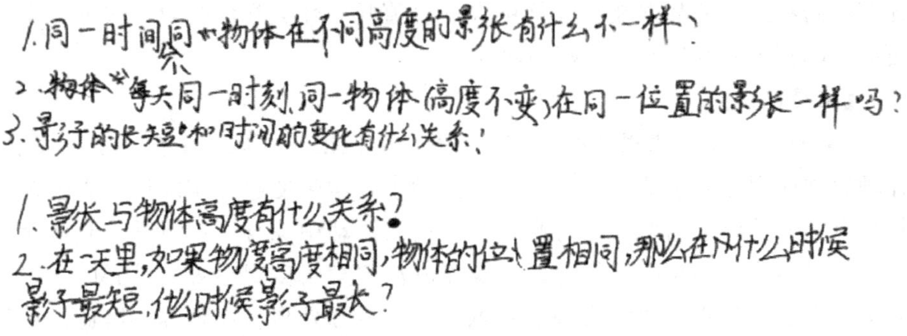

图 3-25　学生提出的问题

研究问题	杆高和影长之间有什么关系？ 第（一）组			
研究计划	步骤	做什么	方法	工具、材料
	第一步	1.把杆子固定在空地的某个点上。	1.用胶将准备好约20厘米的杆子粘在空地的两边（靠近中心）。	1.两根杆（长度不同） 2.一片没有任何物体的空地 3.胶
	第二步	1.测量初始杆子影长。 2.开始计时。	1.用尺子测量影子长度并记录。 2.将闹钟计时30分钟。	1.尺子 2.计时工具 3.记录表
	第三步	1.每30分钟对影子的长度进行一次测量。 2.对初始数据进行比较	1.每30分钟用尺子对影子的长度进行一次测量并记录 2.对数据进行比较	1.尺子 2.计时工具 3.记录表
	第四步	1.得出结论	1.对数据进行整理、总结分解。 2.将结论写在结论单上	1.记录表 2.总结单

图 3-26 学生设计的研究计划

课下，学生按照实验计划，以小组为单位到学校的操场上收集了测量数据(见图 3-27)。

图 3-27 小组在操场上测量影长

第二课，主要有四个大环节。第一步，回顾前期研究，再次明确本节课要研究的问题——影子长度与物体高度、时间到底有什么关系？第二步，通过观察每个小组收集的数据，鼓励学生大胆猜测。学生以组为单位，自主进行数据分析验证，发现影子变化的规律。学生通过观察、分析、计算数据，发现每一组数据大致的关系及变化的规律(见图 3-28)。

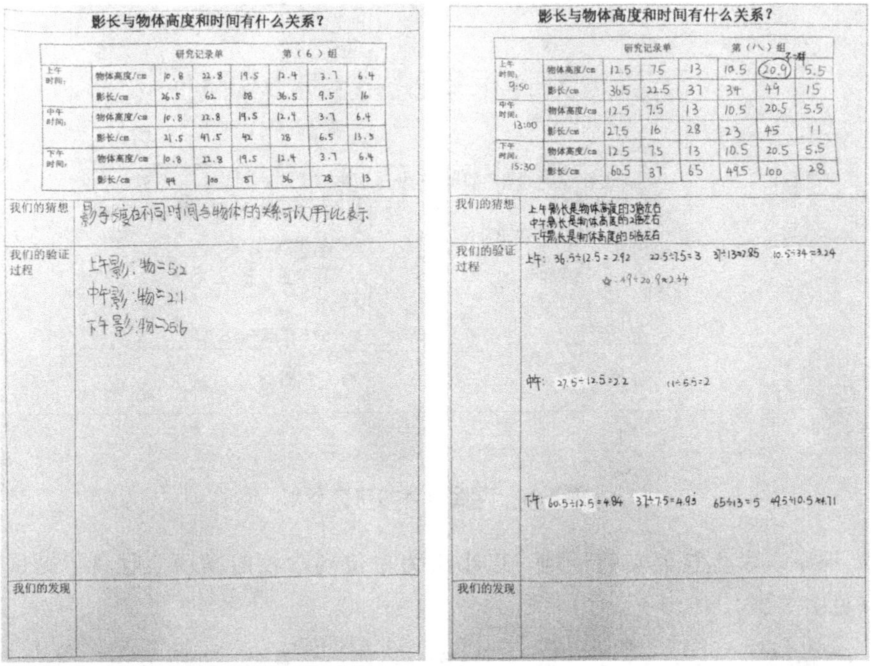

影长与物体高度和时间有什么关系？

研究记录单		第（6）组					
上午时间：	物体高度/cm	10.8	22.8	19.5	12.4	3.7	6.4
	影长/cm	26.5	62	58	36.5	9.5	16
中午时间：	物体高度/cm	10.8	22.8	19.5	12.4	3.7	6.4
	影长/cm	21.5	47.5	42	28	6.5	13.3
下午时间：	物体高度/cm	10.8	22.8	19.5	12.4	3.7	6.4
	影长/cm	44	100	87	56	28	13

我们的猜想：影子长度在不同时间与物体的关系可以用比表示

我们的验证过程：

上午影：物=5:2

中午影：物=2:1

下午影：物=5:6

我们的发现

影长与物体高度和时间有什么关系？

研究记录单		第（八）组					
上午时间：9:50	物体高度/cm	12.5	7.5	13	10.5	20.9	5.5
	影长/cm	36.5	22.5	37	34	49	15
中午时间：13:00	物体高度/cm	12.5	7.5	13	10.5	20.5	5.5
	影长/cm	27.5	16	28	23	45	11
下午时间：15:30	物体高度/cm	12.5	7.5	13	10.5	20.5	5.5
	影长/cm	60.5	37	65	49.5	100	28

我们的猜想：

上午影长是物体高度的3倍左右

中午影长是物体高度的2倍左右

下午影长是物体高度的5倍左右

我们的验证过程：

上午：36.5÷12.5=2.92　22.5÷7.5=3　37÷13≈2.85　10.5÷34≈3.24

☆ 49÷20.9≈2.34

中午：27.5÷12.5=2.2　11÷5.5=2

下午：60.5÷12.5=4.84　37÷7.5=4.93　65÷13=5　49.5÷10.5≈4.71

我们的发现

图 3-28　小组研究记录单

学生发现：在相同时刻，物体高度和影长之间的倍数关系大致相同。教师通过介绍太阳高度角的科学知识，让学生明白影子变化规律背后的原因。教师再借助信息技术手段，利用 Excel 模拟数据处理，验证学生的猜想(见图 3-29)。初步渗透函数思想，发展学生的模型意识。

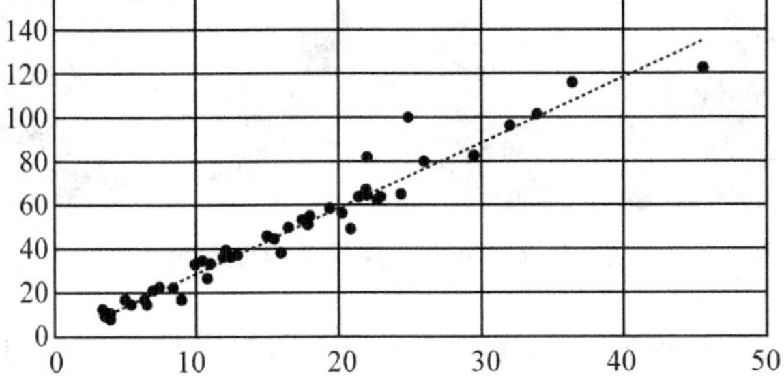

图 3-29　Excel 处理数据的结果(单位：cm)

第三步，回顾交流反思，再次发现提出问题。在此环节，学生通过回顾整个研究过程，反思整个研究活动的收获及如何解决遇到的困难，并再次提出新的问题和猜想。在整个学习活动中，从最初的发现、提出问题，到最后主题学习活动之后再次提出问题，这是一个完整的学习闭环，也是继续开展探究活动的开始。

接下来在第三课，将发现的规律应用到生活中，解决生活中的实际问题。比如，解决校园内一棵大杨树有多高的问题，应用今天的研究发现，就可以解决了。

【小结反思】

在日常教学中，教师要努力创设真实情境，培养学生发现、提出问题的能力，让学生学会主动思考、敢提问、会提问。在跨学科主题实践活动中，要鼓励、培养学生经历完整的探究过程。比如在本次的学习活动中，学生在“影子的秘密”这样一个真实又科学的情境中，通过观察、猜想、验证，探索、发现并表达规律，经历收集、分析数据，解决问题的完整过程。在整个活动中，培养学生的模型应用和创新意识，以及科学严谨、实事求是的科学态度。

第三节　大任务让思维“统整”起来

一、策略描述

任务驱动教学旨在通过不同的任务驱动学生进行探究、实践、思考、运用、创新等学习活动，将任务驱动教学应用到课堂教学中，教师应把握任务驱动教学的内涵，设置合理、高效、实用的任务，驱动学生主动探究学习，提高学习效率。在教学中采取任务驱动的手段，能够有效打破理论教学和实践教学之间的边界线，让学生在实践体验中获取理论知识，从而促进学生深度学习。

教师在设计任务时需要关注驱动力度，力求使学生积极地探究、思考，有效地完成任务。教师要全面把握教学知识的核心内容，关注学生已有生活经验，对知识的认知能力、学习能力等，以问题为导向，以任务为驱动，让学生在教学过程中积极参与，深度反思。在自主学习、合作探究的学习活动中，实现知识的建构，并合理拓展延伸，实现深度学习，促进思维整合发展。学生基于驱动问题通过交流、研讨等形式进行思维碰撞，积极主动地建构学科概念知识，发展高阶思维能力，让思维在进阶中不断整合。

教师要引导学生进行思维热身，再由浅入深、循序渐进地引导他们进入学习状态，进一步使学生逐渐从浅层学习过渡到深度学习状态，要注重启发性，培养学生的发散性思维能力，锻炼其辩证性、批判性思维，在任务驱动中让思维"统整"起来。

二、策略应用

巧设"任务驱动链"，提升学生思维力①

【痛点故事】

小张和小高是一对好朋友，课间一起讨论玩耍。这一天，刚上完数学课，认识了长方体、正方体、圆柱和球这四种立体图形，他俩在用学具玩"搭积木"的游戏。小张说："我先想一个图案，看你能不能摆得和我想的一模一样。"小高说："行啊，但是你得告诉我用什么图形。"于是，他俩就玩了起来。小张说："先摆两个圆柱，再放一个长方体，最后放一个球。"小高摆完问道："和你想的一样吗？"小张说："不对不对，我想的是小汽车，圆柱要倒着放。"

这个游戏让我陷入沉思，小高拿的图形都对，为什么摆出来的造型和小张想的不一样呢？因为他们没有关注立体图形的位置和摆放方式。学生在学完"认识立体图形"第一课时后，仅仅能够辨认长方体、正方体、圆柱和球远远不够，还需要关注立体图形的摆放方式，从摆放的不同方式(方向)认识立体图形，这恰恰也是发展学生空间想象能力的一种重要途径。如何才能打破学生的思维边界，从形状、大小、面的特征、摆放方式等多角度整体感知立体图形，从而发展他们的空间观念呢？

【工具链接】

我认为采用"学习任务链"教学模式可以很好地解决这个问题。针对一年级学生的年龄特点，设计层层递进的多种操作活动，例如说一说、摆一摆、堆一堆等，不断让学生对立体图形有新的认识。

"学习任务链"以学习目标为核心，由前后逻辑关联紧密、层层递进的多个学习任务组成。在有层次的学习任务的导引下，学生在学习活动中"有参与、有思考、有表达"，学习真实而有深度地发生，在完成学习任务的过程中思维得到发展。

图形与几何领域的学习要借助操作活动，因为操作活动需要多种感官共

---

①案例提供者：陈艳青。

同参与，动脑、动手、动口，还要动眼，能将比较抽象的数学知识形象直观地展现给学生，促进学生展开思考活动，并将内隐的思维过程外显为动手操作过程。

【行动故事】

依据学习任务链的设计原则，对于“立体图形的认识”我设计了如下教学思维路径(见图 3-30)

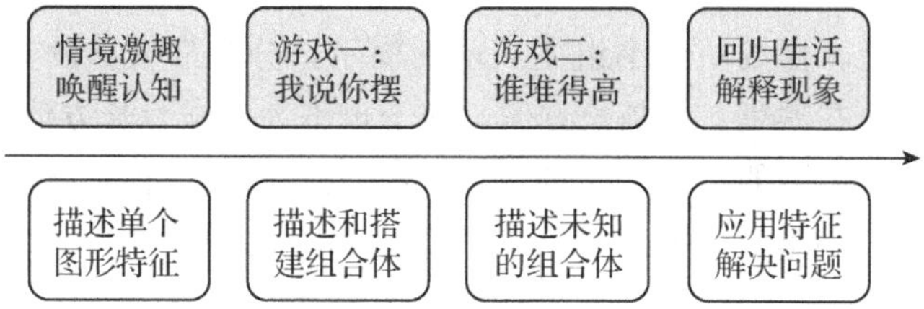

图 3-30　思维路径

下面结合本课对如何设计适合低年级的“学习任务链”开展立体图形认识的教学做具体说明：

学习任务一：描述单个立体图形的特征。

教学片段一：

我创设了积木乐园正在举办一年一度大聚会的故事情境，这些积木朋友当中就有我们刚刚认识的立体图形，然后给学生提出任务：你能拿起来介绍一下它吗？“我拿的这个是球，它可以滚动，圆鼓鼓的，很好玩。”“长方体是长长的、方方的，有的地方长，有的地方短。”“我这个是圆柱，有两个面平平的，是圆形，侧着放也可以滚动。”我又问：“学具筐里还有其他圆柱吗？赶快找一找。”“这个也是，刚才的圆柱是瘦瘦高高的，我这个是矮矮胖胖的。”学生们争先恐后地介绍着各种积木朋友。在用语言描述积木朋友的过程中，唤醒学生对单个立体图形特征已有的直观认识。纠正认识上容易出现偏差的几个形状，如扁平的圆柱、有两个面是正方形的长方体，为后面描述和搭建组合体奠定基础。

学习任务二：分角色搭建给定的组合体。

教学片段二：

介绍“我说你摆”游戏玩法。①两人一组背靠背，一人说一人摆；②摆的同学不能看图；③只能玩一次，时间为 2 分钟。两人一组开始玩游戏，说的同学看图来识别图形，然后进行描述。摆的学生需要根据同伴的描述想象出组合立体图形的样子，然后按照一定的位置和方向摆放出造型，如图 3-31 所示。

图 3-31　摆造型例图(1)

游戏结束后，摆成功的小组先到前面演示，分享经验。没有摆成功的小组说一说问题出在哪里。都是长方体，样子也不太一样，长方体用的不一样，摆出的小车也是不同的，如图 3-32(a)所示。同一个长方体，摆放的位置和方式不同，摆出的小车样子也会不一样，如图 3-32(b)所示。

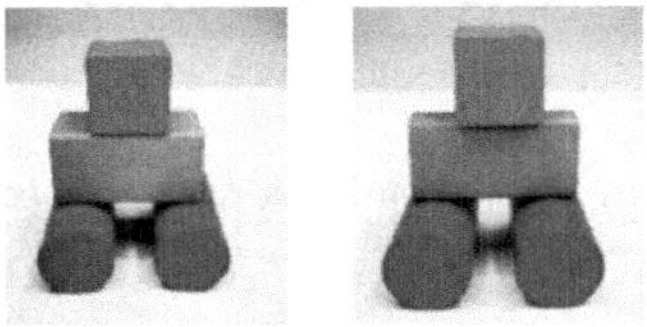

(a)　　(b)

图 3-32　摆造型例图(2)

学生在描述和分角色搭建组合体的过程中进一步直观感知立体图形的特征，加深了对立体图形面的特征和摆放方式的认识，意识到同样的长方体摆放方式不同，搭建的组合体样子也不同，从而思维得到发展。

学习任务三：小组合作搭建未知组合体。

教学片段三：

"谁堆得高"(见图 3-33)游戏规则：堆一堆、比一比哪个小组堆得高？时间为 2 分钟。组织小组竞赛能够激发学生的兴趣，学生会全神贯注地投入活动中。活动结束后评出"最高奖"。

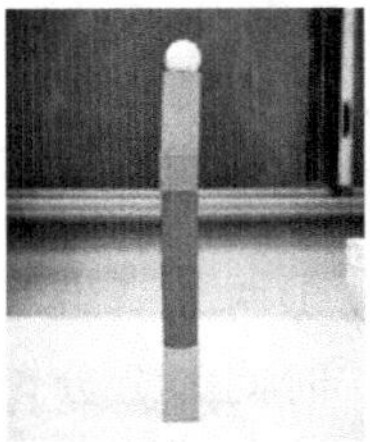

图 3-33　"谁堆得高"游戏图示

学生在堆高的游戏中体验到长方体、圆柱摆放位置和方式不同，高度也不一样，而正方体和球无论怎么摆，高度都相同，进而感知每个图形在摆放方式上的特征，积累图形特征的经验。学生在此过程中学会全面思考，灵活运用图形的一些特征去解决实际问题，思维能力得到提高，空间观念得以发展。

【小结反思】

1.“学习任务链”的设计要层层递进

教师设计学习任务链时要注重各个活动之间的内在联系，包括知识之间的关系、学习方式的联系、思维发展上的进阶等。教师要做到使学生的学习过程有脉络，学习任务之间的目标有跨度，从而实现学习任务链的环环相扣、层层推进，使每一个学习任务都成为学生数学思维发展的助推器。在本节课中，从描述单个立体图形的特征到分角色搭建给定的组合体，再到小组合作搭建未知组合体，学生不断迎接新的游戏挑战，对立体图形的认识从单个图形到组合体，从形状、大小到面的特征，再到摆放方式，思维不断得到发展。

2.“学习任务链”的开展要高效充分

学习任务链的开展过程中，教师要给学生提供自主思考的时间、动手操作的空间及充分表达的机会，促进学生在独立思考和与同伴的互动中生成有意义的知识建构，在活动中有所获得。本节课“介绍朋友”“我说你摆”“谁堆得高”三个活动中，每一个学习任务的展开都基于学生的自主思考和探究基础，活动时间充分、学具准备齐全、游戏规则明确，并在此基础上展开互动交流，最后形成思维的发展。

学习任务链就像一条锁链，学生沿着教师设计的学习任务不断思考，进而思维会产生一次又一次突破！

穿越数学史，驱动思维进阶①

【痛点故事】

一次在讲完平行四边形面积这节课后，我向大家预告了下节课要讲三角形面积。课代表小程和其他几位同学闻声围了过来，小程自豪地和我分享：“张老师，我早就知道三角形面积公式是底×高÷2，太简单啦!”听罢，围观的其他同学立刻纷纷响应，表示他们也已经知道了三角形面积公式，我假装感到惊喜，然后逗趣地继续问他们：“你们知道三角形的面积为什么是底×

①案例提供者：张学慧。

高÷2 吗?”短暂沉默后，另一个小机灵小李过来补充道：“我预习过，我们可以像教材那样，把三角形拼成今天学习的平行四边形，三角形面积就是平行四边形面积的一半，底×高是平行四边形面积，再÷2 就是三角形面积了。”小李对自己的解释很是满意，说罢只见他的眼睛笑得眯成了一道缝儿。我再问：“还有不同想法吗?”这下学生彻底安静了。

我发现学生对三角形面积公式并不陌生，有一定的学习基础，能理解教材中把三角形的面积计算倍拼成学过的平行四边形面积来推导公式的方法，但教材仅借助图片通过倍拼成平行四边形或长方形来探索面积公式，并没有延续探索平行四边形面积所用的割补法，且仅展示出锐角三角形倍拼法。我认为这样转化图形的方法相对单一，且探索三角形的种类没有涵盖全。如何帮助学生充分运用多种方法度量三角形面积，寻找转化前后图形要素之间的联系，推导获得三角形的面积公式，积累图形研究经验，促进学生思维进阶，发展学生的推理意识和创新意识呢?

【工具链接】

我认为可以结合面积的数学史，让学生充分经历三角形面积的猜想与验证的探究活动，对三角形圭田术提出合理猜想，自主设计验证思路，提供多样的研究材料，鼓励多种策略验证三角形面积公式的猜想，经历反思、调整猜想、再次验证的过程。

促进学生思维进阶，应提倡并激发学生从不同的视角思考数学问题。帮助学生像数学家那样去思考，就要给予学生自我探索、提出猜想、做出假设、检验结论、进行反思、调整猜想、再次验证的机会。教师要相信学生具有运用多种方法解决数学问题的潜能，并意识到数学学习不仅要获取正确答案，而且要创造性思考，促进思维不断进阶。

以“解决三角形面积问题”为任务驱动，结合面积数学史及研究经验创设核心问题，引导学生正式提出三角形面积的猜想，厘清猜想的来源，监控对猜想的元认知，并让学生调整猜想，凸显创造力培养；再创设核心问题引导学生自主设计验证思路，提供多样的研究材料，经历反思、调整猜想、再次验证的过程，积累图形研究经验。催生学生思维经历识记、理解、运用和创新的纵深过程，经历思维进阶，帮助学生掌握三角形面积知识、解决问题，发展学生推理意识和创新意识。

【行动故事】

我设计了如下教学思维路径：数学史引入引发猜想—验证、调整猜想—古今融通拓展认识。下面对教学设计作具体说明。

1. 数学史引入引发猜想

教学片段一：

课上我为学生介绍《九章算术》：“其中第一章‘方田’主要讲述了土地面积的计算方法。里面研究了长方形、三角形、梯形、圆形等田地的面积，并总结出了这些平面图形的面积计算之术。其中方田就是长方形田地，九章算术将方田术总结为广从相乘得积步。我们学过长方形面积，你们知道怎样解读方田术吗?”“广相当于宽？从相当于长？广从相乘得积步。哦，不就是长乘宽嘛，和我们现在一样。”“那今天咱们该研究哪个图形了?”“三角形。”

我提出本课的核心问题：“三角形在古代叫圭田，猜一猜古人的圭田术是什么？你怎么猜出这个圭田术的?”进而学生提出合理猜想。

生 1：广从相乘取一半。因为两个等底等高的三角形能拼成一个平行四边形，我知道底乘高是平行四边形面积。

生 2：半广乘从得积步。因为三角形沿着高的一半可以旋转成长方形。

生 3：广乘半从，因为直角三角形可以从高的一半旋转成长方形，长方形是广从相乘得积步，那三角形面积就是广乘半从得积步。

学生能结合面积数学史及研究经验正式提出猜想，在精彩的对话交流中学生厘清了猜想的来源，监控了对猜想的元认知。

2. 验证、调整猜想

教学片段二：

我为学生设计了验证学习单。提出核心问题：“你打算怎样验证你猜想的三角形面积公式？需要提供哪些学习材料？简单说一说你验证的思路。”学生能够自主设计验证思路。

生 1：我需要一些图片，通过拼摆转化成学过的图形，找到联系，帮助探索公式。

生 2：我要研究直角、锐角、钝角，每一类都研究，才能得出一般三角形的计算方法。

生 3：我在方格纸上画三角形，然后割补转化成学过的图形，找联系，推导公式。

我按照学生意愿为他们提供多样的研究材料，进而组织学生想办法用尽可能多的方法来验证他们对三角形面积公式的猜测，并提供以下思维支架。

(1)做一做：任意一个直角三角形、锐角三角形、钝角三角形可以转化成学过的什么图形?

(2)找一找：转化后的图形与原来的三角形之间有什么关系?

(3)写一写：写出推导和验证的过程。

在学生独立思考后，为方便学生进行小组深度交流，我鼓励选择相同验证策略的学生重新组建 3 人讨论小组进行讨论，在讨论过程中让学生调整猜想，调整猜想后再次进行验证。思维支架凸显创造力培养。学生不同的验证方法如图 3-34 所示。

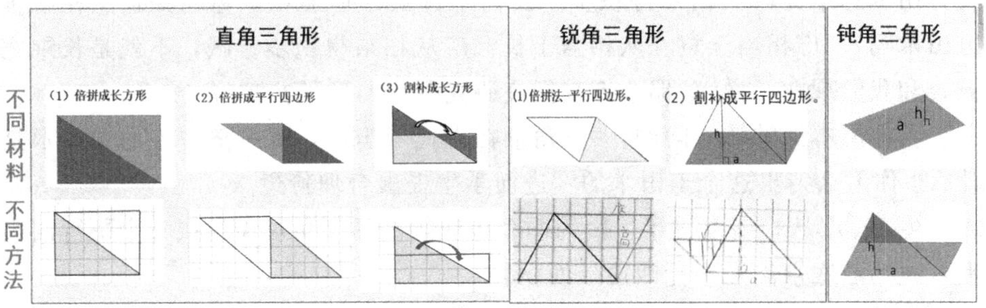

图 3-34　学生不同的验证方法

我给学生足够的时间，引导他们迁移研究平面图形面积的经验，运用不同的学习材料、不同的方法探索三类三角形的面积，再次经历转化图形、寻找新旧图形之间的联系、推导公式，积累探索图形面积的活动经验。

像这样结合面积的数学史，让学生充分经历三角形面积的猜想与验证的探究活动，经历合理猜想，自主设计验证思路，经历反思、调整猜想、再次验证的过程，催生学生思维经历纵深过程，实现思维进阶，发展学生的推理意识和创新意识。

【小结反思】

“猜想”的设计要浓墨重彩。波利亚指出，没有大胆的猜想就没有伟大的发现。猜想也是培养学生推理意识和创新意识的重要途径。通过正式的猜想，让学生能够将自己的合理猜想表达得更清楚。联系旧知把猜想的来源解释清楚，监控对猜想的元认知，对猜想进行调整，引发提出新猜想的意愿，不断突破学生的思维边界。

“验证”的设计要有连续性。要鼓励学生运用多种策略去进行验证，前提是提供学生自主设计验证思路的机会，让学生能主动运用丰富的学习材料，基于恰当的验证思维支架进行别出心裁的验证。让学生在验证过程中经历独立思考、小组交流和全班汇报的过程，在一步步的验证探究中实现由粗线条猜测到精细化验证，学生的探究思维不断进阶，促进思维产生一次又一次的飞跃！

在核心活动中促进学生概念思维发展①

【痛点故事】

二年级在学习“什么是角”这个内容时，我发现很多孩子对于“角”已经有了初步的认识和理解，课堂上再学习什么是角时就会感觉特别简单。刚一上课，有些学生就开始说：“我们已经知道了！”“太简单啦……”尽管在课堂上我让学生经历从具体到抽象，再由抽象到具体的过程，最终提出角的概念，但多数孩子在课堂上会表现出心不在焉、没有意思的感觉。课后我也问了班内的一些学生，别看他们年纪小，但很会发现问题。小A说：“我不喜欢上这样的课，没什么意思。”小B说：“我不太懂什么是概念，觉得不好理解。”

学数学概念是形成数学知识体系的基石，是进行判断、推理的基础，对发展小学生的思维能力有重要作用。特别是到了中高年级，数学教学中的概念会逐渐增多，但因为数学概念抽象性强、感知性弱，使得学生难以理解和掌握，难以运用概念解决问题，自己在教学过程中也难以把握讲解的度。有什么好方法能够解决这个困惑呢?

【工具链接】

为了解决在概念教学中存在的诸多问题，我想到在概念教学中可以结合核心活动，让学生在活动中体会概念、认识概念、运用概念。核心活动是针对本节课数学知识的核心问题开展的数学活动，通过核心活动的展开，学生自主探究、合作交流，他们的思维就有了聚焦点和主线，思维活动就会体现出连贯性、层次性。我在进行概念教学时既要把握概念本身的基本特性，也要尊重学生的认知规律，注重学生的个性发展和创新意识，运用有效的教学方式促进学生认知、形成、理解和运用概念。

【行动故事】

依据对核心活动和概念学习的理解，我认为在概念教学时可以从以下几方面设计活动。

1. 动手操作，在概念意象中建立概念

不管数学概念是描述式的还是定义式的，对以具体形象思维为主的小学生来说都非常抽象。因此要结合实际引入概念，同时给学生提供丰富的学具进行操作，帮助学生将抽象的问题转化为可理解、可视的问题。

如在二年级上册“分物游戏”的教学中，让学生初步认识和理解“平均分”

---

①案例提供者：高珊。

的意义，能运用图示(连一连、圈一圈、画一画)或语言表述平均分的过程与结果。二年级学生对平均分有一定感性经验，能动手分，但操作时更指向分的结果而忽略分的过程。因此在本课中我设计了“分胡萝卜”这个活动，通过动手操作帮助学生更好地理解“平均分”的含义。

教学过程：

师：来做客的有小兔子们，小熊准备了1篮新鲜的胡萝卜。下面就请你们来帮助小熊分一分，让每只小兔子得到的胡萝卜一样多，能做到吗？

学生看到问题后特别兴奋，都想用自己的方式帮助小熊解决问题。看清活动要求后大家开始用手中的学具分一分。

几分钟后，我找到了学生几种不同的分法，让他们到前面来说一说、讲一讲。

生A：我是一个一个分的，最后每只小兔子分到了4根胡萝卜(见图3-35)。

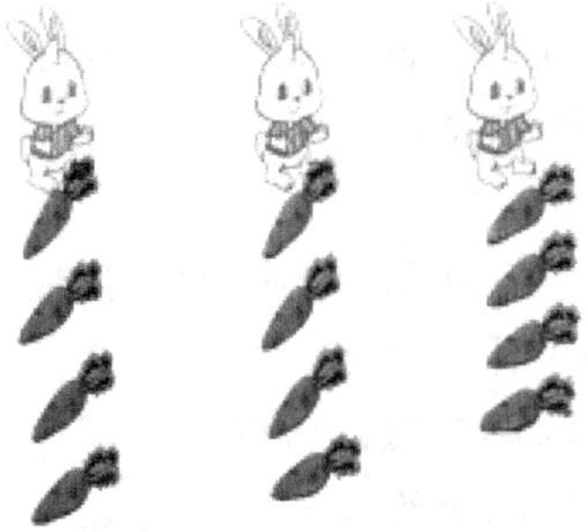

图3-35　A同学的分法

生B：我先给每只小兔子2根胡萝卜，分完后还有，就又给了每只小兔子2根，最后每只小兔子都分到4根(见图3-36)。

图3-36　B同学的分法

生 C：我一次拿出 3 根胡萝卜，依次分给 3 只小兔子，还剩 3 根，又给每只小兔子 1 根(见图 3-37)。

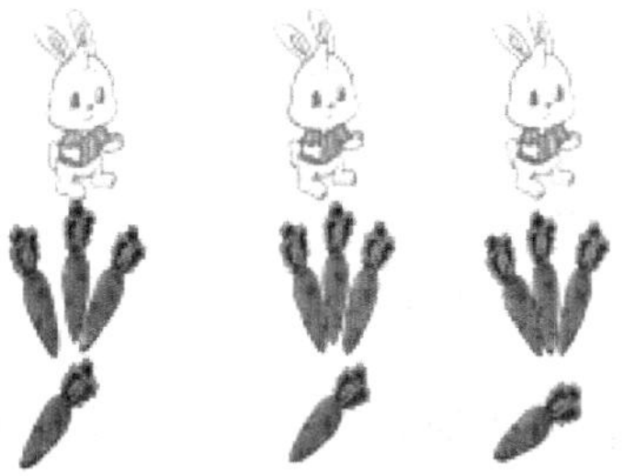

图 3-37　C 同学的分法

(同学们自发给这位同学鼓掌，表示对这种方法的欣赏。)

师：同学们虽然分的次数不一样，有的同学分的次数多，有的同学一次就分完了，但是分完后有没有相同的地方?

学生很快就回答出“分完后每个人都一样多”。

师：我们把这种分物方法叫作“平均分”。

本节课上在总数已知的情况下进行平均分，不同思维层次的学生会采取不同的方法策略，有人能够用乘法口诀尝试较快地分，有人会用口诀一次分完，还有人根据减法一步一步慢慢分。学生在活动中进一步体会平均分物方法的多样性。学习平均分时要求学生在操作活动中除了“摆”以外还进行“圈、画、连”等活动，用图示方法记录分的过程，并在交流中读懂别人的图。

2. 分析比较，在概念辨别中理解概念

对比概念，可以找出概念间的差异；类比概念，可以发现概念间的相同或相似之处。例如，学习“整除”概念时，可以与“除法”中的“除尽”概念进行对比，去比较发现两者的不同点。用对比或类比讲述新概念，一定要突出新、旧概念的差异，明确新概念的内涵，防止旧概念对学习新概念产生的负迁移作用。

在北师大版三年级下册“什么是面积”的教学中，通过前测我们发现学生在学习面积时容易受到周长概念的影响，将两者混淆。为了帮助学生更好地区分周长和面积，在“认识面积”一课中设计了以下活动。

教学过程：

一次洪水过后，埃及人要重新划分土地(见图 3-38)。你能帮这个埃及人挑选一块更大的土地吗?

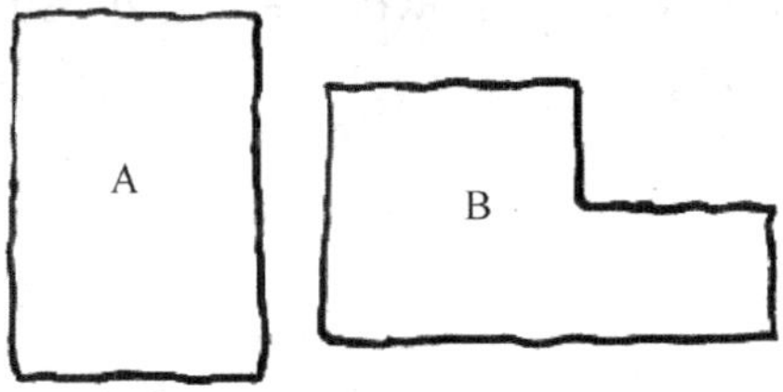

图 3-38　划分土地图示

学生在研究这个问题时，“周长”对于学生认识面积具有“负迁移”作用，因为在一个平面图形中，“边”属于强刺激源，“面”属于弱刺激源，加之长度的学习在先，学生在学习面积时潜意识中会受到周长的影响，认为周长长的图形的面积更大些。因此在度量图形面积时，首先需要“断开”学生用一维的长度来说明面积的大小；其次，建立用面来说明面积大小的过程。

果不其然，在课堂上学生在看到这个问题时的第一反应就是用周长比较两块土地的大小。

生 A：将图形 B 平移后就能变成一个比 A 面积大的长方形，所以选 B。

生 B：我同意他的想法，因为 B 的边界更长些。

听完两个学生的发言，有部分学生在分享交流中发现了周长大，面积不一定就大，特别是利用平移方法时，图形的周长不变，但面积却发生了改变。

生 C：我觉得这个方法不对，平移后图形的周长没有变，但面积变大了。

生 D：可以在图上画一画，能看出平移后面积就多了右上角的一部分。(学生 D 在投影上画出了平移后的图形)

下面的同学恍然大悟，很多开始认为图形 B 面积大的学生纷纷点头同意学生 D 的说法。

就这样在讨论、争论中学生明确：周长是一条线，而面积是一大片。它们是两个不同的概念，即使周长都相同，面积也有可能是不一样的。不能用周长的数量来表示面积的大小。通过设计核心活动，让学生在辨析讨论中逐渐厘清周长和面积概念的不同，加深了对面积概念的理解。

3. 结合生活，在概念抽象中形成模型

数学中有些概念是用发生式定义的，在进行这类概念的教学时可以采用演示活动的直观教具或演示画图说明的方法去揭示事物的发生过程。例如，小数、分数等概念都可以这样引入。这种方法生动直观，体现了运动变化的观点和思想，同时引入的过程又自然地、无可辩驳地阐明了这一概念的客观存在性。

在二年级下册“认识小数”一课中，学生初步认识了小数和小数点，我在课堂上设计了以下环节，通过购物帮助学生建立小数模型，形成丰富的小数认识。

教学过程：

师：我们看到有这么多种文具，我们的好朋友笑笑也来到了文具店，她要买 1 本笔记本，笔记本的价格是 3.15 元。可是她不知道应该付多少钱？你们能帮帮她吗？下面是笑笑带的钱，老师把它们用图片的形式打印出来了。下面请你帮助笑笑付钱，圈出“3.15 元”。

生 1：圈出 3 元 15 角。

生 2：圈出 3 元 1 角 5 分。

生 3：圈出 3 元 15 分。

师(展示第 1 种圈法)：孩子们，我们来一起看看这位同学是怎样圈的，你们同意吗？

生 4：不同意。因为他圈的是 4 元 5 角，超过 4 元了。

师：你觉得 3.15 元大概是多少钱，比几元多，比几元少？

生 1：比 3 元多，比 4 元少。我圈错了。

师：没关系，谢谢你。(展示第 2 种圈法)我们再看另一位同学圈的，你们能读懂他的意思吗？

生 5：他认为小数点前面是“3”，所以圈 3 个一元，小数点后面第一位是 1 角，所以圈 1 个一角，小数点后面第二位是 5 分，所以圈 5 个一分。

师(展示第 3 种圈法)：老师还看到有同学是这么圈的，他圈得对吗？

看到第 3 种圈法，下面的学生议论纷纷，有的觉得对，有的觉得不对。

生 6：我觉得不对，应该圈 1 角和 5 分。

生 7：对，因为 10 分就是 1 角，他圈的也是 3 元 1 角 5 分。

师：感谢大家的交流，那么对于这个价格我们应该付 3 元 1 角 5 分，大家都同意吗？后来，又有三位同学来到文具店，他们分别想买 1 支铅笔、1 把尺子和 1 支钢笔，你们知道他们分别应该付多少钱吗？(找三位同学说)

生 8：买 1 支铅笔应付 0 元 5 角 0 分或 5 角。

生 9：买 1 把尺子应付 1 元 0 角 6 分或 1 元 6 分。

生 10：买 1 支钢笔应付 6 元 6 角 6 分。

师：你们太棒了，看到小数表示的价格都知道应该付多少钱了。那么请你们整体看看这几种文具的价格和应付的钱，有什么发现吗？

生 11：小数点前面是几就是几元，小数点后面第一位是几就是几角，小数点后面第二位是几就是几分。

…………

在这节课中，通过核心活动的设计让学生在丰富的活动中建立小数模型，理解小数的实际意义，形成丰富的小数认知。

【小结反思】

概念对于小学生来说是枯燥乏味的，却是重要的，但鉴于学生的年龄特点，他们很难自觉认识到数学概念的重要性，需要我们积极引领他们，设法使学生学得轻松愉快，学得扎实有效。重视数学概念的感知、建模、运用，让学生体会到数学所散发的无穷魅力，让概念深入学生的心中，从而使数学课彰显科学的魅力。

类比策略助力学生深度思维①

【痛点故事】

数学课上，小如同学坐姿端正，善于倾听，也会用眼神跟我交流，课堂练习完成得一丝不苟，因此，我认为课上讲过的内容她都听懂了。独立完成作业的时候，小如依然很认真，书写速度也比较快，作业整体上工整漂亮。然而，我批改作业的时候却发现小如的出错率比我想象的要高很多。同类型的题目换一个问题情境，她就很容易出错。我给她面批的时候，她仍然十分谦虚好学，我讲的话她也都能听懂，而且很快就把错误改正过来了。她比大多数同学都踏实、努力，可是她的作业中出现的问题反而比其他同学更多。作为她的数学老师，我觉得这个现象需要反思。

其实小如同学是一类同学的代表，他们学习态度端正，课堂表现很好，可是独立完成作业的时候却处处碰壁。为了呵护他们学习的信心，我不断肯定他们付出的努力。同时，为了让他们的付出得到相应的回报，我认真地分析了他们出现的问题。我发现“小如们”在完成与课堂练习高度相似的题目时都能做得又快又好。但是，当题目结构稍有变化，他们的解题过程就会漏洞百出。也就是说，他们缺乏知识迁移的能力，难以将新问题与之前熟悉的问题建立联系。为了切实地帮助“小如们”提升迁移能力，我尝试了多种策略，其中最为有效的是类比策略。

①案例提供者：郭晓丽。

【工具链接】

《高阶思维培养有门道》一书中指出，类比策略是"把新概念、新主题或新想法与熟悉的事物建立联系"。何为"类比"，就是由两个对象的某些相同或相似的性质，推断它们在其他性质上也有可能相同或相似的一种推理形式。结合数学学科特点，我总结了三种类比策略，即概念类比策略、情境类比策略和方法类比策略。概念类比策略指的是发现新概念与原有概念之间的相似性，并依次将二者建立起联系。情境类比策略指的是发现新情境与熟悉情境之间的相似结构，并能在新情境下解决问题。方法类比策略指的是分析新问题与熟悉问题之间的共通之处，然后借用原有方法解决新问题。

【行动故事】

为了帮助"小如们"走出学习困境，我在课堂上尽可能地创造机会，让他们运用类比策略进行学习。在学习角的大小的概念时，我引导"小如们"回顾面积大小的概念是怎么来的。他们回答说面积的大小是用一定大小的小正方形的面积量出来的，量的时候还要注意一个挨着一个，不能重叠也不能留有空隙，最后数出图形中一共摆了多少个小正方形就能得到图形的面积。我紧接着又追问，那你们说说怎么度量一个角的大小呢？"小如们"类比面积大小的概念，很快得出角的大小要用一定大小的小角去度量，量的时候角也要一个挨着一个，不可以重叠或者留有缝隙，最后数出拼了多少个小角。同时，我把概念类比的情况通过列表呈现给他们(见表 3-3)。

表 3-3 概念类比举例

概念	面积的大小	角的大小
用什么量?	用一定大小的小正方形	用一定大小的小角
怎么量?	一个挨着一个，不重不漏	一个挨着一个，不重不漏
如何得到结果?	数出摆的小正方形总数	数出拼的小角的总数

经过这样的类比训练，"小如们"在遇到度量角的大小的问题时，不论是用已知度数的角去度量，还是用未知度数的角去度量，都能看到度量角的大小的本质，从而得出相应角的大小。

在解决应用题的过程中，"小如们"常常换一个新情境就不知所措了。于是我在解决此类问题时，特别注意引导"小如们"将新情境与熟悉的情境进行类比，促使他们发现隐藏在这些情境背后的相似结构，从而启发他们解决问题。比如，当"小如们"遇到下面的问题(以下简称"小柜子问题"，见图 3-

39)时，由于缺乏相关的生活经验，一时难以厘清头绪。

妈妈给淘气订了一套可以自由组合的小柜子，每个小柜子18元，柜门上每张贴画2元，算一算，这套小柜子一共花了多少元？

图 3-39　小柜子问题

但是，对于买衣服的情境“小如们”非常熟悉。于是我编了另外一个问题(以下简称“买衣服问题”)：班里舞蹈小组的 8 位同学要购买服装，上衣 46 元/件，裤子 54 元/条，他们买服装共需要多少元？然后我让他们将这两个情境进行类比，得出表 3-4。

表 3-4　情境类比举例

问题	小柜子问题	买衣服问题
买的数量	6 个	8 套
单价一	小柜子 18 元/个	上衣 46 元/件
单价二	柜门贴画 2 元/张	裤子 54 元/条
总价怎么算？	(18＋2)×6	(46＋54)×8

经过这样的练习，“小如们”不仅解决了小柜子问题，还引申出了其他类似的问题，如购买成套桌椅求总价的问题。

我们常说授人以鱼不如授人以渔，为了让“小如们”真正掌握学习的方法，而不是简单套用公式或结论，我课上尽可能地创造机会让他们去探究。可是探究本身就是一件让“小如们”头疼的事，于是我会给他们搭脚手架引导他们去探究。这个脚手架就是类比，类比以前的探究方法来学习新知识。比如，在学习三位数乘两位数的时候，我先让“小如们”回顾两位数乘两位数的计算方法，然后再通过类比得出三位数乘两位数的计算方法(见表 3-5)。

表 3-5　方法类比举例

方法	两位数乘两位数(35×24)	三位数乘两位数(114×21)
方法一：把一个乘数看成整十数加一位数	35×20＝700 35×4＝140 700＋140＝840	114×20＝2280 114×1＝114 2280＋114＝2394

续表

<table>
<tr><th>方法</th><th>两位数乘两位数(35×24)</th><th>三位数乘两位数(114×21)</th></tr>
<tr><td>方法二：把一个乘数看成两个数的积</td><td>35×4=140
140×6=840</td><td>114×3=342
342×7=2394</td></tr>
<tr><td>方法三：列表</td><td><table><tr><td></td><td>30</td><td>5</td></tr><tr><td>20</td><td>600</td><td>100</td></tr><tr><td>4</td><td>120</td><td>20</td></tr></table>600+100+120+20=840</td><td><table><tr><td></td><td>100</td><td>10</td><td>4</td></tr><tr><td>20</td><td>2000</td><td>200</td><td>80</td></tr><tr><td>1</td><td>100</td><td>10</td><td>4</td></tr></table>2000+200+100+80+10+4=2394</td></tr>
<tr><td>方法四：竖式计算</td><td>35
×24
140 ……35×4=140
70 ……35×20=700
840</td><td>114
× 21
114 ……114×1
228 ……114×20
2394</td></tr>
</table>

经过这样的类比思考，“小如们”不仅学会了计算三位数乘两位数，还能用多种不同的方法进行计算，甚至还能计算四位数乘两位数和更多的乘法计算。

【小结反思】

通过运用类比策略进行学习、探究、解决问题，“小如们”不再把知识作为一个个孤立的点来认识了，而是能够由点到面、举一反三，让学到的知识和方法融会贯通。类比策略的使用也有助于教师进行高效的教学。在类比的基础上，我们可以将概念、情境和方法进行分析归类，从而达到由点到面的辐射作用，大大提高了教学效率。

基于任务驱动的学生想象思维进阶研究①

【痛点故事】

娜娜(化名)是我们班的班长，学习十分认真，特别喜欢语文课，每次课前总是认认真真地将课文预习一遍。今天课前她找到了我，神情非常复杂，有些高兴却又转眼愁眉苦脸，我赶紧询问了她怎么回事。她开心地跟我说：“老师，我太喜欢《我变成了一棵树》这篇课文了，英英的想象太神奇了，她把自己想象成了树，而且还邀请小动物和妈妈做客，真是太有意思了。”我听完

①案例提供者：刘雅茹。

觉得学生能够喜欢这篇童话故事，那这堂课应该会很精彩。正想着，娜娜却停了下来，脸色沉重了起来，我连忙问："你不是很喜欢这篇课文吗，为什么又不开心了呢?"她摇摇头，声音带着些失落地跟我说："老师，英英的想象真奇妙，可是我的想象为什么这么没意思呢？我也把自己想作英英，却只想到自己是一棵树，怎么才可以像英英的想象一样吸引别人的兴趣呢?"学生的话让我陷入深思，正值小学的他们是想象思维发展的关键时期，如何通过教学促进学生想象思维的发展成为我思考的重要问题，也成为我本次教学研究亟待解决的问题。

【工具链接】

"任务驱动"教学法是以学生解决问题、完成任务为目标的现代教学方法，它是把知识再现式学习转变为主动探索式学习，以学生现有能力为基础，以问题探究为主线，以完成任务为引领，以"做中学"为思路，努力实现学生能力和素养提升的新型教学方式。在语文阅读教学中引入"任务驱动"的方法，对于突破高耗低效的语文阅读教学困境、改进传统语文阅读教学方法具有积极意义。

基于"任务驱动"的语文阅读教学过程中，教师把阅读教学内容分解到精心设计的一系列任务中，学生通过完成任务来学习知识、掌握技能。学生在教师的帮助下带着真实任务在探索中学习，通过对学习资源的积极应用进行自主探索和互动协作的学习；教师是任务驱动的组织者和学习方法的指导者。任务驱动语文阅读教学的主要特征表现在：目标明确，导向性强；自主合作，突出主体；强调实践，促进生成。

【行动故事】

为了发展学生的想象思维，我以《我变成了一棵树》为依托，展开任务驱动阅读教学。为了拉近学生与文本之间的距离，创设有效的阅读情境，我通过设置树形图帮助学生将英英变化的样子再现，并且利用 PPT 制作了精美的动画，呈现了小动物和妈妈都来"我"的鸟窝做客，还一起分享好吃的零食的画面。这些画面随着学生的阅读一张张展示出来，学生通过观看将自己也代入到故事中，成为童话故事中的一员。在阅读中，娜娜同学随着这些图片也跟着进入了神奇的想象世界。

在阅读课文了解了故事之后，学生们对于英英的想象赞不绝口，纷纷发出了惊叹声，英英的想象太美了，太神奇了。于是在学生们热情的赞叹声中，我开启了第一个小组任务：抓住生动语句，边读边想，感受想象的有趣。学生在阅读中找到自己喜欢的想象画面，感受想象的有趣，进而为建构自己的想象打好基础。娜娜在小组讨论中畅所欲言，说出了自己的感受。娜娜对于英英变成树后邀请小动物做客的描写非常感兴趣，她指出英英成为一棵树，还想到邀请小动物们做客，这些小动物中有一些是不能上树的，但英英都将它们请到了树上，可以看出英英是一个大胆想象的人。但是仔细想想，英英在生活中一定非常喜欢这些小动物，才能在想象世界里给它们这么新奇的体验，也让自己的想象变得更有意思了。娜娜的回答非常好，她在回答中已经隐隐约约感受到神奇的想象需要在联系生活的基础上进行，通过抓住生动语句，进一步感受了想象的有趣。

为了让学生的想象思维得到进一步发展，在上一个任务的基础上我设置了第二个任务：联系生活，品读小动物的对话，展开合理的想象。学生在上一个环节中对课文中的小动物们对于英英的口水发出各种各样神奇的猜想兴趣非常浓厚，孩子们看着“牛奶打翻了”“虫子撒的尿”“下雨了”的想象发出会心一笑，在这样的氛围中，我们展开第二次小组合作，思考为什么小动物们会把口水认为是雨、牛奶打翻了、虫子撒的尿、大树的眼泪。学生面对这个问题展开了头脑风暴，娜娜提出了质疑，说牛奶打翻了其实不太像一滴滴口水，在小组一起讨论时，大家展开头脑风暴，什么情况下的牛奶打翻了像一滴滴口水？突然，娜娜看着桌上的水杯发出“哎呀”的声音，大家纷纷向她看去，原来娜娜想到了之前不小心把水杯碰倒，水杯里的水顺着桌腿嘀嗒嘀嗒地流了下来，看着多像口水呀！此时娜娜想到“牛奶打翻了”肯定也是顺着桌腿嘀嗒嘀嗒地流了下来。她的同桌联想到自己平时吃早餐的场景，进一步补充：“我还想到了此时的英英一边想象一边肚子咕咕叫呢！”其他同学顺着娜娜小组的回答进一步明确了作者是联系生活展开的合理想象。于是对于“下雨了”，同学们有的说肯定是初春的小雨稀稀拉拉地从天而降；对于“虫子撒的尿”，老家是南方的同学深有感受，连忙分享道：“在南方，一到夏天，知了吱吱叫个不停，偶尔从树下走过会有滴滴答答的水珠，家里的大人说这是知了撒的尿……”在任务结束时，同学们对于英英的想象十分佩服，很多同学表示要向英英学习，平时善于观察和思考，才能写出这么多既符合实际又奇妙的想象。

同学们了解了奇妙的想象，感受了神奇的想象，大家都跃跃欲试，想创编属于自己的想象世界，因此第三个任务随之而来：迁移方法，借助自己的合理想象，准确表达。我顺势提出：如果你也可以变，你想变成什么？你的故事里会有谁？会发生哪些奇妙的想象？自己构思完之后，在和小组成员的相互沟通中，同学们的一个个神奇的想象应运而生。娜娜同学展示了她的想象故事。

放学铃声响了，我背着书包欢快地走在回家的路上，想着今天亲爱的老爸会给我准备什么好吃的呢？路过操场看到那里有一些孤独的身影，原来是住宿舍的同学们。我想到他们此时肯定也想爸爸妈妈，想家里美味的饭菜和可爱活泼的弟弟妹妹。于是我的脚步越来越快，跑着跑着，突然我发现自己的双脚变成了粗壮的树根，双臂变成了长满绿叶的树干，就这样迈着大大的步子向同学们跑去。我气喘吁吁地来到同学们的面前，舞动树叶为他们送来一阵清凉。他们在我的树下休息。午休结束后，我摇起了手臂，树枝摆动，和他们玩起了跳长绳的游戏。树下一阵欢声笑语，而我则微微颤动树叶，用微风拂去他们头上亮晶晶的汗水。夜幕降临，我努力地伸展树干，身上长出一幢幢漂亮的小房子，他们推开门惊喜地发现爸爸妈妈和弟弟妹妹在餐桌上等他们吃饭呢！就这样夜幕在欢声笑语中慢慢降临，我也有些困了，突然有人拍了拍我的脑袋，我定睛一看，原来是爸爸。爸爸说："在校门口发什么呆？我做好了你最爱吃的糖醋排骨，快回家吃饭吧。"哦，原来这是我的一场白日梦啊！多希望这个美梦成真。

在娜娜同学读完自己的想象故事后，教室里发出一阵阵掌声，住宿舍的一位同学站起来说："娜娜，谢谢你的想象，让我们体会到了回家的快乐，随着你的想象，我仿佛也来到了这个神奇的想象世界，你的想象太神奇了。"娜娜听完也开心地笑了。

下课了，娜娜又一次找到了我，她说从今天的课堂中不仅感受到了想象的奇妙，也学会了创造自己奇妙的想象世界。她的话让我欣慰不已。任务驱动教学在促进学生想象思维进阶方面的确取得了预期的效果，学生们在小组合作的任务中相互合作、联系生活、大胆想象，创造了美丽的想象世界，自己的想象思维也有了进一步的提升。

【小结反思】

任务驱动为阅读教学拓开了一条新路：它让学生在完成任务或解决问题的过程中，在自主和合作的环境中，在讨论和对话的氛围中进行学习；它让学生知晓自己的学习指向，避免做语文学习的"迷茫者"；它让学生在学习中有所作为，避免做语文学习的"失败者"；它让学生勇于展示自我，避免做语文学习的"旁观者"。因此，在阅读教学时，我们应该以文本为依托，开发多层次的任务，让学生在任务驱动下促进思维能力的进阶和语文素养的提升。

特色课间操，以挑战者的精神拼搏创新①

【痛点故事】

“季老师，季老师，我们什么时候才能不上课间操啊?”小王同学满脸忧愁地对我说，从他的表情和话语中，我仿佛看到了“世纪末日”就要出现在课间操中。

我笑着问小王同学：“你不喜欢课间操？那你喜欢体育课吗?”

下一秒，他满脸笑容：“我当然喜欢体育课了，每节课都有不同的活动内容，我每节课前都十分期待。”

这个时候，我陷入了沉思，学生为什么对课间操和体育课的态度有如此大的反差呢？我百思不得其解。我决定换位思考，“我”是小王同学，“我”为什么不喜欢课间操呢？很有可能是课间操一直是做操，如果是“我”也会感到无聊。因此，我需要考虑怎么吸引学生？对，应该创新、不断地开拓新的集体活动形式，既不违反教育规定，又能推陈出新。

【工具链接】

上好体育课和课间操的目的是什么？最终都是为了强健体魄。在 2018 年 9 月 10 日召开的全国教育大会上习近平总书记强调：“要树立健康第一的教育理念，开足开齐体育课，帮助学生在体育锻炼中‘享受乐趣、增强体质、健全人格、锤炼意志’。”这 16 个字让我陷入沉思，我们的运动宗旨是“高高兴兴一身汗、宜动易乐益健康”。而当下的问题在于，我没有真正换位思考，设身处地全面考虑。

【行动故事】

我开始细化这项工作，以体育课堂教学的构思为基础，以点成线、以线带面。首先把学生在校的 5 天“拆分”成 5 份：第一天升旗仪式，第二天课间操多种形式跑步，第三天篮球操，第四天排球操，第五天足球操。我拆分这 5 天的目的就是想对应以体育人的理念，通过丰富的课间操内容，来激发学生的参与热情；全部以集体的形式组织，潜移默化地培养学生重视团队合作重要性的思想。本学期已经开展两项，由易到难。

先从多种形式跑步开始，每周二是跑步日，有每班两路纵队的折返跑，有每班四路纵队的绕圈跑；后期一点点地配上音乐，跟着音乐节奏放松跑，

①案例提供者：季烨。

消除疲劳。随着学生体力的增强，我们的多种形式跑步融合了“疯狂背古诗”活动，学生边跑边背，强健体魄的同时融合了学科共习。

每周第二个锻炼日是周三的篮球日。以前听过一个心理专家讲座，集中学生注意力最好的方法就是运动，因为运动能够让学生呐喊、宣泄，从而释放压力。最基础的运动就是拍篮球。我依托这一指导思想，创编了一套篮球操，这套 7 分钟的篮球操，内容包括了个人原地运球、个人移动运球、个人转身运球、双人换位运球、小组配合运球等，全程搭配动感篮球音乐；下一阶段的改良和深化把音乐替换成三字经，运球结合三字经，让学生在锻炼的同时提高文学素养。本套篮球操活动日恰巧是本学期家长开放日，学生们在全体家长面前展示，家长们自发地频频鼓掌，学生们脸上洋溢着自信、自豪的笑容。

每周第四个、第五个锻炼日是排球和足球。这三大球都是小学生必备的技能，学习篮球、排球、足球的顺序是因为手的控制力远比脚要灵活，所以从篮球入门，排球细化，足球深化。

【小结反思】

我通过学生们课间操的肢体语言、教师们的实际参与率、师生们的“点赞”，我认为这次的创新是正确的，进一步让我坚信了“以挑战者的精神拼搏创新”并不是一句口号，而是真正可以“落地”的，是可以为教师们排忧解难的，是可以为学生“滋润根本”的强健体魄的。我们体育工作者不能继续循规蹈矩，也要走在创新的前沿。

通过跑步和篮球操，也为我下一阶段开展排球操和足球操积累了经验，怎样更快地把一套动作编排成熟是我需要思考的，又不给学生留“家庭作业”。我决定下一阶段的创新练习从每一节体育课开始，课上的热身活动就开始结合各种特色课间操活动，既达到了练习分解动作的目的，又实现了热身的效果。

阶梯式学习任务群，让思维“水涨船高”①

【痛点故事】

还记得课堂上我每次提到“针对这篇课文，你想怎么学”“这次习作，你打算怎么写，从哪些角度去构思”这样的问题，教室里都会异常安静，放眼望去，学生都低着头，恨不得扎进桌斗里，那场面使我一度陷入尴尬。

①案例提供者：孟学文。

为了打破这尴尬的局面，我给学生拓展了更丰富的知识，希望通过这种“有备而来”的博学吸引他们的眼球。可往往事与愿违。我迷惘了，一些问题一直在脑子里萦绕：什么样的教学方式能调动学生的主动性，使他们对这些更有思维深度的学习感兴趣呢？在语文学习过程中，如何通过知识、内容、方法的掌握和运用去促进学生思维的发展呢？

【工具链接】

大量的文献阅读让我有了灵感。众所周知，思维发展是指学生认知发展的过程。布鲁姆等人提出了认知领域的教育目标从低到高可分为六个层次(见图 3-40)：记忆、理解、应用、分析、评价、创新。这六个目标就是学生思维发展的六个层级。其中，记忆、理解、应用属于认知中的低阶思维发展，分析、评价、创新属于高阶思维发展。

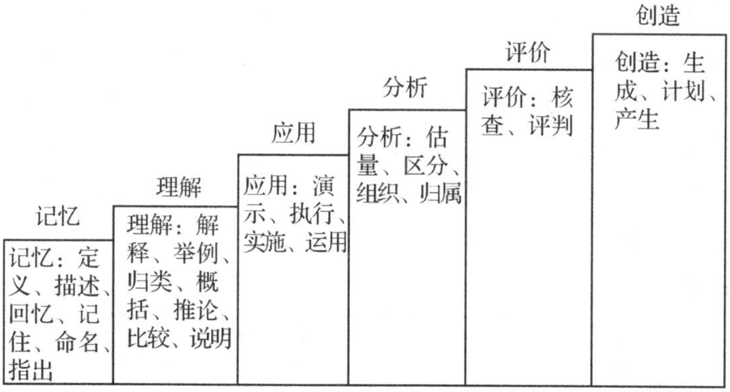

图 3-40　布鲁姆目标分类认知过程的六个层级

学习任务群是在建构主义理论指导下的一种语文实践活动。我发现以学生为中心，遵循学生的认知和学习规律，整合学习情境、学习内容、学习方法和学习资源去构建由易到难的多个学习任务，就可以组成阶梯式的学习任务群。因为“群”中学习任务都指向了学生的思维生长，所以，我们可以通过阶梯式学习任务群来发展学生思维，促进学生成长。抱着试一试的想法，我开始了研究实践。

【行动故事】

那天，我们开启了统编教材六年级上册第八单元“走近鲁迅”单元的学习。

鲁迅离现在的学生的生活比较远，学生阅读鲁迅的文章还是有一定难度的，怎么才能让学生爱学呢？我决定构建阶梯式学习任务群，以读促写。基于对学生的学前调研，我开始了自己的“宏伟”计划。

铃声打破了课间的喧闹，我信心满满地走进了教室。“同学们，这节课我们开始进入第八单元的学习。你们想怎么学习这个单元呢？给老师提提建议！”

学生们面面相觑，不知道老师要出什么“鬼主意”。

昕宸第一个站了起来：“老师，这一单元能不能让我们多做些事？”我微笑地点点头：“可以！”“我觉得鲁迅离我们的生活太远了，怎么能让大家爱读这些文章，老师你还真得考虑考虑！”毛毛试探的眼神中带着几分窃喜。“没问题，谢谢毛毛的建议！”我故作镇定地向毛毛竖起了大拇指。学生们见我这么爽快就答应了，也一时来了兴趣。“我对这个单元的习作很感兴趣，可还是不知道怎么写，您可以教我们些小妙招！”……教室里沸腾了，参与讨论的学生也越来越多，我边听边记，不仅记在本上，更记在了心里。这是一群多么善于思考的孩子呀！自己教学方式的小小改变却换来了学生们精彩的表达。

结合学生的建议，经过几个夜晚的奋笔疾书，我整合单元学习内容，决定开展一次实践活动，这次学习的成果就是每人要制作一份《有你，真好》真情手册。活动中共设置了“习作前置，初探《有你，真好》”“读写结合，‘试水’《有你，真好》”“赏评修改，完善《有你，真好》”三个阶梯式学习任务。有了这个“法宝”，在接下来的两周里，我和学生们热火朝天地行动起来，我们都憧憬着美好的前景。

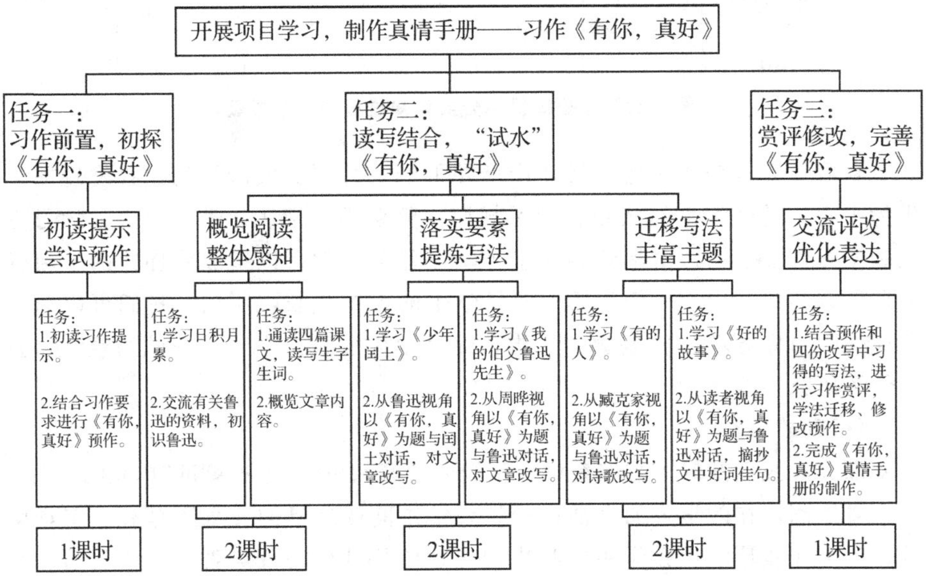

图 3-41　统编教材六年级上册第八单元教学思路

在完成任务的过程中，学生们的学习热情异常高涨。“这次的语文学习真有意思，和我们以前的学习不同。”“是呀！但是这样的学习我们得更认真啦，小组内每次的头脑风暴搞得我头晕脑涨，可我又特别喜欢，欲罢不能，真是奇怪！真希望下次的学习，老师还能让我们这样！”听着孩子们的交流，我是多么高兴呀，真心为学生爱上语文学习感到幸福！

还记得在完成第一个任务时，教室里异常安静，学生们认真阅读着习作提示中的每一个字，生怕漏掉哪个信息。教室里只听见学生落笔时的“唰唰”声；不曾忘记在进行“读写结合，‘试水’《有你，真好》”这个任务时，学生们转换不同角色，以“有你，真好”为题目对四篇文章进行了改写。

…………

终于，在一个明媚的早晨，学生们带着自己的预作和四份改写来到了课堂，期待着完成最后一项学习任务。

“同学们，前一段时间我们完成了预作和课文改写，请大家对照着原文细细品读你们的作品。想一想，完成这两项任务对你写好此次作文有什么启示吗？”抛出这样一个问题，我是有些担心的，好不容易调动起来的学习热情会不会因为自己的“单刀直入”给“浇灭”了？

子毅迫不及待地站了起来：“我发现，我们的改写也可以像《我的伯父鲁迅先生》那样，在文章的开头仿照课文的写法，以吊唁伯父的场景描写，然后再叙述‘我’和伯父之间的事，这样就突出了对鲁迅先生的尊敬与怀念。”

“我的收获和子毅不一样。我对原文的场景‘闰土雪地捕鸟’‘海边拾贝’进行了改写，通过这两个场景来写闰土，突出鲁迅对少年闰土的羡慕，对自由生活的向往。”明轩也大胆表达了自己的看法。

听着他们精彩的发言，望着那一张张求知的笑脸，我的心也渐渐跟着“沸腾”起来：真好呀！没有老师的迁代，学生更加主动地思考，这样的课堂不就是我一直所追求的吗？

我赶紧鼓励学生：“这两位同学非常厉害，从思维角度展开，关注到了原文中通过场景、事例来写人和表达情感的写法，还把这种写法迁移到了自己的改写中。”

“老师，我还有补充，”瑞妮打断了要侃侃而谈的我，举起了手，“《我的伯父鲁迅先生》对鲁迅先生的描写特别生动，我在改写这个场景时加入了人物的语言、神态、动作等细节，这样使场景更具有画面感。”

这个小姑娘虽然打断了我的话，可此时我却前所未有地高兴：“好呀！妙哉！”从学生们的发言中，我看到了希望……

重头戏终于来了，“那么，如果让你重新创作《有你，真好》这篇习作，你如何通过场景、具体事例写人，表达情感呢?”

教室里安静极了，和当初一样，可不一样的是，学生们不再把头埋进桌斗，取而代之的是那一双双充满自信的眼睛。我坚信孩子们心中的那些疑团在慢慢散开。

伴随着三个学习任务的完成，《有你，真好》真情手册也制作完成了。活动结束了，可留给我的思考却从未停止……

【小结反思】

从学生的作品中能够感觉到这种情境化浸入式的学习，学生更乐于接受，更能发挥学生的主动性。我随机选择一位学生手册里的六份作业进行了评估，学生预作理解—写法运用—再次创作的过程体现了思维发展的进阶，学生们完成阶梯式学习任务的过程促进了其思维的发展。

这次实践给了我很大启发，仔细想来，其实这种基于问题的学习任务群设计不仅适用于语文学科，还可以体现跨学科、跨领域的融合。今后，我们会乐此不疲，继续探索!

利用逆向设计，追求深度理解①

【痛点故事】

通过前科学概念测查，我发现三年级学生的认知具有横断性。学生会先于教学获得前科学概念，但是，这些科学认识不是系统化地建构到学生头脑中的，而是呈孤立点或碎片式直接植入的。例如，虽然学生知道物体的影子有时长、有时短，但是他们并不清楚一天中阳光下物体的影子是何时长、何时短。虽然学生能说出影子是在背光的一侧，但是他们很少有人能说出影子是如何随着太阳移动而变化的。因此，这节课的有效教学应追求学生对科学概念的深度理解，达成学生可以对“影子变化的规律”“阳光下物体影子的变化是怎么产生的?”进行科学解释的目标。

【工具链接】

UbD(Understanding by Design)教学设计模式推崇逆向设计理念，主张教学设计应先确定预期的学习结果，再依据结果设置合理的评估方式，用于考核学生是否已真正获得理解，最后再综合考虑学习结果和评估方式来规划相关的教学活动。UbD模式强调教学要促进学生的深层次理解，把教学设计

①案例提供者：贾宇琪。

分为确定预期学习结果、确定合适的评估证据、设计学习体验和教学三个阶段。

【行动故事】

根据UbD教学设计模式“以终为始”的思路，设计“影子的秘密”一课。

环节一：

评价目标：学生能够列举影子形成三要素——光源、遮挡物、屏在生活中的实例，学生能够制造影子。

教学方法外化：播放有趣的影子剧视频，提问“能够做这样的游戏、这样有趣的活动，你们觉得需要哪些重要的条件?”并出示实验材料，让学生利用它们产生影子。

思维过程外化：学生举例说出“灯、太阳、手电筒、人、各种不透明的物体、地面、墙面、纸、幕布……”

评价目标：学生能够描述影子形成过程。

教学方法外化：请思考这些材料在影子产生过程中都分别起了什么作用，并让学生说一说影子形成具体过程。

思维过程外化如图3-42所示：

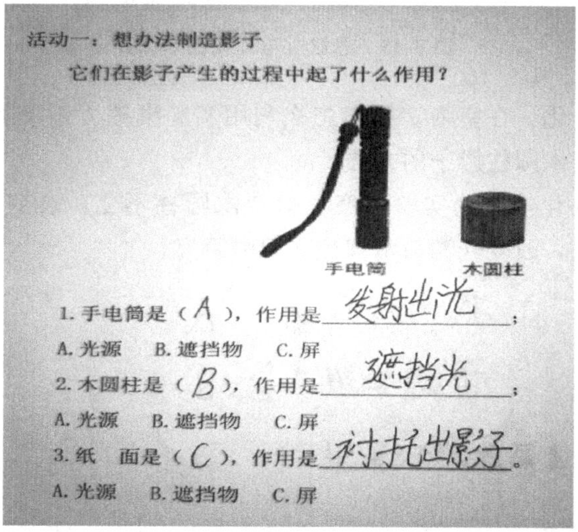

图3-42　思维过程外化图示(1)

学生回答：“光源发出光，光照射到屏上。遮挡物挡住了一部分的光，这时光照不到的地方就是暗的，就形成了影子。”

环节二：

评价目标：学生能够推测影子产生变化的原因，根据猜想设计控制变量实验方案。

教学方法外化：出示上节课的观察记录并提问——观察上节课我们的记录单，你有什么新发现？

思维过程外化：学生回答——发现 8 点半的影子和 11 点半的影子长短不同、方向也不同。并推测这种变化可能与太阳的位置有关。

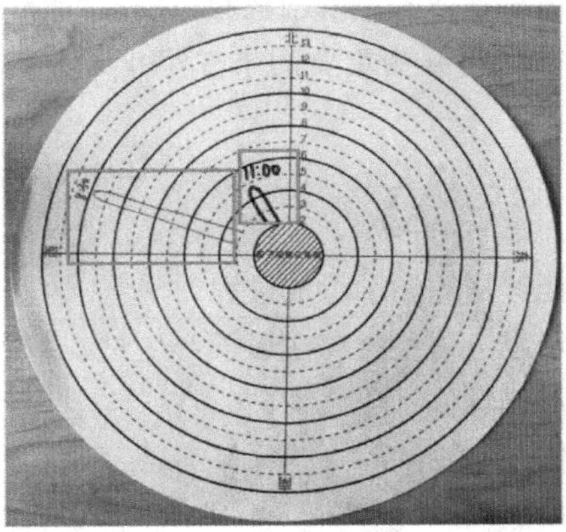

图 3-43　思维过程外化图示(2)

教学方法外化：在室内，我们怎么利用实验模拟太阳下物体影子的变化呢？想一想改变木圆柱影子的方法。

思维过程外化：讨论实验方案，保持木圆柱不变，改变光源照射角度；保持木圆柱不变，改变光源与木圆柱之间的距离。

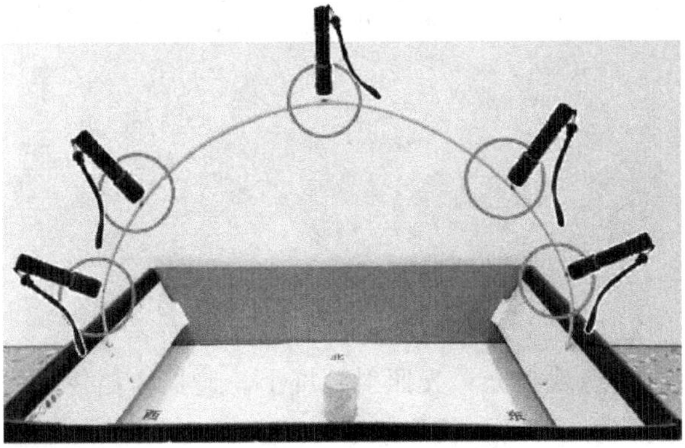

图 3-44　思维过程外化图示(3)

环节三：

评价目标：学生能够实事求是地根据记录单交流汇报。

教学过程外化：我向学生提出任务，小组合作完成模拟实验，每改变一次角度或者距离就用画图的方式记录下来影子，并完成学习单。

思维过程外化：

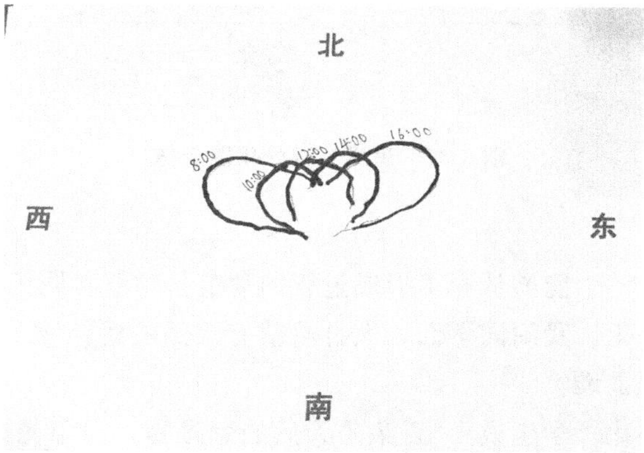

图 3-45　思维过程外化图示(4)

学生按照"我们组是怎么改变影子的？观察到了什么？木圆柱的影子发生了什么变化？"这样的方式进行汇报，汇报结束后我追问学生："根据模拟实验结果，请你们推测太阳的位置与影子的变化有什么关系？"

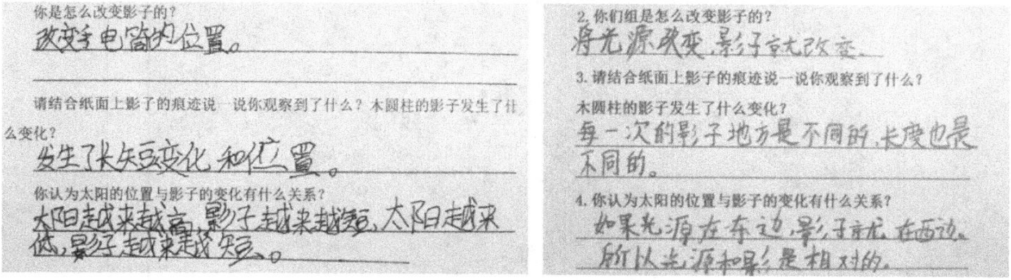

你是怎么改变影子的？

改变手电筒的位置。

请结合纸面上影子的痕迹说一说你观察到了什么？木圆柱的影子发生了什么变化？

发生了长短变化和位置。

你认为太阳的位置与影子的变化有什么关系？

太阳越来越高，影子越来越短，太阳越来低，影子越来越短。

2. 你们组是怎么改变影子的？

将光源改变，影子就改变。

3. 请结合纸面上影子的痕迹说一说你观察到了什么？

木圆柱的影子发生了什么变化？

每一次的影子地方是不同的，长度也是不同的。

4. 你认为太阳的位置与影子的变化有什么关系？

如果光源在东边，影子就在西边。所以光源和影是相对的。

图 3-46　学生答题图示(1)

环节四：

评价目标：学生能够在光源保持不动的情况下，在手影游戏、画侧影的游戏中寻找到更多改变影子的方法。

教学方法外化：鼓励学生在小组合作寻找更多改变影子的方法。

思维过程外化：

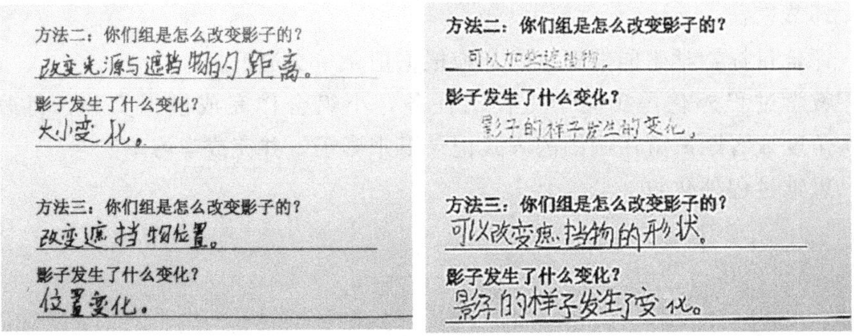

图 3-47　思维过程外化图示(5)

环节五：

评价目标：学生能够从影子形成过程的角度科学解释阴天或者多云气象。

教学方法外化：我问同学们，大自然就有天然的遮挡物、天然的接收屏，大家猜一猜它们是谁？

思维过程外化：学生说出“云朵是天然的遮光物，当阳光撒下的时候，会在天然的接收屏(大地)上形成影子”。

【小结反思】

1. 三年级学生形成控制变量意识有一定困难，需要在“让影子发生变化”实验设计中多讨论、多引导。

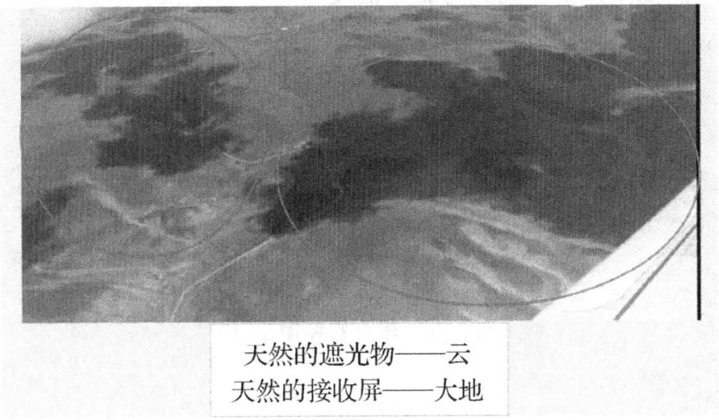

图 3-48　学生答题图示(2)

2. 学生会把影子原理与光的反射原理混淆，在前概念转变时要强化对光沿直线传播的认识。

奔跑，发展跑和跳的能力①

【痛点故事】

学生观看跨栏比赛视频时，都跃跃欲试。为了能更好地尝试，我为学生准备了海绵包、标志盘、锥桶、30厘米栏架、50厘米栏。学生可以自选障碍进行尝试，但是要连续通过至少3个障碍才算成功。跨栏比赛要通过10个栏架。在尝试的过程中出现了一些问题。

"老师，能不能把这个栏架降低，我害怕跨不过去。"

"老师，能不能把这个栏架再增高点儿，太矮了没有意思。"

"老师，我个子高能不能把栏架之间的距离加大点儿，我两步半就能跨过去。"

"老师，我个子矮能不能把栏架的距离缩短。"

"老师，这个练习，我还想多做几次。"

学生因为奔跑能力的不同，面对跨栏产生了不同的学习需要。运动能力强的学生希望挑战更高难度的；运动能力中等的希望能多巩固已掌握的技术；运动能力较弱的还需要克服心理障碍。如果说体育学科中，基本运动技能的掌握是思维初级阶段，那么专项运动能力就是思维进阶的表现。如何在一节课中满足不同运动能力的学生的需要，我陷入了思考。

【工具链接】

美国教育学家布鲁姆将学习思维划分为低阶思维与高阶思维。体育具有身体练习和思维活动紧密结合的特征。思维参与是学生进行学习的必要前提，在体育教学过程中二者全程融合，从直观到抽象，再到实践，循环往复，最终形成思维的进阶。不断变化的练习内容、练习难度是学生思维进阶的有效手段。

《义务教育体育与健康课程标准(2022年版)》要求，三年级学生进入专项运动技能的学习阶段，并进行"学、练、赛"一体化教学。如果单元设计中以田径类运动中的50米跑、接力跑、障碍跑和急行跳远作为主要单元内容，那么单元教学中要以跑、跨、跳为动作发展的主线。创设葵园运动会的情景，跑—跨—投的田径三项赛，使用器材中圆盘、锥桶、小栏架的高度作为栏高，让学生体会跨越的动作，通过田径比赛的赛制——预赛、复赛、决赛的方式吸引学生积极参与练习。将障碍跑创设成参加跨栏比赛的场景。在栏间确定

①案例提供者：李川。

步数，用海绵包辅助练习，在固定步数、步幅的情况下，完成跨栏动作。

【行动故事】

我在田径项目——跨栏的单元教学中，根据学生运动能力进行分组，采用多层次、多难度的小组练习形式，设计了如下教学思路。

1. 利用比赛通关的环节，提高学生参与活动的兴趣。

2. 在练习中两人一组，安排2项练习，同时开始，采用循环练习的方法，增加练习密度。

3. 使用海绵包进行“1、2、3、跨”的节奏练习，帮助学生控制跑动时的步长，建立动作的肌肉记忆。

4. 学生跨不同高度的“栏”，体会完成“跨”时，腿要高抬，重心前移。

5. 不同的赛制，培养学生挑战自我，为集体荣誉努力拼搏的集体荣誉感。

在尝试连续“跨”动作时，练习如下。

(1)跑动跨圆盘＋原地跑动跨锥桶：

小组循环练习，在小组内再进行练习内容的分组。2名同学跑动跨圆盘，2名同学进行原地跑动跨锥桶，按顺序进行轮换。进行跨圆盘的练习时，学生可以根据自己的步长，调整海绵包的位置，在跑动中体会跨栏时的节奏“1、2、3、跨”。锥桶的摆放距离不要太远，两脚的距离，在3步之内调整好动作，连续跨过锥桶。

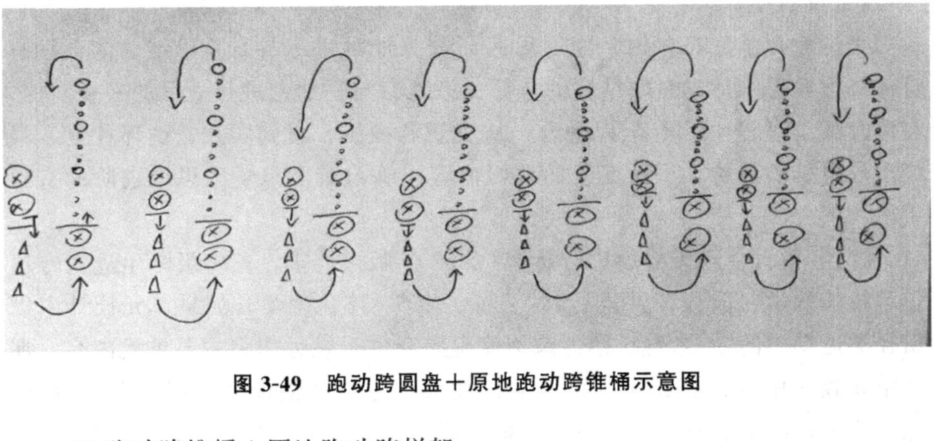

图3-49　跑动跨圆盘＋原地跑动跨锥桶示意图

(2)跑动跨锥桶＋原地跑动跨栏架：

通过更换障碍物，增加练习的难度。学生在练习的过程中思考，“跨”的动作如何完成才能顺利通过。学生之间相互提示动作的要点，“抬腿前伸、重心平稳”，注意节奏“1、2、3、跨”。在练习中，找到适合自己的步幅。

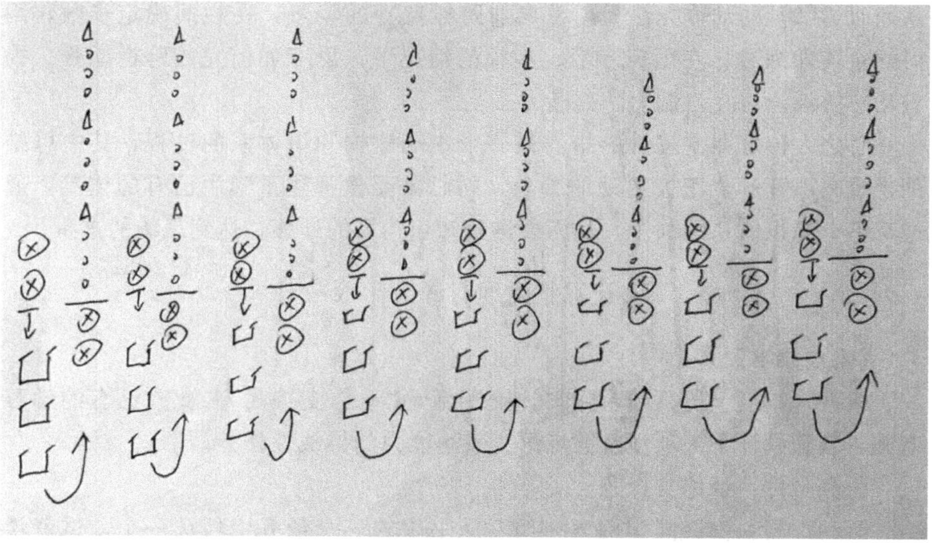

图 3-50　跑动跨锥桶十原地跑动跨栏架示意图

(3)挑战跑动跨栏：

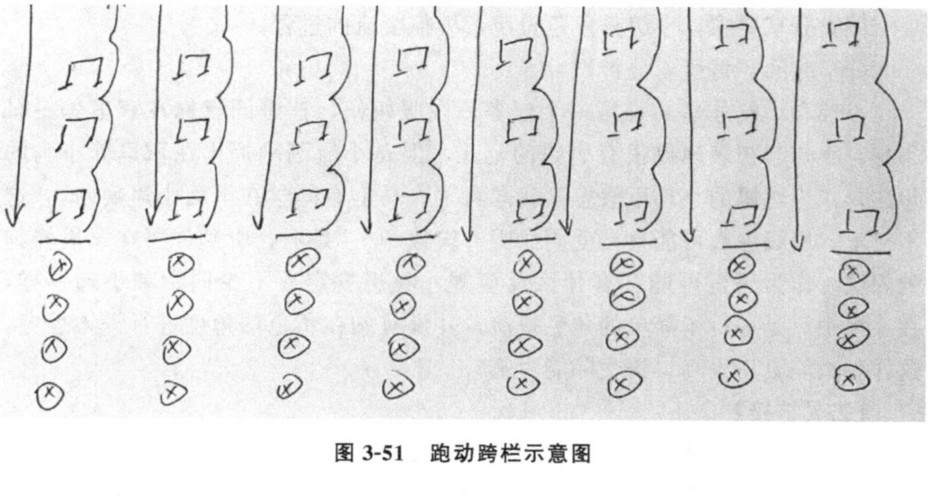

图 3-51　跑动跨栏示意图

学生经过尝试、挑战，完成。

【小结反思】

体育课中，学生思维的发展不是直线的，而是螺旋式上升的过程。通过观看跨栏比赛视频，模仿跨栏的动作，学生的思维得以建构。学习过程中，用圆盘、锥桶、小栏架等器材的不同高度作为栏高，学生体会不同高度跨越，从而改善“跨”的动作方法。创设参加跨栏比赛的场景。在栏间确定步数，用海绵包辅助练习，在固定步数、步幅的情况下，思考如何完成跨栏动作，提升动作协调能力、自制力、判断力。

总之，体育课堂思维的培养是一个主动建构知识体系的过程，其中思维的生成离不开学生积极主动的参与，同时需要教师注重学生已有的体验，通过对已有知识体系的加工，从而促进新知识体系的迁移，达到思维的进阶。

让思维发展有源头活水①

【痛点故事】

根据六年级上册第四单元口语交际活动“请你支持我”和此前已有的学习基础，教师设计了一项涉及锻炼语言表达能力的挑战性任务。

任务名称：请你支持我

活动计划：班级同学两人一组，从书中的三个任务中任选一个，试着说服别人支持你。

要求：说明想法，讲清要求，设想对方可能的反应，然后进行恰当的应对。

课堂分享要求：小组分角色扮演，模拟交流的过程。

分享时间：每组 4 分钟。

小玮和小航分享的是第一个任务：说服妈妈，让她同意你在家里养一只小狗。小玮起初表现得很有妈妈的范儿，但是小航刚刚提出在家里养小狗的想法，作为妈妈的小玮不假思索就同意了。马上有同学在下面小声嘀咕：“这不对吧，妈妈怎么可能直接就同意呢？应该……”是啊，听到你要在家里养狗的想法，作为妈妈可能会有什么反应呢？我想肯定有不少同学和小玮一样，在小组中只是进行了简单的角色扮演，并没有站在角色的角度进行深入思考，这样怎么能真正提高口语交际能力呢？

【工具链接】

任务驱动教学法是一种建立在建构主义学习理论基础上的教学法，它将以往以传授知识为主的传统教学理念转变为以解决问题、完成任务为主的多维互动式的教学理念；将再现式教学转变为探究式学习，使学生处于积极的学习状态，每一位学生都能根据自己对当前问题的理解，运用共有的知识和自己特有的经验提出方案、解决问题。

---

①案例提供者：刘丽娜。

设计有挑战性的学习任务可以打破传统教学的限制，把学习变成一种有意义的实践活动，学生将过去的知识、经验、能力在活动中汇集成新的信息，促进知识能力向纵深发展，也促进自己的思维层级向更高水平发展。

【行动故事】

为了促进学生深入思考，教师为学生搭设了学习支架(见表 3-6)。

表 3-6　学习支架

说明想法	讲清理由	设想反应	恰当应对

小玮和小航进行了如下思考(见表 3-7)。

表 3-7　学生思考内容

说明想法	讲清理由	设想反应	恰当应对
说服妈妈，让她同意你在家里养一只小狗	多一个伙伴，带来欢乐 增强责任心 提高管理时间的能力 提高学习效率	担心咬伤 掉毛不易清理 遛狗耽误学习	避免兴奋 专业打理工具

当学生再次分享的时候，不仅能够说明想法、讲清理由，而且还能设想对方的反应，并且进行恰当应对了。下面的同学纷纷对他们报以热烈的掌声。分享完三个任务后，教师进一步引导学生思考：面对“妈妈、同学、校长”等不同的人，解决不同的问题，需要特别注意些什么？有的同学说：“要礼貌诚恳地说明来意。对象身份不同，我们在交流时的态度和情绪也要有所变化。”有的同学认为：“要把自己的设想讲清楚，尤其是做这件事情的目的，以及能带来的好处。”还有的同学提出：“要设想对方可能的担心，想办法打消对方的疑虑。”学生在独立完成具有一定挑战性的学习任务时，受制于经验、能力等，或多或少地会遇到自己无法解决的问题，这就需要师生、生生合作，共同构建解决方案。

【小结反思】

设计有挑战性的学习任务建议包含以下几点；

(1)教师应明确分析学生需要学习的内容主题，并根据内容主题设计相应任务。

(2)在任务中应蕴含学生要学习的基本概念、原理和方法。教师要明确所教知识的内容主题，并设计需要运用这些知识来解决的任务。教师设计任务的过程，实际上是将知识从理论转化到实际运用的过程，而学生则通过任务的解决来提炼任务中蕴含的知识。

(3)任务和学生之间要保持适当的张力。设计的任务蕴含的核心知识应是学生未学习过的，这样的任务才具有挑战性。但学生具有一些相关的知识基础，所以任务的设计既要考虑到学生现有的知识、经验和能力，同时又要在一定程度上高出他们现有的水平，即任务和学生之间要保持适当的张力。

面对有挑战性的教学任务，学生要不断激活原有的知识经验，同时对当前的任务做出分析和概括、综合和检验，学生的思维处于高水平活动中，从而促进高阶思维的发展。

“小校长修操场”，从具体走向抽象①

【痛点故事】

“工程问题”是分数实际问题的引申与补充，是培养学生抽象逻辑思维能力的重要工具。小学课标中的一个重要内容是培养学生由具体思维向抽象思维的转化和提升。学生已经形成利用整数实际问题的解题思路解决问题的能力，但用抽象的“率”解决问题还没有接触过，对于学生来说是个难点，是思维的质的飞跃，需要教师精心为学生的思维发展搭建支架。教学中，学生果然遇到了难题：我利用两个工程队竞标修操场的跑道的具体情境引出了“合作完成”这个大前提，随即让学生猜想两队合作可能需要的时间。学生根据自己的经验猜出了不同的结果，我不失时机地把“动笔算一下，验证你的猜想”这个任务交给了学生，却发现大部分学生拿起笔面面相觑，茫然不知所措。显然所给的条件中没有工作总量，也没有办法间接地找到这一条件，是学生们解决这个问题遇到的鸿沟，而任务驱动为学生们逾越鸿沟搭建了桥梁。

【工具链接】

任务驱动是指在学习的过程中，学生在教师的帮助下紧紧围绕一个共同的任务活动中心，在强烈的问题动机的驱动下，通过对学习资源的积极主动应用，进行自主探索和互动协作的学习，并在完成既定任务的同时引导学生产生一种学习实践活动。任务驱动是以建构主义教学理论为基础的教学方式，是促进学生思维进阶的有效工具。

①案例提供者：魏华。

【行动故事】

根据学生已有的知识经验和思维水平，我布置了第一个学习任务：假如你就是这所学校的校长，你打算修多长的跑道，你说了算。学生们纷纷按照自己的意愿设数计算。

发现问题，提出质疑是问题解决的核心，归纳与概括能力是学生成长中急需而重要的能力。

学生自主设数计算后，我在黑板上记下了多个“小校长”们的预算结果。不同的跑道长度、不同的算式、相同的结果展现在孩子们面前。“咦?”班里出现了一片疑问声。我知道我的下一个任务不请自来了！“怎么了，有什么发现?”学生喊起来：“跑道的长度不一样，怎么都是 6 天修完啊?”

“对呀，是什么原因导致结果都一样呢?”我顺水推舟把问题抛了回去，布置了第二个任务。

“甲队、乙队单独修的天数没变。”“对。”“没错。”……教室里出现了响应的高潮。“再想想。”我没有急于判断。学生们小组讨论了起来。我走到学生们中间，听到了学生们还停留在刚才的答案中。我心中的秒针又一次“咔、咔”地响起。“等等，等等。”我告诫自己。转了大半圈，经过适时的点拨，终于惊喜地听到有的组的学生分析到了“甲队的工作总量和效率之间的 10 倍关系没变”，有的组学生理解到了“甲队的工作效率和工作总量之间的分率关系一直都是 1/10，而乙队一直都是 1/15，没有变”……“我们设的这些操场的长度，都可以用单位‘1’表示！也就是把操场的长度看成单位 1，那么甲队每天修它的 1/10，乙队每天修它的 1/15，两队合修一天修它的 1/6!”教室里出现了思维上真正的高潮。学生们终于在任务的驱动下，在老师给的充足时间里，在充分的讨论中，自主地完成了量、率的迁移与转变过程，实现了思维上由具体到抽象的第一次质的飞跃。

但这还不够，为什么不给工作总量也能解决问题了呢？为了打消学生心里的疑问，我趁热打铁：仔细观察这两种方法，有什么联系吗？学生在观察、比较、分析中沟通新旧知识间的联系，加深了对工程问题的认知。

知识需要巩固，思维需要训练和发展。在学生获得了用率思考问题的成功之后，伴着他们喜悦的情绪，我紧跟着布置了新的任务：甲乙两个注水管，单开甲管 12 小时注满一池水，单开乙管 15 小时注满一池水。两管齐开几小时能注一池水的 3/4？通过完成这个任务，学生们发现工作总量不止可以是单位 1，也可以是 3/4、1/2 等，拓展了用分率表示工作总量的知识范围，进一步提升了对工程问题的理解与把握，实现了抽象思维的进一步发展。

【小结反思】

在完成"工程问题"的教学过程中，关键是引导学生实现用量的方法解决问题到用率的方法解决问题，实现从具体思维向抽象思维的过渡和转变。特别需要注意的是任务设计要有层次性，要阶梯状推进，逐步提升。本节课的四个学习任务作用不同。①任务 1：没有工作总量，请你假设一个数计算工作总量。帮助学生回顾用具体的量解决问题的思路和方法。②任务 2：为什么大家设的操场长度不一样，可是结果却都是 6 天呢？此任务为学生搭建思维的支架，让学生在观察、比较、归纳、总结中发现问题的根源，逐步逼向"工程问题"的本质，实现由量到率的飞跃。③任务 3：观察这两种方法有什么联系？此任务沟通了量率解决问题方法间的联系，发展了学生的转化思维。④任务 4：两管齐开几小时能注一池水的 3/4？这个任务有效地拓展了工作总量，为学生巩固用率解决问题提供了帮助，又一次实现了提升。

在"任务"与"思考"的设置中，教师为学生创设一次又一次高认知水平的任务；在"任务"与"思考"的碰撞中，学生始终处于高认知水平的思维状态，在经历知识的形成过程中，探索和分析解决问题的有效方法，经历与他人合作交流解决问题的过程，并努力解释自己的思考过程，从而完成由具体形象思维向抽象概括思维的进阶。

铺设思维阶梯，让思维发展逐级而上①

【痛点故事】

作为一名一线教师，我时常会发现一些学生记背公式滚瓜烂熟，但解决实际问题时却漏洞百出。比如靠墙有一块菜地，长 8 米，宽 4 米，要给菜地围篱笆，需要多少米的篱笆？有些学生用 8×4＝32 米，也有学生用(8＋4)×2＝24 米。可见这些学生还不会思考，仍停留在低阶能力和低阶思维的层次上，思维水平发展缓慢。我不禁反思：怎样的教学活动才能激发学生自主学习的内驱力？如何在数学活动中为学生铺设思维阶梯，铺设怎样的思维阶梯？如何帮助学生由较低的思维能力水平提升至较高的水平，让学生初步形成高阶思维能力？

【工具链接】

思维进阶是指随着学生认知能力发展及完成不同学习任务，学生思维从低层次到高层次发展，具体指向学生思维从回忆与再现、技能与概念到问题

①案例提供者：张荣普。

解决与应用，再到思维迁移和创造的纵深过程。不同的学习情境和学习任务对学生的认知资源调动需求不同，进而催生学生不同层次的思维活动，即思维由低阶思维走向高阶思维。

【行动故事】

“学习的最好刺激乃是对所学材料的兴趣。”教学中，我善于从学生熟悉的生活情境和感兴趣的事物出发，创设生动有趣的情境，架起生活中具体问题与抽象数学问题之间的桥梁，引发学生的好奇心，激发学生探究知识的欲望，引导学生开展数学学习活动。

在学习六年级上册“看图找关系”一课时，我首先创设了这样的情境：同学们有什么爱好？张老师的爱好是看电影。上周末我决定去看电影。电影院离我家不远，骑车大概 5 分钟就到了。谁知刚骑了一会儿，“哐当”一声，车链子掉了。我赶快下车，没多久就把车链子安好了。然后赶快骑车到电影院。电影时长约一个半小时。看完电影心情舒畅，推着车 15 分钟就到家了。这就是我看电影的整个过程，你听清楚了吗？请你想办法把刚才这件事清楚地表示出来，写在数学作业纸上。

铺设思维阶梯一：理解信息，建立联系。

学生通过老师的叙述理解信息，建立联系，把新信息与已有生活经验联系起来，通过回忆经历把隐藏的相似关系揭示出来。学生创造性地记录这个过程。有的用文字描述，有的用线段图的方法，还有的用坐标图的方法，表示时间在变，路程也在变。

至此，学生开始聚焦数学图形，读图体会其价值。

“张老师发现一个问题，刚才大家都画了修车，但都不一样。为什么？”学生通过观察讨论，发现一些地方没说清楚：时间、地点、修车用了多长时间等。大家达成共识之后我呈现出坐标图，引导学生继续读图，了解修车、看电影的时候时间在变，而路程没有变，所以线是平的。学生进而仔细观察图中的信息和关系，发现去的时候用了 6 分钟，看电影的时间是 92 分钟，电影院离家 2000 米，还发现线的缓和陡表示速度的慢与快。

铺设思维阶梯二：发现应用并推广。

这是一种迁移，在一种生活情境中得到经验，并把它应用到另一种生活情境中。在学生完全理解并掌握坐标图后，我提问：“你们以前什么时候也曾遇到过这个问题？你看过足球比赛吗？”

学生兴奋地联想起足球场上的声音。在我的引导下我们一起借助图形组织器讨论了已知、想知和新知，展开了高阶思维。已知：声音发生了变化；

时间在推移；可以用图来表示。想知：声音是怎样变化的；声音为什么会变化；声音变化与时间有什么关系；这种图形还能表示什么。新知：声音有大有小；比赛的激烈程度会影响声音的变化，如进球失误、入场、发奖、欢呼、散场，等等。在大家热烈的讨论之后，我们呈现出足球场上的声音图，学生通过建立的联系理解图中信息，掌握图所表示的含义。有一次我们还推广到生活中有很多变化的量，迁移到学校路口的车流量，它随时间的变化、早高峰和晚高峰、上学和放学而变化，车流量的多少与特殊的时间点相关。

铺设思维阶梯三：培养思维的严谨专注性，理解信息，解释为什么会这样。

我在学生探索足球场上的声音图时进行了追问：是什么信息使你得出这个结论？产生这些结果，还有哪些潜在的原因？猜到这些因素可能产生什么结果了吗？学生通过观察声音和时间两个相关联的量，做出正确判断和合理预测，发展了高阶思维。

【小结反思】

总之，在任何学科的教学活动中，我们都要关注学生思维的起点，抓住学生思维的困惑，适时地为学生铺设思维阶梯。帮助学生理解信息，建立联系；发现应用并推广；培养思维的严谨专注性，促进学生的思维进阶。

第四章

活动拓展，促进思维进阶

所有的学习都是行动的副产品，所以教师要通过“做”，促使学生思考，从而学得知识。

——杜威

杜威认为“教育即生活，即生长，即经验改造”。应用在教学上，便是“从做中学”。这个“做”在本章节中即活动拓展，活动拓展和学生的思维发展有密切的联系，活动拓展可以促进学生的思维不断走向高阶。

当然，活动的范围是很广泛的，本章节所涉及的活动主要有学生的阅读活动、学科实践活动、班队会活动，以及探究活动。在助力学生思维发展的过程中，方法是纷繁多样的，学生面临的挑战和思维困惑也是多元而复杂的。但是，只要我们坚持从学生的生活经验出发，选择符合学生认知水平的学习内容，让学生参与到各种各样的学习活动中，就有助于激发学生的思维兴趣，让学生的思维不断得到拓展和提升。其中，激发学生学习的兴趣点，并采取适应学生成长的评价方式，服务学生的认知建构等，也是不可或缺的。慢慢地，学生的学习会逐渐变成学生成长过程中的乐事，学生的思维广度和深度也会不断得到拓展和提升。

第一节　阅读，让思维活起来

一、策略描述

苏联教育家苏霍姆林斯基指出，学生的智力发展取决于良好的阅读能力，如果要撇开阅读技能而要求学生掌握知识，发展智力，那就只能使学生的智力变得迟钝，造成思想混乱和肤浅。他一再强调不善于阅读的人就不善于思考，隐藏着“智力生活缺乏的严重危险”。另外，在传统的语言学中，语言被认为是一种用于交流的媒介或者工具，人们可以通过语言达到对语言背后的思想或者是存在的认识。语言从本质上看是一种有形的外壳，其内在所蕴含的是无形的思想与观点。因此，阅读活动是发展与提升学生的思维能力的重要路径。阅读活动，可以让学生的思维活起来。学生形成了独立思考的能力，才能受益终身。

例如，低中年级的绘本阅读，可以激活学生的想象思维，让学生在想象中放飞自我，感受成长的快乐；高年级开展有目的的阅读活动，可以让学生的思维逐渐走向深邃，学生可以通过阅读，解决生活中的问题；体验式阅读活动，则可以让学生身临其境，将静态的文字转变成动态行为来理解，达到提升思维能力的目的；综合性阅读实践活动，则可以调动学生多方面的能力，促进学生的多元发展。

总之，在教师的教学中，阅读活动无处不在，只要我们有提升学生思维能力的意识，便可以设计更加有效的阅读活动，让学生在阅读活动中，思维变得更加深刻、更加丰富多元。

二、策略应用

聚焦文本细节，让学生在想象中感悟美好①

【痛点故事】

一次，我接受了四年级绘本阅读课的讲课任务。拿到《糖球》这本绘本后，我发现满篇都是图片，每页只有少得可怜的几行文字。对于讲惯了长篇阅读课的我来说，不禁犯起了难：这给幼儿园或者小学一二年级小朋友看的图画书有什么可讲的，总不能一节课就带着学生看图读故事吧？将绘本发给学生后，他们一会儿就看完了，而且读得明明白白。这节课的提升点在哪里呢？于是，我打开知网搜索“绘本阅读教学”这一关键词，发现大多是幼儿园和小学低年级的相关研究。

这让我意识到小学中高年级绘本阅读教学策略研究是目前小学教学中的一个空白点，学生在阅读时也抱有同样的想法，认为内容简单，缺少深入思考。于是我开始静下心来和教研团队研究，发现简短的文字和精美的图片背后，另有一片天地，随着研读绘本的深入，每一次读都会有新的感受，值得深入探究。绘本中处处体现了作者精心的设计和巧妙的构思。一本绘本通常要经过很长时间甚至好几年的创作过程，而这些精美的图片正是需要学生仔细观察的，简短的文字也正是训练学生补白想象力的素材，那耗时几年的精心创作，也是需要我们用心去鉴赏品味的。

【工具链接】

《义务教育语文课程标准(2022 年版)》在学生智力与学习能力发展方面强调了“发展思维能力，激发想象力和创造潜能”等要求，指出“审美创造是指学生通过感受、理解、欣赏、评价语言文字及作品，获得较为丰富的审美经验，具有初步的感受美、发现美和运用语言文字表现美、创造美的能力；涵养高雅情趣，具备健康的审美意识和正确的审美观念”。

教师要引导学生通过观察、欣赏绘本的图画，利用猜想式提问引导儿童“想说”，通过开放式提问使儿童“敢说”；通过创设角色情境与生活情境，唤醒、升华儿童的生活体验。

---

①案例提供者：陈鑫。

【行动故事】

通过调研了解，我发现目前绘本阅读教学中还存在以下问题：阅读指导不足，语文学科素养培养不到位；阅读内容零散，前后关联不足；主题意识淡薄，缺少审美意识。针对上述教学中存在的问题，我采取了以下具有针对性的教学策略。

1. 聚焦细节——培养观察能力

观察图画，聚焦细节是我们绘本阅读课中重点培养训练的一项能力。教学中，请学生认真观察图片，阅读文字，说说小男孩给他留下了怎样的印象？注意结合绘本说清楚理由。

一开始，学生会从整体上关注文字和图片中小男孩一个人，感受到他孤单、孤独。

逐渐引导学生关注图片中的细节，学生逐步发现：

(1)背景中其他同学一起踢球，一起开心玩耍。

(2)小男孩表情落寞、低着头。

(3)领着一只小狗，小狗和他一样低着头。

2. 激发想象——培养想象力

想象的教学策略可谓是绘本阅读教学中的灵魂。根据“小学生具有丰富的想象力和喜欢幻想”的心理特点，以想象为纽带，对绘本内容进行补充，拓展丰富绘本信息，加深学生对故事的理解与体会。

在听懂了沙发的心声，理解了沙发的想法后。让学生想象一下，他还听懂了家里其他东西的什么心声呢？

让学生补白绘本的故事情节，把学生导入绘本人物思维，既为后面的故事情节做铺垫，又培养学生联系生活实际，培养想象力及创造性。

3. 审美鉴赏——培养审美情趣

找出大量父亲的语言，让学生结合生活实际谈感受，生活中有没有过这样的体验？爸爸妈妈和你说过这样的话吗？在这一教学过程中引导学生学会理解父爱。

作者是如何表达出这个温暖的故事的？它的绘制方式和你以前读过的绘本有什么不一样吗？学生在交流讨论中发现：糖球的颜色和人物有关系。作者绘制的故事很巧妙，都采用暖色系，学生从色彩角度进行观察，发现冷色系和暖色系的前后对比，感悟内心的温暖和爱。创作方式、表达方式通过泥塑、布景、剪纸、拼搭、摄影等艺术形式的结合，用不同视角看待问题，可以帮助学生深化对图文的认识与理解，找到理解绘本的突破口，增强阅读学习的深刻性，进一步提高学生的绘本欣赏能力和水平。

【小结反思】

小绘本，大智慧。绘本看似浅易，却能激发学生想象力，唤起学生的情感体验，培养学生的审美情趣。为此，在绘本教学中，应以儿童生命成长为原点，引导学生图文结合进行阅读，用猜测激发兴趣，用想象拓展信息，用不同视角看待问题，在感悟中有效激发学生们的思维活力，在图文并茂中实现深度阅读。

究竟什么是“勇敢”？①

【痛点故事】

班里有个性格内向的小女生，总是默默地坐在教室的一个角落，课间也不与同学游戏，上课从不发言。“老师，我怕说错。”她小声地回答道。“说错了也不怕！”我耐心地鼓励她，可她似乎需要很大勇气迈出这一步。又有两个小男生淘气了，你推我搡，“老师，他先动手的！”“他先骂我的！”俩人不甘示弱。“老师，是他先动手的，所以我也要打他，我要比他‘勇敢’！”原来学生理解的“勇敢”是这样的。

两件小事不禁使我陷入沉思：一个不敢发言的学生缺少的是什么？一个敢挑战权威的学生是否具有“勇敢”品质？有些学生在自我认知不清、家长的过度保护、个人性格等多因素的影响下遇事容易产生畏难情绪，甚至不敢突破自我、追求心中所想，进而产生不自信、阻碍个人成长等后果。也有些学生在家庭教育比较宽松的氛围下敢说敢做，却不敢正视自己的错误，显然这也是不能接纳自己的表现。二年级的学生由于生活经验不足，他们在面对陌生、严肃、冲突等情况时更容易产生紧张的情绪，且难以释放心里的压力。同时，这个年龄段的学生思想开始从单纯走向复杂，逐渐有了自己的意向和打算，但又不完全清楚如何将心中的想法以行动展现出来。这时，他们更加需要老师、家长给他们指引方向，明确地告诉他们什么是勇敢，并及时肯定他们的勇敢行为。于是，我想通过绘本阅读来引发学生的深入思考，培养学生的思辨能力。

【工具链接】

积极心理学是一门从积极角度研究传统心理学的新兴科学，它采用科学的原则和方法来研究幸福，倡导心理学的积极取向，研究人类的积极心理品

---

①案例提供者：边颖。

质，关注人类的健康幸福与和谐发展。积极心理学家认为，积极人格特质主要通过对个体各种现实能力和潜在能力加以激发和强化形成，当激发和强化使某种现实能力或潜在能力变成一种习惯性的工作方式时，积极人格特质也就形成了。

勇敢对于个人成长来说是一项重要品格，是激励学生抓住成长路上的诸多机遇、积极面对风险挑战的推动力，更是增强心灵力量的关键元素。引导学生感知什么是勇敢，从而以积极阳光的态度去应对困难是心理健康教育中不可或缺的一环。

【行动故事】

1. 暖身游戏，引发思考“勇敢”

介绍规则：老师做风神，说“大风吹”。学生问“吹什么?”，老师说“吹男生”，就请男生马上起立说“我是男生”。当老师说“吹所有勇敢的孩子”，随机采访起立的孩子：“你觉得自己在哪方面比较勇敢呢?”采访未起立的孩子：“你觉得自己哪一点还需要再勇敢些?”通过这样的游戏导入引发学生对“勇敢”的思考：到底什么是“勇敢”呢?

2. 绘本阅读，深入思辨“勇敢”

师生共同阅读以勇敢为主题的绘本故事，跟随故事情节的发展，老师引导学生分析青蛙和蟾蜍在面对三次危险时的表现，让学生判断哪些是勇敢的行为，即帮助学生在故事情境中初步领会勇敢的内涵，并通过观点分享让学生尝试表达自己对于勇敢的理解。

(1)学生观察镜子中青蛙和蟾蜍的样子，思考：你觉得它们勇敢吗? 说明理由。通过此环节设计引发学生思考“勇敢”与“外表”的关系。

(2)分析青蛙和蟾蜍三次遇险时的状态，逐步引导学生搞清楚“发抖”“哆嗦”“逃”“躲”是身体的自然反应，有这样的反应是很正常的，并不代表不勇敢。在面对困难时尽管我们会感到害怕和恐惧，但依然敢于面对，这就是勇敢。

3. 小组分享，深入探讨“勇敢”

由故事情境转至现实生活情境，教师引导学生从过往经历中筛选出勇敢的体验进行分享，此过程是学生对“勇敢”再认知、再思辨的过程。

4. 创设情境，明确“勇敢”

老师创设情境：我们的好朋友丁丁遇到了难题，眼看就要过元旦了，班里要举行庆祝活动，丁丁想为大家唱支歌，可是又担心唱不好大家嘲笑她，所以一直犹豫不决。作为丁丁的好朋友，你想对她说什么呢? 对好朋友丁丁提“勇敢”建议的形式有利于学生进一步明晰什么是真正的勇敢。

5. 绘制“勇敢树”，鼓励学生勇敢

同学们，让我们静下心来，创造一个给自己加油的手势、动作，或对自己说一句鼓励的话，或想象一位英雄人物。愿意挑战的同学可以画一幅勇气小孩的自画像……画在或写在“勇敢叶片”上。（事先准备好叶子形状的彩纸）全班同学交流并贴“勇敢树”。

学生在此环节中再次明确“积极面对，不退缩，就是勇敢”，加深对“勇敢”的理解，并通过设计动作、画自画像等方式共同绘制“勇敢树”，为成就“勇敢的自己”加油打气，激励学生在日后的学习、生活中能够更加勇敢。

【小结反思】

通过共同阅读绘本故事，学生在师生的对话中逐步理解何为“勇敢”；由绘本故事联系自己的生活，深入探讨“勇敢”的含义，最终通过绘制“勇敢树”引导学生遇到困难时积极面对，不退缩，鼓励学生用自己的方式给自己加油打气，做勇敢的自己。整个推进过程学生的思维发展由浅入深，思辨过程逐步深入，班会学生参与度高，效果较好。

有目的的阅读让思维更灵动①

【痛点故事】

“丁零零”预备铃声响了，我抱着一摞试卷走进了教室。这次是期中考试，学生相当重视，在打铃的前一秒还在翻阅着考试资料，扎堆商量着搞不懂的习题，背诵着古诗文。铃声过后，教室里立刻鸦雀无声，学生们一个个坐得笔直，等待发放试卷。试卷拿到手，有的学生低头猛写，有的学生翻阅了一遍试卷轻声叹气，还有的学生刚拿到试卷就想要交头接耳，被我提醒。考试时间过半，同学们正全神贯注地写着试卷，教室里没有声音，只有沙沙的写字声。人人都“埋头苦干”，有的咬着铅笔头思考问题，有的正文思泉涌，把写好的答案写在试卷上。学生有的全神贯注、聚精会神，有的因为想不出答案而双眉紧锁，有的为“大功告成”而欣喜若狂。我坐在讲台上仔细端详着眼前的“考场众生相”，也别有一番趣味。考试接近尾声，我走下讲台巡视，竟有半数同学作文还没写完，这令我感到十分诧异。这次的作文题目学生之前写过，写起来不应该这么费劲啊，于是我拿起一张试卷看了看，心里立刻就替学生紧张了起来。这次的试卷基础题和作文都不难，但是有三道阅读题，

①案例提供者：仇新宇。

并且字数都很多，加在一起得有小三千字，而且有非连续性文本阅读、说明文阅读、记叙文阅读三种文体，这次期中考试的阅读题可能是个失分重灾区。

考试结束的铃声响起，立刻就有几个学生围到我的身边吐槽：“老师，这次考试的阅读题字数好多啊。”“老师，我做阅读题花太多时间了，作文没有写完，字数不够扣多少分啊?”不出我所料，阅读题的文本量大导致很多学生没有写完。平时学生也学习了很多阅读方法，但在考试时似乎不知道用哪个方法去解决问题了。所以我认为学生的问题是考试时不知道怎么根据阅读目的选择合适的阅读策略去解决问题。

【工具链接】

六年级上学期的第二单元是阅读策略单元，这一单元的语文要素是根据阅读目的选用适当的阅读方法。阅读能力的发展是需要策略性知识支撑的。“根据阅读目的选用恰当的阅读方法”指向的是策略性知识的学习和运用。六年级上册第三单元作为一个“策略单元”，要学习的不是一般意义上的“阅读理解策略”，如预测、提问、推断、联结、图像化、确定重点、释疑和综合等，而是为了更好地达成阅读目的进行方法匹配策略的学习。更确切地说，这个策略单元的学习是在阅读理解策略运用的基础上进行“学习策略”的选择和运用，如复述策略、精加工策略、重新组织策略等。对于六年级学生来说，“根据阅读目的选择恰当的阅读方法”无论从认知上还是实践上，都不是零基础。例如，五年级上册的《松鼠》一课，后面就安排了一个学习活动——将散文《白鹭》有关片段改写成说明性文字。其实，这是一个综合阅读和重新加工组织的过程，从《松鼠》的阅读中了解“说明性表达”的一般规范，从《白鹭》中找到有关片段了解描写的具体对象，查阅资料了解描写对象的“科学性”信息，然后重新加工组织。为了完成一个具体阅读目的，选择恰当的阅读方法和学习策略往往不是单一的，而是多种方法的协作与综合。

【行动故事】

这学期我刚好加入了学校的科研团队，于是我确定了自己的科研课题为“指向学生思维发展的阅读策略研究”。确定了课题，我立刻在课堂上进行了实践研究，在教第1课《竹节人》这一课时，我特意让学生思考这篇精读课文和以前的精读课文有何不同。学生发现《竹节人》的课题下面出现了三个阅读任务：一是“写玩具制作指南，教别人玩这种玩具”；二是“体会传统玩具给人们带来的乐趣”；三是“讲一个有关老师的故事”。三个阅读任务是针对同一篇课文设定的，从课文本身的内容来看，这三个任务所凭借的课文内容信息既有区别也有联系。有区别，那就要针对不同的任务从课文中找到对应的内容信息；有联系，就需要对信息进行进一步梳理、甄别和组织。例如，第一个任务是一个相对独立的任务，学生主要阅读第 3～19 自然段如何制作和玩竹节人的内容，在阅读时对文本进行圈画、批注、概括并梳理信息，最后学生呈现了一个真正的竹节人制作指南和玩法指南，甚至有的学生还写上了注意事项(见图 4-1)。

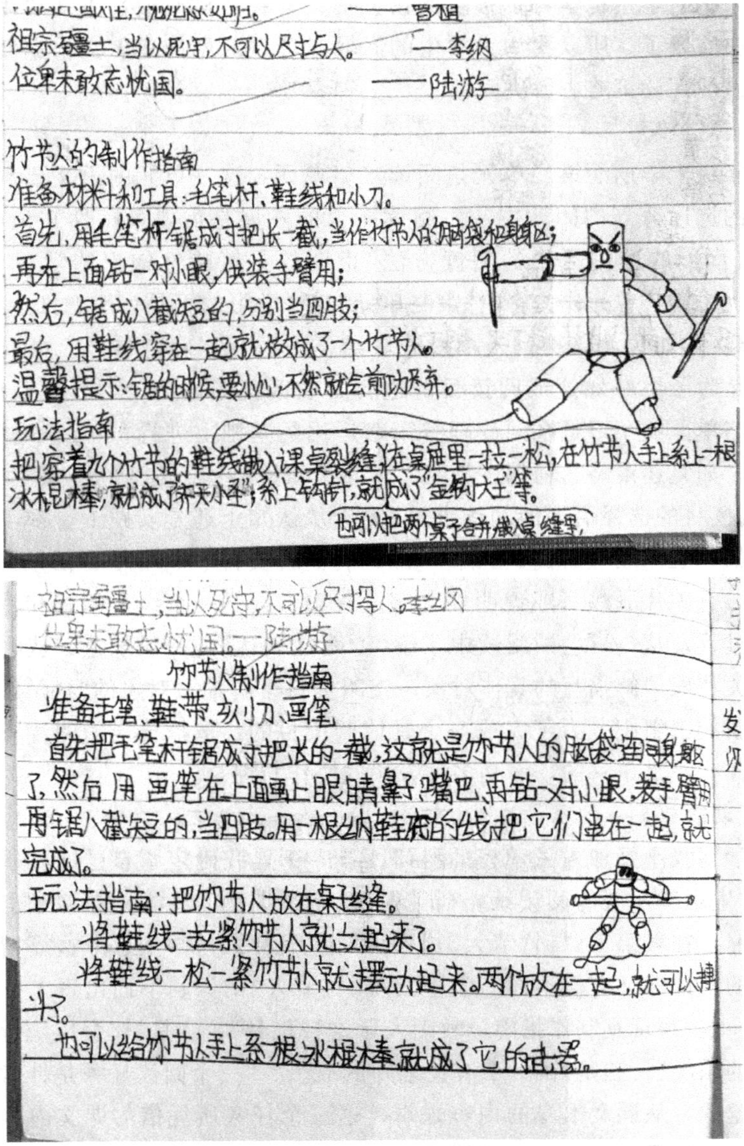
祖宗疆土，当以死守，不可以尺寸与人。——李纲
位卑未敢忘忧国。——陆游

竹节人的制作指南
准备材料和工具：毛笔杆、鞋线和小刀。
首先，用毛笔杆锯成寸把长一截，当作竹节人的脑袋和身躯；
再在上面钻一对小眼，供装手臂用；
然后，锯成八截短的，分别当四肢；
最后，用鞋线穿在一起就做成了一个竹节人。
温馨提示：锯的时候，要小心，不然就会前功尽弃。
玩法指南
把穿着九个竹节的鞋线嵌入课桌裂缝，在桌底里一拉一松，在竹节人手上系上一根冰棍棒，就成了齐天大圣；系上钩针，就成了“金钩大王”等。
也可以把两个桌子合并，嵌入桌缝里。

祖宗疆土，当以死守，不可以尺寸与人。——李纲
位卑未敢忘忧国。——陆游

竹节人制作指南
准备毛笔、鞋带、刻刀、画笔
首先把毛笔杆锯成寸把长的一截，这就是竹节人的脑袋和身躯了，然后用画笔在上面画上眼睛鼻子嘴巴，再钻一对小眼，装手臂用，再锯八截短的，当四肢。用一根纳鞋底的线把它们串在一起，就完成了。
玩法指南：把竹节人放在桌缝。
将鞋线一拉紧竹节人就站起来了。
将鞋线一松一紧竹节人就摆动起来。两个放在一起，就可以搏斗了。
也可以给竹节人手上系一根冰棍棒就成了它的武器。

图 4-1　学生呈现的竹节人制作指南和玩法指南

第二个任务“传统玩具给人们带来的乐趣”包括制作的乐趣、玩的乐趣等，而玩的乐趣不仅仅体现在大家如何投入地玩，还体现在老师也玩得投入。这么看来，“体会传统玩具给人们带来的乐趣”和“讲一个有关老师的故事”是相互联系、相辅相成的。如何取舍和整合才能凸显两个任务的不同侧重点，是需要一番再组织和精加工的。第二个任务与第三个任务也有这样的联系和区别。

读懂课文具体讲了哪些内容，将课文内容梳理清楚，是完成三个任务的第一步。带着任务目标进行课文内容信息的甄别和选择是第二步。针对具体的任务对相关内容信息进行重新组织是第三步。在重新组织内容信息的过程中，具体的阅读方法是不一样的。第一个任务需要的方法是圈画和梳理制作步骤，要将文本中的有关内容信息读成“非连续性文本”；第二个任务需要边读边想象画面，最好能够进行角色体验，有情趣地朗读和绘声绘色地复述有关内容；第三个任务是厘清老师没收玩具这件事的起因、经过、结果，然后组织语言讲故事表达。三个任务的完成都依赖于“根据阅读目的选择恰当的阅读方法”这一阅读策略。

【小结反思】

教师要让学生研究透阅读方法与阅读目的的关系，在任务驱动下学会为目的选方法，提高阅读的综合能力和效率。教师应在以后的教学中尝试综合运用更多的阅读策略。

综合性阅读实践活动，助推思维层级进阶①

【痛点故事】

一年级，我们师生参加了北京师范大学“小圭璋”绘本阅读活动，老师们特意为孩子们选择了《小蜗牛找好吃的》这本绘本故事书。绘本的作者是车丽娇，她视角独特，深度还原了大自然的精微自然场景，用细腻写实的手法讲述了一只小蜗牛经历的奇妙旅程。打开绘本，迎面便可感受到大自然的清新空气与鲜活动植物。

活动开始时，我信心满满，原以为孩子们会被色彩艳丽、精细化的自然场景插图吸引，跟随小蜗牛一起踏上旅程。但没承想，课堂上我全情投入、激情四射，孩子们却兴趣全无，草草读完便合上书页，一幅索然无味的模样。从他们的表情中，我看不到他们体会“小蜗牛”探索自然时的快乐。尤其是我

①案例提供者：方颖。

们班那个可爱的大脑袋小男孩儿——小哲，他读完绘本后便开始东张西望，不停回头看挂在教室后墙上的电子表，一副盼望着活动快点结束的样子。

我为此很是沮丧，课下单独找来小哲了解情况，但小哲的话却着实让我惊呆了。“我觉得没意思，就是一些普通的花草，不好看！”显然，在小哲眼中，书中的景物和自然界中的景致没有建立起联系。细问原因，才知道小哲的爸爸妈妈平时比较关注学业，很少带他外出玩耍，亲近自然。孩子没有细致触摸自然世界，也就对绘本故事中的情境没了兴趣。可以说，“自然”这个词距离他的世界很遥远。这一点使我痛心，我也决心开展语文综合性阅读实践活动，使孩子蹲下身子，静心观察自然界的细微之处，回归美妙的大自然，发现世界之美。

【工具链接】

体验式学习是学生通过实践、尝试，认识周围事物的过程，它是内在的，重视学生在形体、情绪、知识上全方位参与活动并有收获。因此，我结合此绘本深度还原精微自然场景的特点，计划让学生通过体验式学习任务触摸大自然。教师通过可视、可听、可感的方式努力为学生做好体验开始前的准备工作，让学生产生一种渴望学习和体验的冲动，自愿地全身心地投入学习过程，积极参与，在体验过程中拓展知识和提高能力。体验式学习给学生带来了新的感觉、新的刺激，它可以有效地加深学生的记忆和理解。

基于这一工具对于本次实践活动的有效性和适切性，我将《小蜗牛找好吃的》绘本阅读活动和二年级下册语文教材中第一单元“春天”主题的课文和第十课《沙滩上的童话》课后题“编童话故事”结合起来，尝试开展了“阅读绘本 亲近自然 绘制童心”系列语文综合实践活动。我逐层设计学习活动任务，希望通过活动引导学生从知识、形体、情感上全方位参与活动：阅读绘本书籍、描绘大自然、制作专属于自己的绘本故事等，从而提升学生的语文思维水平。

【行动故事】

“同学们，快看，老师为大家带来了仙女棒，我们一起变身吧！布拉布拉……变！看看黑板和大屏幕，咱们有什么变化？”

“哇！小草像大树一样高，我们都变小啦！”

“我的头上长出了两对触角！”

……

课堂伊始，我便使用“仙女棒”教具创设情境，开展“缩小身体”的变身游戏，带着学生走进微观世界，让他们变身成一只只小小的蜗牛，身体和周围的环境都产生了巨大的变化。课堂上，孩子们细心观察画面（见图 4-2），并延伸于绘本之外，探讨着蜗牛把头伸出壳，看到了外面怎样的世界；学生们根据画面推测情节，好朋友小松鼠跳上树枝，还会发生怎样有趣的故事；学生们运用多重感官，听到了书中小动物们之间的对话，尝到了好朋友小蜜蜂采到的花蜜，摸到了小兔子皮毛的精细。一场场体验游戏下来，学生们仿佛真的变身"小蜗牛"，探索于大自然之中了！学生们兴趣盎然，课堂一片欢声笑语。

下课了，我收拾东西准备离开教室，小哲同学却一直拉着我的手不让我走，他要把自己的发现分享给我。"方老师，你没发现吧！其实书里还有一只瓢虫，它一路陪伴小蜗牛，就像我的好朋友小轩，每次我遇到不开心的事情，都是他在身边一直陪伴着我！""这几只小蚂蚁好有趣啊！像小蜗牛一样，它们也在为自己的食物不停忙碌着，还好它们最终也成功了！"

放学的时候，小哲怀里一直抱着这本绘本书，迫不及待地想和刚上幼儿园的妹妹一起读故事，要为妹妹和妈妈讲讲绘本故事中的微观自然场景与现实中有何不同，要说说他这只小蜗牛是如何克服重重险阻最终找到美味食物的。小哲妈妈说，看着孩子投入的神情，就知道他走进了故事情境，对大自然产生了无穷的兴趣。小哲的妈妈还在微信朋友圈里分享了阅读体验(见图 4-3)：和孩子一起读这本书，一下子让我想起了儿时夏日的午后，我蹲在窗根下，观察小蚂蚁把大青虫运回家的经历……

图 4-2　课堂上学生阅读绘本、观察画面

图 4-3　小哲妈妈的朋友圈分享

时值春季，我鼓励学生利用周末走进大自然，并用图文并茂的方式记录下他们的所见所闻，绘制自然观察手账(见图 4-4)。他们有的制作出精美的"树叶画"；有的绘制了细致的"植物百科"；有的进行连续观察，分别记录下小花小草在不同时间段、不同天气下的不同样态，俨然一位小小植物学家。

特别是小哲同学，他进行多感官观察和体验，将桂花的外形、香气、触感、制作成美食的味道分别记录和描写，并在班级交流活动中如获至宝般地和同学们交流、分享，获得了大家的称赞，他开心极了。

图 4-4　学生走进自然的照片和自然观察手账

孩子们探寻自然之旅归来，创作出一本本精美的自然绘本。小哲创意无限，将自己化身为诸多小动物，“行走”在草丛中，“穿行”于花朵下，大胆想象着自己不同的生活状态。他还自告奋勇作为组长代表小组分享故事，他声音洪亮，表情细腻，手势语恰当，一会儿弯下腰模仿小蚂蚁辛苦地搬运粮食，一会儿手脚并用像小蜘蛛一样爬上网，一会儿身体弯曲似小鱼畅游在池塘中……小哲将有趣的自然故事绘声绘色地展示了出来，大家都为她拍手叫好，她也收获了更多快乐与自信。

图 4-5 为学生作品。

图 4-5　学生作品

【小结反思】

1. 体验式学习，培养听说读写等多方面语文能力

在本次综合阅读实践活动中，我注重学生视觉、听觉、嗅觉、触觉等多感官参与，以此促进学生听、说、读、写综合能力的提升。例如阅读绘本时，我提示学生认真观察绘本中缤纷的色彩，以此深入图画中的微观自然情境；在引导学生根据画面想象时，我让学生充分利用听觉感官，分享从画面中听到了哪些声音，深入感知画面；在走进大自然，绘制自然观察手账时，我鼓励学生闻一闻花朵的芬芳，嗅一嗅草地的清新，让学生们的感受更加强烈，绘制出更加精致的个性化手账；在进行绘本创作时，我引导学生亲手摸一摸自然界的动植物，触碰大自然的生灵，学生调动各种感官，创作出独具特色的绘本作品并展示分享，他们的思维水平和语文能力都得到了提升。

2. 逐层设计学习活动，思维训练深度递进式增长

在设计综合性阅读实践活动时，我特别注意活动难度的分层，不同活动的难度呈阶梯式增长，使学生在每个思维层级上都得到充分练习，并最终指向对学生高阶思维的训练。

第一、二阶段的体验式学习和亲子共读注重培养孩子的细致观察能力和想象力，孩子们认真观察绘本中的精微细节，留心叶片上的小露珠，进行了有效观察。同时，孩子们根据局部画面猜测绘本情节，展开大胆想象，想象

力得以提升。

第三阶段的绘制观察手账指向对孩子们想象力和动手操作能力的培养。孩子们将阅读中的体会和收获进一步应用和实践，亲手制作个性化的自然手账，操作能力得到提升。

第四阶段的绘本动手创作与展示分享有效地培养了学生的创造力及语言表达能力。学生将之前活动的经验和收获进行迁移，这指向学生高阶思维能力的培养。学生模仿迁移，创造自己的绘本并在全班分享展示，锻炼了创造力和语言表达能力。

从观察体会到应用实践，再到迁移展示，阅读实践不同阶段的思维活动呈螺旋式上升趋势，思维训练的深度逐渐增加，有效地锻炼了学生的高阶思维，有利于学生思维水平的发展。

这次活动前前后后历时三个月，我和学生都感觉到语文综合实践的新鲜有趣，也颇有收获。我体会到了这种体验式的综合实践活动不同于通常意义上的语文课，它比语文阅读课更富有活力，所包含的范畴也更广泛一些。学生通过此次活动增长了思维水平，经历了非凡的成长，这是我们共同的宝贵收获。

体验式阅读，打开思维发展另一扇窗①

【痛点故事】

从三年级开始学生就接触阅读了，很多学生总是感到阅读很困难。有的学生面带难色地问我："老师，为什么每读一篇文章、一本小说，总感觉囫囵吞枣或是抓不住重点，甚至似懂非懂？洋洋洒洒几千字，还没看就被这数字弄得心里有些发怵。那种一页页逐字逐句的读法不禁让我心里有了负担。"

书读不懂时怎么办？这真的是个很困难的题目，极可能就是阅读的最大障碍，而且总是在刚开始阅读时就出现。

【工具链接】

记得在六年级时，一天中午，学生在教室中都低着头，默默不语。有的在画漫画，有的在写作业，还有的在百无聊赖地摆弄着手里的东西……忽然一个学生冲我说："老师，你们小时候都玩什么呢？"一石激起千层浪，顿时教室里像开了锅，大家你一言我一语，我的脑海中也飞速地旋转，赶快跑到讲台桌前翻开语文书，何不借此机会既让学生们学会玩玩具，又让他们在玩中

①案例提供者：康歆洁。

学会阅读呢？

《义务教育语文课程标准(2022年版)》的核心素养内涵中提出“思维能力是指学生在语文学习过程中的联想想象、分析比较、归纳判断等认知表现，主要包括直觉思维、形象思维、逻辑思维、辩证思维和创造思维。思维具有一定的敏捷性、灵活性、深刻性、独创性、批判性。有好奇心、求知欲，崇尚真知，勇于探索创新，养成积极思考的习惯”。

我想要着眼于学生思维的发展，就要根据教学目标精选阅读内容，要针对学生的实际困难，教会学生在浩如烟海的书籍中获取对自己有用的信息，提高阅读效率，解决问题。这就需要我们教会学生在阅读时能够将静态的文字转变成动态行为来理解，达到阅读的目的。

【行动故事】

下午的语文课上，我开门见山，说道：“不论是什么年代的孩子，对于玩具总是满怀欣喜的。课前有同学问我小时候玩什么，我们那时候就玩这些玩具，看，竹节人就是一种传统玩具。虽然传统玩具不如咱们现代的玩具看起来多彩、炫酷，却给很多人留下了不少有趣的回忆。让我们一起走进课文，看看能不能通过静态的文字感受传统玩具给你们带来的乐趣？”

同一篇文章，阅读的目的不同，关注的内容、采用的阅读方法等会有所不同。如果给你以下任务，你会怎么读《竹节人》这篇文章？

◇写玩具制作指南，教别人玩这种玩具。

◇体会传统玩具给人们带来的乐趣。

◇讲一个有关老师的故事。

图4-6　教学片段图示

完成第一个阅读任务“写玩具指南，并教别人玩这种玩具”，初步了解有目的的阅读。

1. 引导学生思考

问题：课文内容这么多，为了完成阅读任务，怎样阅读这篇课文更有效率？

要点：快速读文，找到相关内容并精读。

教师小结：同学们说得没错，我们明确了阅读任务后，可以找到课文中相对应的内容并精读，这样阅读更有目的，也更有效率。

2. 教师追问

问题：为了完成“写玩具指南，并教别人玩这种玩具”的任务，需要重点阅读哪些段落呢？

3. 交流阅读方法

(1)引导学生思考：为了完成“写玩具制作指南”这个阅读任务，同学们是怎么精读第3自然段的呢？

(2)学生反馈，教师小结。“锯成寸把长的一截”“钻一对小眼”“再锯八截短的”“穿在一起”(PPT出示第3自然段，圈画关键词句)。

要点：提取关键信息，尤其是找出制作竹节人需要的材料和做法(见表4-1)。

表4-1　制作竹节人需要的材料和做法

材料	毛笔杆、纳鞋底的线
做法	做流程图

(3)教师小结：确定重点段落之后，细读段落，提取关键信息。

4. 思考题1

是不是只要提取了关键信息，我们就完成了阅读任务呢？你还运用了什么阅读方法？

预设1：我通过插图想象竹节人应该怎么组装。

预设2：我通过第3自然段的文字想象出了各部分材料对应竹节人的哪些部位。

预设3：我不仅读了第3自然段，还阅读了如何玩竹节人的段落，因为知道了玩法能让我更明确地知道如何制作竹节人。

教师小结：看来同学们不仅使用了提取关键信息的方法阅读，还运用了结合图片和文字想象画面、关联其他阅读内容等方法。这就是根据阅读目的选择恰当的阅读策略。

5. 思考题2

我们通过精读课文相关的内容已经了解了竹节人的制作方法，那么怎么写制作指南呢？写的时候要注意什么？

写“玩具制作指南”需要写清楚以下内容：需要准备什么材料；制作分几个步骤，每个步骤怎么操作；制作过程中的注意事项；语言简洁、准确、有条理。

教师小结：我们在阅读的时候要对文中的内容进行归纳、概括，可以将概括出的内容批注在课文旁边的空白处。

下课的音乐声在孩子们的欢声笑语中响起，四十分钟的上课时间转瞬即逝，一个调皮的男生笑着跑到我身边说："老师，这节课我学会了做竹节人，明天我做一个给您玩。""好啊！说说看，你是怎么学会的?"我急忙问道。这个同学说："我先找到课文中相对应的内容读，这样阅读更有目的，也更有效率。我提取关键信息，尤其是找出制作竹节人需要的材料和做法。"另一个学生也凑过来说："我还通过插图想象竹节人应该怎么组装。"还有的同学举着手中的课文让我看："我是通过第 3 自然段的文字想象出了各部分材料对应竹节人的哪些部位。"

我连忙冲他们竖起大拇指称赞道："你们真了不起，要想教会别人玩竹节人就要先学会自己做，怎么做要靠自己通过阅读文章又快又好地学会。看来同学们不仅在这些静态的文字中提取了关键信息阅读，还运用了结合图片和文字想象画面、关联其他内容等阅读策略。"

第二天，学生们拿着自己做的竹节人兴致勃勃地和伙伴们玩耍。

"我的竹节人名字最喜人——翻云覆雨。"

"我的竹节人和书中描述的一样，叉腿张胳膊，威风凛凛……"

"我的虽然歪歪扭扭，但看似像跳舞，手舞足蹈，好不热闹。"

一个同学站起来有模有样地手捧课文读道："我的竹节人动作压根儿不由扯线人做主，那不过是在竹节间的线一紧一松间的胡乱耸动而已，可看上去挺像那么回事。"

看似传统也并不炫酷的玩具在学生们的手中熠熠生辉。正如他们的作文中所讲到的，在闲暇之时自己制作玩具，寻找快乐，而阅读正是这快乐的源泉。

【小结反思】

翻开教材，每一篇优美的课文都让我们去粗取精、由表及里、抓住事物的内在联系，深入地思考问题，学做出更有意思的东西，这个过程也提升了学生的思维。

提升学生思维的有效载体就是语文阅读教学，可以把看似静态的文字转变成学生动态的行为。教师指导学生践行"带着目的阅读"这一策略，使学生更好地实现学以致用，在主动积极的思维和情感活动中加深理解和体验，获得思维启迪，从而享受阅读的快乐。

语文教学中实行动态行为的转变就是让学生在已有的课文内容基础上，根据自己对生活的观察、理解和想象进行二次创作，在大脑中补充、完善与创新，唤起学生思维不断前进，使得原本只是单一的、静态的视觉文字创新成为图文结合且富于动态的多感官综合体，并大量丰富相关的内容。我想这一研究在各个学科领域都能够适用。

“活”化思维，风景这边“读”好①

【痛点故事】

“呱呱，呱呱，呱呱呱。呱呱，呱呱，呱呱呱……”清晨的教室里，孩子们正在朗读《青蛙写诗》这篇课文。听着他们有些嘈杂的“叫声”，我只觉得置身池塘边，听着几十只小青蛙一起聒噪，不禁皱起了眉头。这么有趣的一篇课文，为什么他们读起来却像“小和尚念经”？再看向教室里的孩子们，朗读时面无表情，有的声嘶力竭，有的要“一吐为快”，直到一口气用尽才停顿，给自己累得气喘吁吁。愁云密布的我回到办公室，跟同伴们倾诉烦恼，不料一说到《青蛙写诗》的朗读，真是一石激起千层浪，大家纷纷开始聊起学生们朗读时的各种问题，说的最多的还是朗读时不会听，并且无法入情入境地朗读这两个问题。

教师们的讨论也引发了我的思考，对于朗读的重要性和朗读的具体要求，大家都烂熟于心，然而课堂上却因过多的分析讲授和繁杂的学习活动，挤占了朗读的时间，导致学生产生读不正确、读不流利、读不出语气等问题。我想，问题的解决思路应该是各个击破，须以教材为纲，进行系统分析，构建具体明确的朗读教学目标，在课堂教学中运用有效的指导策略，借助思维的牵引，帮助学生实现朗读能力的进阶和语文素养的提升。

【工具链接】

《义务教育语文课程标准(2022 年版)》在“阅读与鉴赏”板块对各学段均提出了“正确、流利、有感情”的分层次、进阶式的目标，而低年段朗读教学的目标是“学习用普通话正确、流利、有感情地朗读课文”。这里特别强调的“学习”二字，是其他几个学段没有的，凸显了低年级朗读教学的特点与重点。而对于初窥语文的一年级学生来说，朗读是他们认识语文的第一块基石，其意义从表层来看是识文、正音，从深层来看则是借助可观察的语音呈现行为促进内部的信息加工行为。因此，教师既要关注学生语音的呈现，及时正音，把握停顿，同时也要引导学生关注内容，教材中的拼音、标点、插图等都是学生手中最直接最有效的辅助朗读工具，在教学中，如何引导学生善于使用课本中的这些资源助力自己的朗读，也是教师应该关注的重点。同时，借助

---

①案例提供者：杨雪飞。

朗读的方式帮助理解词句、表达，也能够促进思维层面的意义构建。

【行动故事】

经过反复思考，我在梳理课标、阅读教材的基础上，默默地想：一定要为学生铺设一条朗读进阶的路径。这个想法在我的脑中逐渐清晰和坚定。笼罩在头顶的乌云渐渐散去，我似乎看到了解决学生朗读问题的曙光，不禁兴奋地走进课堂……

1. 拼一拼，学一学，我把课文读正确

"同学们，你们会读这个词吗？"课件中出现了"淅沥沥"这个词语，一个小男孩自信地举起了手。"淅沥沥 xī lī lī！"其他孩子也跟着他读，与此同时，也有几个孩子露出了疑惑的表情。"别着急，再读一读拼音，看看这个词语应该怎么读？"孩子们纷纷拼读起来，我请那个小男孩再读一遍，"淅沥沥(lì)！"这一次他读得很准确。我问他开始为什么读错了，他说，平时看到下雨大人都是这么说的，所以，他自然而然就把"沥"读成一声了。我面向学生们："同学们，其实课文中就给了大家一把金钥匙，帮助大家把课文中的字读正确，大家关注到了吗？"有了刚才的经验，孩子们纷纷看到了课文中的拼音，此时，我又出示了课文中的几句话，邀请孩子们来借助拼音挑战读正确。

当课件中出现"雨点儿"这个词的时候，问题产生了。一个小女孩儿站起身来，很认真地读，字字分明，但话音刚落，孩子们纷纷表示读错了，叽叽喳喳读起了这个词，在杂乱的声音当中，我听到有读"雨点"的，有读"雨点儿"的。此时，我故作疑惑地提示孩子们："咦，这样的词我们之前是不是学过，怎么那么眼熟？"一位小女孩儿眨巴着大眼睛站了起来说道："在《秋天》这篇课文中，有'一会儿'这个词，它是儿化音，这里的'雨点儿'也是儿化音。"我夸张地使劲点头，并请她当小老师教大家朗读，在她正确的示范下，孩子们都把这个儿化音读准确了。

孩子们通过借助拼音，迁移旧知，以及榜样示范的方法，解决了本课的字音难点，我会心一笑。

2. 认一认，读一读，小小标点助停顿

《青蛙写诗》这篇课文通过生动、具体、形象的事物引导学生来认识逗号、句号、省略号，初步感受标点符号的作用，极富情趣。

课堂上，我先把这部分内容去掉标点让学生朗读。

这时，教室里一下就热闹起来，孩子们瞪圆了眼睛，边读边数自己读到了第几个"呱"，当最后一个"呱"字读完时，才长长地舒了一口气，纷纷抱怨道："老师，我快喘不上气了！""老师，累死我了！""这还是诗吗？"我暗自窃喜：目的达到，看来，孩子们已经初步感受到了标点符号的作用。于是我又把标点符号“请”了回来，让他们再次朗读，这一次，大家都关注到了标点，遇到标点时都稍加停顿。此时我顺势告诉学生：“标点符号的作用可大了，逗号是停顿，朗读时遇到它可以停顿 1 秒；句号代表一句话结束要休息，朗读时遇到它可以休息 2 秒。”我请孩子们在这种技巧的指导下再来读一读，这回，孩子们的停顿更加恰当了，甚至还有了一些节奏感。

3. 看一看，演一演，入情入境趣味读

在读正确、读流利的基础上，我带领孩子们走入课文情境，学着用恰当的语气读出课文的童趣。

伴随着“淅沥沥”“沙啦啦”的下雨声，一幅池塘雨景图展现在学生眼前，在雨声的烘托下，孩子们随着教师的导语自然进入课文情境，仿佛置身于雨中的池塘。

我们先围绕重点句“我要写诗啦”进行朗读。首先，我引导孩子们观察插图中的小青蛙，学一学它的表情和动作，猜一猜此时它是什么心情。孩子们开心地演了起来，有的叉着腰，有的仰起头，还有的拍着小胸脯……令我惊喜的是，短短的一句话，他们却能够读出不一样的理解，有的读出了骄傲，用大声的朗读向大家宣布“我要写诗啦”；有的读出了兴奋，一边笑一边晃着小脑袋分享“我要写诗啦”这个喜讯；还有的一脸认真，郑重其事地告诉大家“我要写诗啦”这一重要的事情。

在演完小青蛙之后，我提示孩子们课文后面还出现了小蝌蚪、水泡泡和一串水珠三个角色，他们都是来帮助青蛙写诗的。我引导孩子们联系生活想一想：帮助他人时自己是怎样说话的，孩子们带着这种体会朗读，有的读出争先恐后要帮忙的热情，有的读出帮助他人的真诚。

在小伙伴们的帮助下，青蛙的诗写成了。当我们再读这首由 14 个“呱”字组成的小诗时，我启发孩子们想象：“如果你是小青蛙，你想把这首诗送给谁？要对他(她)说什么？”有的说要把这首诗送给蝌蚪，表达对蝌蚪的感谢，于是读得热情真切；有的说要把这首诗送给池塘，表达对雨中池塘的赞美，于是读得深情款款；还有的要送给自己，表达自己的快乐和自信，于是读得欢快活泼，富有成就感。融入个体经验与情感的多元化朗读，激发了学生朗读的兴趣，彰显了学生的个性，启迪了学生的创造性思维。

【小结反思】

呱呱，呱呱，
呱呱呱。

呱呱，呱呱，

呱呱呱……

翌日清晨，教室里又传来了孩子们的读书声，这一次，我仿佛看到了一只只神采各异的小青蛙站在荷叶上，向大家分享着自己的诗作。

学习要求中“正确、流利、有感情”这些看似简单的目标表述，往往因各种因素变成我们日常教学中踮着脚也够不到的高台，学生知正确却不知如何读正确，认识流利这个词却不明白如何才是流利，不缺乏感情却不知道如何释放自己的感情。通过条目明细的方法，我为学生支起了一架缓步上升的梯子，让他们认识到，要想读正确，可以紧紧抓住拼音和范读这两把切实有效的金钥匙；要想读流利，需要认识并明白课文中标点的妙用；要想读出语气，可以借助插图、代入角色、联系生活实际，让文字生动起来。这既是提升朗读能力的阶梯，又是帮助学生思维发展的路径。

需要注意的是，一年级朗读教学应该符合学生的年龄特点，紧扣课程标准和教材要求，不缺位，不越位，让学生切实体会到朗读的乐趣，并引领学生顺着朗读能力进阶的通路，以朗读为翼，实现思维的腾飞。

语文综合性学习，撬开思维之门①

【痛点故事】

在学习四年级下册第三单元“轻叩诗歌的大门”的时候，班里的学生创作的积极性很高。学生在写诗、整理、编诗集、评选、展示等活动中不仅制作出了属于小组的“诗歌集”，更增强了对诗歌、对生活的实际体验，使诗歌学习突破了教材和课堂，向着广阔的生活世界不断拓展、延伸。优秀诗歌叩击人们的心灵，给人以艺术的享受和熏陶。在学校常规教育教学工作中，应该如何引导学生走进丰富多彩的诗歌世界，感受诗歌的魅力呢？综合性学习也许就是一个很好的切入点。能否将小学阶段的综合性学习内容进行系统整合？是否可以给学生一个更大的展示平台？

【工具链接】

《义务教育语文课程标准（2022 年版）》明确要求：要增强课程实施的情境性和实践性，促进学习方式变革，关注学生个性化、多样化的学习和发展需求。

综合性学习主要体现为语文知识的综合运用、听说读写能力的整体发展、

①案例提供者：张竞予、张丽强。

语文课程与其他课程沟通、书本学习与生活实践的紧密结合。“葵园诗歌节”活动是以语文学科为依托，设计诗歌朗诵、创作等相关活动，借助多方面资源开展的实践性活动。比如创作内容呈现于纸、纸鸢、油纸伞、折扇等物品上，以此制作属于学生自己的独一无二的文创作品。

【行动故事】

“葵园诗歌节”是面向全校学生举办的，但是小学语文综合性学习只在教科书的三、四、五及六年级下册呈现，而且内容没有统一具体的要求。如何将一、二年级纳入其中？什么时间举办活动？不同年级的综合性学习内容有没有共同的主题？这些问题摆在教师面前。

通过不断探索，这些问题迎刃而解。我们发现在一、二年级的教材中，综合性学习内容没有被编排成单元形式，而是与课后的练习、“语文园地”等环节相结合，因而活动可以面向全校学生。活动时间确定为 4 月，因为各年级综合性学习大多在第三单元展开，根据教学进度多是在 4 月学习该单元，所以用连续一个月的时间来开展活动，以此保障活动的连贯性、持续性和一体化设计。教师最终决定以“春天，让我们一起读诗吧”为活动主题。

我们希望以诗歌节的活动形式纵向连接各年级教材中的综合性学习主题，横向丰富综合性主题的活动形式，拓宽语文学习和运用的领域，创造多种途径让学生感受语言文字的魅力，因此我们设立了三个活动板块。

1. 诗墨共舞

学生选取与春、夏、秋、冬四季有关的诗歌，可以是古诗或现代诗，也可以是名家名篇、他人创作或学生原创的作品，抄写在书法用纸上(见图 4-7)。

图 4-7　学生作品

2. 诗画同韵

学生选取与四季有关的诗歌，并配上图画，图画类型可以有水彩、中国画等，将这些内容呈现于纸、纸鸢、油纸伞、折扇等物品上，以此制作属于学生自己的独一无二的文创作品(见图 4-8)。

图 4-8　学生的文创作品

3. 诗心齐鸣

围绕四季进行诗歌创作(图 4-9)，可以是古诗或现代诗。

三个板块以语文学科为主，也与美术等学科融合，形式有读、写、画等。

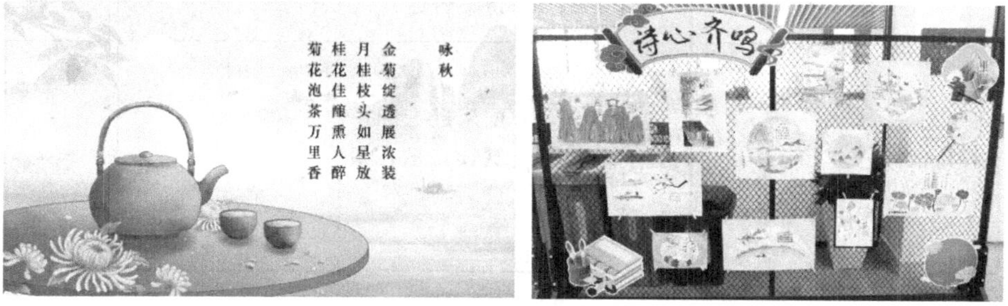

图 4-9　创作

语文综合性学习强调评价内容的综合性、评价方式的多样性和评价主体的多元化。因此，我们在课堂上设置评价量表(见表 4-2)来促进学生反思学习过程，利用作品集真实记录了学生活动的全过程，并将优秀成果保留下来(见图 4-10)。同时结合我校特色评价方式——葵园币进行评价。采用多种评价方式不仅鼓励学生积极参与活动，还激发了学生诗歌创作的兴趣。

表 4-2 《轻叩诗歌的大门——童心绘诗集》评价量表

评价内容	评价标准			评价方式		
	☆☆☆	☆☆	☆	学生评价	同桌评价	老师评价
赏诗歌	能按要求积极介绍收集诗歌的分类情况，并在课堂上积极对喜欢的诗歌进行介绍和朗读。	能按要求介绍收集和创作的诗歌。	较少参与课堂分享交流。			
诗配画	能够认真欣赏诗画作品，积极表达自己的想法，绘制的插画符合诗歌内容，绘制精美。	能够认真欣赏诗画作品，能够根据诗歌内容绘制插画。	能够参与欣赏诗画作品。在老师或同学帮助下能够根据诗歌内容绘制插画。			
做诗册	能够运用所学知识积极主动为诗集诗分类取名，有独特见解。	能够运用所学知识为诗集诗分类取名。	能够认真倾听同学发言。知道诗集分类和诗集名称。			
抒诗情	能够正确选择配乐，积极进行配乐赏读诗歌，朗读感情充沛。	能够正确选择配乐进行配乐赏读诗歌，朗读比较有感情。	能够正确选择配乐进行配乐赏读诗歌，朗读感情不够充沛。			

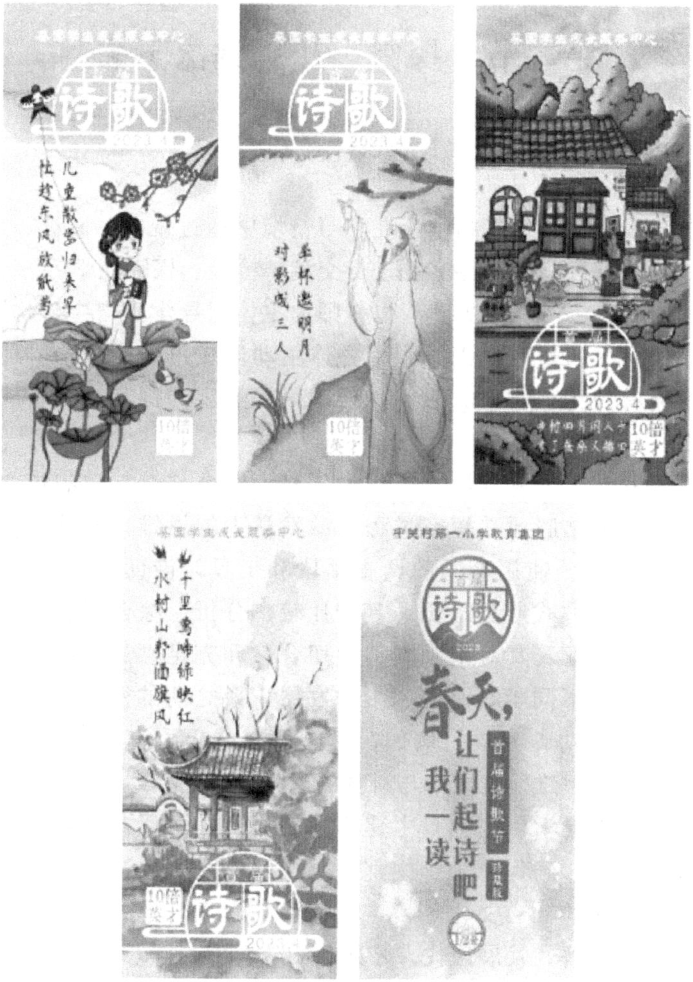

图 4-10　优秀学生作品

【小结反思】

基于诗歌节活动开展语文综合性学习，力求充分发挥语文学科的育人功能，彰显语文学科的育人价值。通过开放式、自主性、体验式、实践性的学习活动，学生可全方位、多角度地展示自我，极大地激发了学生对诗歌的兴趣，调动了学生学习的积极性，也有效提升了学生的语文学习能力，促进了学生语文素养的整体性发展和提升。在后续活动开展中我们将不断推进活动课程化，即将活动作为课程来开发，明确诗歌节节日课程的性质、理念、目标、内容和实施，避免为了“活动”而活动。

第二节 探究，让思维深下去

一、策略描述

探究亦称发现学习，是指学生在学习情境中通过观察、阅读、发现问题、收集数据、形成解释、获得答案并进行交流、检验、探究性学习。

探究可以作为一种教学方法，以教师为主体引导学生自主建构形成解释；也可以作为一种学习过程，以学生为主体主动形成正确的观念，理解事物本质；还可以将其视为一种育人目标，强调培养学生的探究能力，加深学生对探究本质的理解。

无论哪种观点，都将发展思维作为核心。思维是教与学的核心，要使思维走向深入，归根结底要在探究过程中激发学生的思维，并且在探究的过程中特别强调学生充分使用不同的调查手段和工具，借助观察、发散、比较、分析、综合等思维方式收集证据。基于比较、分析、综合等思维方式，对证据的准确性和可靠性及其对主张支持的切合性和充足性进行综合评估。实现知识与能力之间、不同学科之间、不同发展阶段之间的衔接和整合，最终促进学生核心素养的协调发展。例如，可以整合单元内容促进学生思维发展，在比较中发展学生思维，在艺术与科技的融合中发展学生的创意思维……

总之，为了帮助学生完成自主建构，教师一方面需要激发学生进行独立的高层次思维活动，确保每个学生都参与探究的过程；另一方面需要创设有利于学生合作交流的社会文化环境，促使学生通过与他人交流来建构社会意义，丰富自己的理解，发展现代人才必备的合作素养。

二、策略应用

“眼见为实”，单元实践活动中深化探索①

【痛点故事】

“为什么说种子中的胚是新植物幼体，其他部分不需要吗？”

“胚有哪几部分结构，怎么长成新植物？”

在学习教科版四年级上册“植物的生长变化”单元中第一课“种子里孕育着

①案例提供者：孙重霞。

新生命”时，有些学生存在这样的疑惑。还有的同学有更多的知识拓展需求：“胚各部分结构将发育成新植物的什么部分呢?”“种子萌发是先生根还是先发芽呢?”这些问题并没有超出这一单元的教学目标，会在后面的几节课中慢慢展现。但学生却在单元学习之初就有了这样的需求。

针对学生不易观察、理解的“种子和胚的结构”及它们在种子萌发、新植物生长中的作用，我根据本单元的整体教学目标和教学内容，在第一课原有的种子观察、解剖活动外设计了实践活动。

【工具链接】

整合化教学是一种课程改革模式，着重优化课程结构，提升课程设计的合理性。

基于教材的单元整合化教学，以教材为依托，利用整体性的思维，将单元、课时之间相关联的知识点实现纵向和横向的串联，关注教学内容与学生实际生活的联系，对学生所学知识进行整体、系统的架构，在此基础上设计着眼于单元教学及学生深度探究的实践活动，是科学课实现减负增效教学的一种有效途径。

【行动故事】

通过解剖黄豆种子认识胚以后，学生提出问题：如何说明胚就能长成新的植物呢？胚的各部分结构会发育成新植物的什么结构呢？带着这些学生提出的问题，我引导学生思考如何才能“眼见为实”。

有的同学想到直接种植观察，有的同学想到需要贴透明盆壁(袋子)观察。但还是有同学反驳：“胚在两个豆瓣中间，萌发初期我们还是看不到呀，还是不知道是先生根还是先发芽，也不知道胚的哪部分生根、哪部分发芽?”这时有同学大胆地提出：把种子剥开，去掉一片子叶，露出“小花芽”胚，接着培养，这样就可以直观观察了。接着就有同学反驳：“这样种子还能萌发、生长吗？不就死了吗?”同学们顿时陷入了一片沉寂。

我不得不出来引导：“大家还有其他方法吗?”教室里没有发出任何声音。“看来，去掉一片子叶露出胚，是现在我们能想到的直接观察种子内部生长变化的唯一办法，那我们不妨试一试。”

我继续引导：“为了方便剥开种子且不伤到胚，我们应该怎样做?”

有的同学想得非常周到，“可以先浸泡种子，在去掉一片子叶时可以保留一点与胚连接的位置，确保胚不受到伤害。”

这样，我们就开始了一个“观察去掉一片子叶的种子的萌发过程”的活动。同学们在观察活动中不仅可以直接看到胚不同位置的变化、生根发芽的先后顺序，并且知道了新植物各部分结构是由胚的哪个结构发育而来的。趁此时机，我启发学生：不完整的、残缺的种子，当胚完整时，在较良好的环境下也能够生根发芽，不断成长。这样也为后面研究种子发芽的条件做了铺垫。

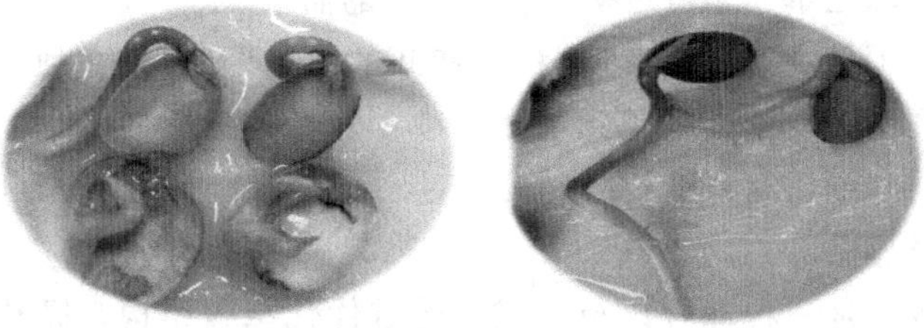

图 4-11　种子观察活动图

【小结反思】

教材教学目标是教学设计与开展的依据。教学活动应以教学目标为导向，且始终围绕实现教学目标进行。依据单元教学目标，整合教学内容，设计基于单元内容研究的实践活动。首先，利于单元内容的有效学习。通过一个(或几个)实践活动将单元内容建构、连接，甚至形成一个项目式的学习过程，可以减少重复性，提高课堂效率。其次，从单元甚至学段层面进行的教学，有利于设计有延展性的、进阶的探究活动，从而有利于加深学生探究的广度和深度。另外，设计基于单元内容研究的实践活动有助于学生思维的发展。实践活动需要学生在已有的较有限的知识、经验基础上，不仅有一定的分析、辨别能力，还能在部分同学的启发下进行大胆猜想、周密设计，在实践中还需要逐步提高动手能力、观察能力、分析归纳能力等。这些都有利于学生分析思维、创造思维、实践思维的发展。

此外，从学生逐步进行的实践活动出发，学生对科学精神及科学探索中的责任担当、小组合作、分享交流等有更清晰的认识，从而有助于学生科学态度、社会责任及正确价值观的形成。

比较中观察，让概念学习更透彻①

【痛点故事】

“这杯水的颜色到底是无色还是透明呢?”

“没有颜色呀!”

①案例提供者：张洋。

“它是透明的呀!”

颜色可能是小学生在观察物体的过程中最容易发现的特征了。“水”这一课在热热闹闹的学生活动中接近尾声，二年级的小同学有模有样地把一杯水翻过来掉过去地观察，俨然一个个小小观察家，开始小组讨论水的颜色。实验环节，小同学们一个个跃跃欲试。“透明!”一个学生站起来，胸脯挺得高高的，眼里满满的都是自信。学生都投来了肯定的目光，只有一个孩子举起手来说：“老师，我觉得水是白色的。”两个阵营的孩子开始了争论，在一旁的我感受到了很大的震撼。我认为这节课几乎没有什么有难度的内容，水是学生再熟悉不过的物质了，在课堂上老师给了充分的时间观察，可是如果仅仅依靠学生的已有认知便会形成错误的科学概念。

究其原因是学生对科学概念的混淆：一是对“透明”和“无色”这两个科学概念混淆，“透明”和“无色”描述的是水的两个不同的性质，透明是指水的透光性，而无色描述水的颜色；二是学生对“白色”和“无色”这两个颜色混淆。

【工具链接】

比较是在头脑中确定对象之间差异点和共同点的思维过程。结合这节课学生学习的难点，“比较”这种思维方法能够帮助学生学习。我们可以选择一种既是不透明的又是白色的液体和水进行对比，让学生在对比观察中学习水的颜色的特征。

【行动故事】

看来仅仅通过观察一杯水让学生对水的颜色有很好的认识是有困难的，尤其是当牛奶出现在学生视野中的时候，学生恍然大悟，马上就有学生说：“牛奶不是透明的，水是透明的。”接着我便又问了一个问题：“透明是什么意思呢?”让我意外的是学生非常容易地就说出了透过这个物体还能看到这个物体后面的东西，就说明它是透明的。接着我又鼓励大家找一找教室里还有没有其他透明的物质或者不透明的物质，学生们一下子就来了精神，眼睛开始在教室里上下搜索，一个个透明的物质逐一浮现，玻璃、钟表外面的罩……最后学生惊奇地发现某同学的眼镜片也是透明的。学生的思维活跃起来了，自然地在比较中发现透明并不是水的颜色。这样一来学生的学习难点就解决了。

【小结反思】

一节课就这样接近了尾声，当学生在认识概念上出现错误和混淆时，正是学生需要帮助的时候。找到适合学生学习的思维方法，将容易混淆的物品进行比较观察，往往会取得更好的效果。有了课上的体验，学生以后再学习容易混淆的知识点时便可以用“比较”这种思维方法。学生经历一个个思维过程，使用思维方法，不断发展科学概念，从而不断深化科学认识。

你真的没有美术细胞吗？①

【痛点故事】

当了二十多年的小学美术老师，耳边总是听到很多小孩子说“我不会画”。随着年龄增长和年级升高，这句话慢慢变成了“我没有美术细胞”。从表层看这两句话似乎很容易发现它们之间的因果关系，因为不会画，所以没有美术细胞。我猜想很多成年人也是用“会不会画”来评价自己是否具有美术细胞的。可是，会不会画画并不是决定一个人是否有美术细胞的唯一标准。一句“我不会画画，我没有美术细胞”让很多人在探寻美的道路上望而却步，与“美”渐行渐远。教学中如何将知识包裹在情感中？如何将应用知识的步骤分解呈现出来，一步步引导学生对艺术学习产生兴趣呢？

【工具链接】

美国积极心理学家契克森米哈赖曾提出过“心流”这个概念，他把人们在学习、从事某些工作或爱好活动时的愉悦参与状态称作“心流”；在《高阶思维有门道》这本书中的“建立相关性”中也提到了“心流”，书中说：“当某个知识领域既调动了学生的情感投入，又向学生揭示出许多深刻意义，那么这个学生就有可能进入‘心流’状态，进行深度思考的学习。”在本书中还指出：“教师如果想让学生关注、掌握、运用什么知识就必须把这些知识包裹在能唤起情感的情境中；当学生能从教学情境、材料或内容中构建出意义时，学生才有动力展开思考；学生只有在应用知识的时候方能体验到学习的乐趣，学而不用，学习就无法对学生产生真实的影响。”

【行动故事】

小王是一个典型的被自己和他人认定为不会画画且没有美术细胞的五年级小男孩，但有意思的是美术课上他总是闷头画，只不过每次他画的都不是老师安排的内容。有一天，我好奇地走到他身边问：“能看看你画什么呢吗？”“不行。”他紧张地用手捂着本，生怕我看到，旁边好事的男孩见状迅速伸手去抢，还大声说：“老师，他画游戏呢！”这下小王的秘密一点没保住，满满一本的打仗火柴人全暴露在我面前（见图 4-12），这时，周围的同学全都停下了手里的任务，朝小王这边观望，小王尴尬地低着头，不敢与老师对望，似乎全

①案例提供者：田春娣。

班都等着我劈头盖脸地数落小王。我走到讲台前微笑着说："小王同学画打仗也是画画呀，任何题材都可以变成一幅画，很多艺术家都表现过打仗呢！"小王听到我这番话，紧张的表情一下子舒展开来，我继续问："请问这些火柴人是用什么美术语言表现的呢？"班里的学生异口同声道："线条！""线条可以出现哪些对比？"班里的同学大声回应"疏密、长短，粗细"。此时，我的目光再次转向小王并对他说："现在轮到你了，如果你能把这些对比运用到你的打仗画中，画面一定会特别有意思！"小王听后流露出信心满满的神情，迫不及待地画了起来。几分钟后，我看到了这幅作品，单看单独的一个火柴人，造型能力偏弱，小王确实"缺乏美术细胞"，但由于画面中运用了对比，画面呈现出一种耐人寻味的趣味，我问同学们："请大家找找，小王同学的画面中有哪些对比呢？""左边的火柴人线条细，右下的火柴人线条粗。""密密麻麻的火柴人与右下单独一个火柴人是疏与密的对比。"我继续追问："画面中有了这些对比，给你什么感觉？"有的学生说："画面看上去挺有趣儿。"有的学生说："画面右下的空白处那个大的火柴人非常吸引人。"同学们的评价给了小王莫大的鼓励！我猜这节美术课一定能成为他人生中的美好记忆！

图 4-12 小王的画

在那节课上还有几个男孩也用"对比"的方法创作了自己喜欢的题材（见图4-13），从这些图中我们不难判断这是一群画面造型能力较弱的学生，但是他们的画面因为应用了“对比”这一美的法则而变得有了趣味。

图 4-13　学生作品

【小结反思】

从上面的画面中我们真切地感受到孩子们很享受自己的创作过程，学习进入了“心流”状态。正如《高阶思维有门道》一书中所说的那样：当学习者能沉浸在吸引他们的内容材料中，没有什么能阻止他们。本文中那些对美术创作丧失兴趣的学生在老师的引导下将学科知识运用到艺术实践的过程中，给自己带来了成功的体验，逆袭成了有美术细胞的学生，重新激发起对美术学习的兴趣，这种意义的建立对于学生主动学习、积极思考具有更大的动力！

能达到这样的学习效果最重要的一点是学生用老师教的方法表现了自己喜欢的题材，当学习内容与学生的情感和兴趣发生了联系时，教学就是一个良好的开端。学生发现以往的知识能与自己的实际需求相结合，学生在应用知识时就能体验到学习的乐趣。

创意物化，触摸科学思维①

【痛点故事】

中关村第一小学凭借地处中关村自主创新高科技园区，周围有 19 家科学院所的地缘优势，以及不少学生家长是科学家的独特资源，使学生们的科学课堂没有围墙，伸手可触前沿科技。2023 年第七个“全国科技者工作者日”，我原想借助少先队活动课的时间让学生们抒发对科学家爸爸妈妈的骄傲和自豪之情，却听到了这样的声音：“科学家有什么好？我爸爸就是物理学家，可他一天到晚不着家，回家就躺在沙发上睡大觉……”“我爷爷也是，那么大岁

①案例提供者：张清玉。

数了，天天待在实验室，让他陪我去公园都要求半天……”“而且科学家的工作太枯燥了，没有意思……”没想到“颂赞会”变成了“吐槽会”。作为辅导员，我意识到问题的严重性。为了帮助队员们理解科学家的工作状态和意义，学习感悟科学家精神，解决“爱科学”但“不爱科学家”的问题，我准备开展一次少先队综合实践活动，并在队课时间将身边的科学家邀请到课堂，让队员们倾听科学家的心声，了解科学家精神。

【工具链接】

创意是思维的产物。创意物化是创新思维的具体对象化。《中小学综合实践活动课程指导纲要》指出，创意物化是综合实践活动实现育人目标，促进生命自觉的重要载体。只有重视“创意物化”目标，才能让综合实践活动从普通的“学生活动”升级到能激发学生高阶思维的跨学科学习活动。“科学家精神”有翔实的发展历程和具体内涵，但对于小学生来说有些抽象，如何将学生对这些精神的学习和体会可视化，真正让科学家精神在学生的心中生根发芽，我想到了“创意物化”。

【行动故事】

1. 走近身边的科学家，直观了解科学家精神

突破难关无妙招，勇敢创新是关键。我在录制中国教育电视台大思政课《一堂好课·伟大的事业都始于梦想》时，有幸采访到了“嫦娥五号”探测器的副总设计师——洪鑫老师。在课堂上，我们连线洪老师，少先队员们听洪鑫老师讲述了他和其他科学家面对探月的技术难关，大胆创新，千百次尝试，创造性地把探测器拆解接力，最终实现“嫦娥五号”的探月之旅的过程，敬佩不已！少先队员肖博翰说：“以前只觉得火箭升空后能带回月球上的土壤，太神奇了！今天才知道航天员们经历了那么多难以想象的困难。”“作为新时代的少年，我也要像航天人一样用‘打怪升级’的心态直面困难、战胜困难。要把敢于创新、勇攀高峰的科学家精神发扬光大。”少先队员张芳悦说。

科研之路，一个人既走不快，也走不远。我将葵园科学家课程的常任教师、力学研究所的青年科学家胡远邀请到了队会现场。“胡远叔叔，您在工作的时候单枪匹马多，还是团结协作的时候更多呢？您在工作的时候会和同事发生争执，甚至排斥他人吗？您……”面对“葵娃”们的“十万个为什么”，胡远叔叔结合自身情况告诉队员们在科学研究过程中离不开单枪匹马的思考、钻研、实践，更离不开同伴之间相互协作、共克难关。最重要的是大家目标一致，要有关键时刻奋勇争先为集体服务的大局意识。“葵娃”们明白了正是这样的不计较个人得失、团结协作的协同精神，才推动了我国不断向科技强

国迈进。

国家和人民的利益高于个人的一切。队会上我们还邀请了一位“大咖”——生物学家、森林培育学家、中国工程院院士尹伟伦院士，也是学生尹嘉琦的爷爷。尹伟伦院士向少先队员们介绍了自己如何将专业特长、研究方向、职业选择和国家、人民对生态防护的需求相结合，并为了保证育林效果，常年和家人分居待在风沙地带做实验的经历，生动地向同学们展示了人民的利益高于一切的奉献精神。队员尹嘉琦在听完尹院士的讲述后，说：“爷爷，我老抱怨您一年到头不在家，不能陪我。现在我才知道您是舍了小家为了国家。原来你在家是瘦弱平常的小老头，在外却是闪闪发光的科学家。真为您骄傲……”“我今天回家就要好好抱抱我妈妈！我妈妈是环境研究员，但她研究的是垃圾，我总嘲笑她臭臭的。现在想想她臭臭的，换来我们的环境美美的，太伟大了……”队员杨悦涵说。

通过这次队课，少先队员们体会到了科学家工作的不易，对科学家精神也有了初步的认识。在我们身边有千千万万默默无闻、寂寂无闻的科学家，那些载入中国科学发展史的巨星科学家们又是怎样做到“十年如一日”“死而后已”地投身科学事业，又是怎样诠释科学家精神的呢？

2. 走进科学家事迹，深度感悟科学家精神

为进一步加深少先队员们对科学家精神的领悟，我充分结合学校的地缘优势和科学资源，带领少先队员们通过观影和“红领巾寻访”等方式了解了老一辈科学家的事迹，体悟科学家“枯燥、无趣”的工作承载的意义。

生命金钱诚可贵，为国发展皆可抛。我指导队员们观看了《克利夫兰总统号》纪录片，了解老一辈科学家如钱学森、华罗庚、郭永怀等，怀抱着科学救国的理想留洋求学；学成之后，面对国外的威逼利诱，他们冲破千难万阻乘坐这艘船回到祖国，义无反顾地投身祖国的科技发展事业。辅导员还带领队员们寻访与学校只有一桥之隔的中国科学院力学研究所，观看了有关郭永怀先生的纪录片。当看到在飞机失事的生死关头，郭永怀第一反应是和警卫员紧紧抱在一起用生命保护科研资料，少先队员们的眼眶湿润了。少先队员王雅萱哽咽地说：“老一辈科学家们为国家不计个人名利，这样执着的爱国精神太让人感动了！他们才应该是我们真正应该学习的榜样！”

科学探索无止境，严谨求实是基本。寻访中国科学院力学研究所时，少先队员们看到了展览台存放着一张信封，了解到钱学森爷爷曾有篇论文成稿只有 10 页，但收集相关资料的手稿有 800 多页，他在完成研究时上面用红笔写下“Final”，即“最后的定稿”；但他又写下“Nothing is final”，即“没有什么

是最后的”。“难怪说‘科学探索永无止境’。我也要学习钱学森爷爷严谨求实的科学家精神。认真钻研，拒绝马虎模糊，争做新时代的好少年!”少先队员高小涵说。

培育科技所需人才，铸就国家发展基业。在“中国科学院第十九届公众科学日・遇见科学 预见未来”的活动契机下，我带领少先队员们寻访了位于学校周边的中国科学院半导体研究所。在这里，少先队员们遇见了中国固体和半导体物理学奠基人之一的科学家黄昆。他们了解到黄昆先生钟爱固体物理学科研，但当得知国家需要培养更多的半导体物理学科学家时，他毅然放下自己心爱的事业，全身心地投入到教学中，并在讲台上耕耘26载，培养了中国第一代本土半导体专业人才，如秦国刚、甘子钊、夏建白等，后来都当选为中国科学院院士。黄昆先生淡泊名利、甘为人梯的育人科学家精神深深地打动了少先队员们。

3. 思维物化，弘扬科学家精神

“‘葵娃’致敬科学家”活动在少先队员们中间引起了极大的反响，少先队员们对“爱国、创新、求实、奉献、协同、育人”的科学精神有了深刻的体会，主动查阅探究前沿科技发展的少先队员多了，一股以科学家为对象的“追星热”火了，相约访遍北京科学家精神教育基地的身影也多了……

习近平总书记曾在两院大会上说：“当科学家是无数中国孩子的梦想，我们要让科技工作成为富有吸引力的工作、成为孩子们尊崇向往的职业，给孩子们的梦想插上科技的翅膀，让未来祖国的科技天地群英荟萃，让未来科学的浩瀚星空群星闪耀。”辅导员也借此活动鼓励少先队员们牢记习爷爷的教导，刻苦学习，掌握真本领，以科学家为榜样，今日做“追星”少年，明日成为科学浩瀚星空的“新星”!

在习爷爷的鼓励下，浸润在科学家精神里，少先队员们进一步对照自己的不足，以科学家精神为指导，以生活为舞台，从身边事做起，通过创意物化，用实际行动弘扬科学家精神。有的小队合作制作了“仰望星空，脚踏实地——科学之星”宣传册，并作为红领巾宣讲员在其他中队宣讲科学家们的爱国事迹；有的小队结成“科学之星・互助成长”小队，以己之长助力他人；有的小队制订了“不做小迷糊”计划和“科学家成长之路”计划，并梳理出了各科错题本，用求实的态度消除学习和习惯上的模糊；也有的小队采用乐高拼搭、软泥粘贴等方式，合作制作“仰望星空・向月球进发”号花车模型；还有的小队通过“玫瑰义卖”购买了原料，并用心制作了各种各样的葵花手工作品送给科学家们，向科学家致敬。

【小结反思】

此次活动层层深入地引导少先队员们知道了科学家离我们并不遥远，了解了科学家事迹，倾听了科学家寄语，深刻感悟了科学家精神，并由对科学家精神的概念了解进阶到以科学家精神为指引，解决学习生活中遇到的问题，实现了活动目的。最终鼓励少先队员们从小树立“科技创新、强国有我”的志向，努力成长为全面发展的时代新人。

艺、科融合，“益”智成长①

【痛点故事】

学校开展戏曲教育的目的是让孩子真正喜欢传统文化，并不是简单的咿咿呀呀学唱几句，而是将传统戏曲文化渗透到学生的日常生活中。如何将戏曲与孩子们的日常生活融合在一起？这是一个需要思考的问题。

“老师，今天排练我们班的小陈同学又来不了。”“上次是因为作业没完成，这次又是为什么啊？”“因为打架。”话还没说完，同学们就笑了起来。我本想找小陈了解一下情况，结果班主任先来京剧团找我了，他担心地说：“我们班的小陈同学近期情绪不太稳定，在班里做了一些‘小弹珠’，声称要‘打’不顺眼的同学。心理老师也找小陈谈过话，并未发现什么异常。京剧团的学生比较多，我赶紧告诉你他的思想动向，千万别给咱们京剧团找麻烦啊！”

班主任的一番话让我陷入了沉思，京剧团团员来自一至六年级的学生，年级不同、年龄不同、班级不同，类似小陈同学的情况每个班都有。面对同学们的不同问题，艺术教育应该起到怎样的作用？想到这个问题，练功房里的几个大字“学唱京剧、学会做人；学习认真、学戏刻苦”再次映入我的眼帘。

“做最好的我”是中关村第一小学的校训。如何做最好的我？可以体现在课堂上、社团里、生活的点滴中，每个人每天进步一点点，才能成为最好的自己。如何让艺术教育与学生成长需求、学生认知发展规律相契合？如何让戏曲贴近学生的校园生活？我在想如何做到艺科融合，让学生“益”智成长？

【工具链接】

习近平总书记在二十大报告中提出“推进文化自信自强，铸就社会主义文化新辉煌”，“教育、科技、人才是全面建设社会主义现代化国家的基础性、战略性支撑”。中宣部、教育部等联合出台的《关于戏曲进校园的实施意见》也提出：“坚守中华文化立场、传承中华文化基因，加强戏曲通识普及教育，增

①案例提供者：陈艳丽。

进学生对戏曲艺术的了解和体验，讲好中国故事、传播好中国声音。”戏曲是中华民族传统文化的重要表现形式，其中的多种艺术元素被用作中国传统文化的象征符号。艺术课程的核心素养是审美感知、艺术表现、创意实践、文化理解。

《义务教育艺术课程标准(2022 年版)》将原有的以音乐、美术两科为主体的架构改变为包括音乐、美术、舞蹈、戏剧(含戏曲)、影视(含数字媒体艺术)五门学科为主体的架构，明确将戏剧列入义务教育五大艺术课程，戏曲实现由“进校园”变为“驻校园”。新课标明确了“坚持以美育人”“重视艺术体验”“突出课程综合”的课程理念。重视艺术与其他学科的联系，充分发挥协同育人功能，促进学生全面发展。

中关村第一小学弘扬民族文化、把握时代特征、以儿童立场为视角，基于创新、融合理念对中华优秀传统文化特色课程进行创造性实施和再开发，进一步探索五育融合的跨学科实践路径，用中华优秀传统文化丰富学校美育教育。金帆京剧团既有“守正”(传统剧目)，又有“创新”(原创京剧课本剧)。根据学生发展的特点“量体裁衣”，让京剧更贴近学生，正是这种适合学生学习的戏曲教育模式使得学生爱上了戏曲。

【行动故事】

于是，我开始跟小陈同学进行探讨，他很愿意跟我一起努力寻找“最好的我”，但我们俩有个秘密条件(京剧团以小陈为原型编创节目；小陈要保证每天进步一点点)，如果两个月内没有明显变化，我们俩谁都可以提出“承诺暂停”。达成“协议”后我们俩便开心地合作起来。后来，小陈自己做的“小弹珠”变成了“剧目里的小道具”，他还告诉我制作的科学原理，说他长大后想成为科学家。

艺术来源于生活但高于生活，根据小陈同学的原型，又结合学校特殊的地理位置优势(海淀区中关村)，以及学校文化特色(科技节、金帆京剧团)，最后我决定以“科技＋京剧”为主题(见图 4-14)来大胆尝试本次作品编创。

图 4-14　“科技＋京剧”为主题

1.“科技和京剧”如何遇见

科技、京剧、校园、小学生怎么融合才能合情合理？我想过很多遍，从最初查找学校各届科技节主题，到亲自去科技馆体验，再到结合学生的科技节作品，最后让各学科（音乐、美术、科技、信息、语文）的同事们帮忙，在课堂上以“科技＋京剧　未来＋传统”为主题，让孩子们创作自己的作品。全校近500人参与其中，在众多作品中选出“李白和小度”的对话，以此为创作灵感。

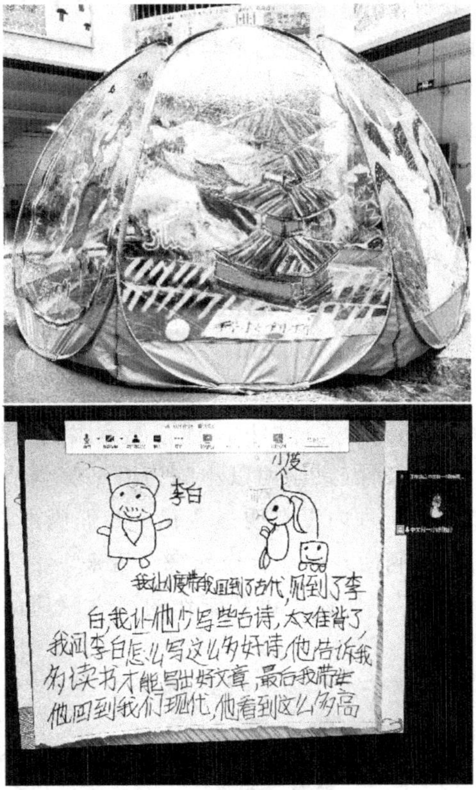

图 4-15　学生作品

2. 剧本如何编写

“创意很丰满，现实很骨感”，动笔后又改，改后完成又推翻，有时候脑子一片空白，迟迟找不到更好的切入点。两个月过去了，老师们说，陈老师这个方向太难了，咱们换方向吧。小陈同学说：“陈老师，你说的原创剧目是在骗我吧？”当灵感来时，我经常半夜起来，打开电脑就开始写。剧本创作是一个从无到有、绞尽脑汁的过程，而《少年梦》又需要融合 AI 科技、传统文化、京剧唱腔、现代舞蹈、校园背景、儿童表演等诸多元素，创作难度可想而知。为了坚守教育者的初心，我数十次修改完善文稿，字字推敲，句句斟酌，不分昼夜，天天和剧本较劲，不断推翻、否定自己的作品和心血。每当想起和小陈同学的承诺，我又打起精神，重新建构更完美的故事框架和情节。老师以身作则，为的是引导孩子们在学习过程中“做最好的自己”。

3. 疫情防控期间，线上线下排练困难

编创初期正处在疫情防控时期，专家不能进校，排练教室不能跨年级使用。时值酷暑，30 多摄氏度的高温，烈日当头，为了不影响排练进度，剧组全体成员坚持在校园里进行室外排练。我们还在小公园门口练过，蚊虫叮咬、汗流浃背，但这些困难都没有消磨孩子们的意志和老师们编创的热情。

图 4-16　排练场景(1)

线上教学对其他学科来说可能还好，但对排练来说实在是困难重重。机器人舞的动作需要整齐划一，但网上“练功”无法达到想要的效果，那就只能先从念白的语气、唱腔的韵味说起；演唱高音时消音了，只能低八度来唱……最后要求剧组所有人闭上眼睛，能像“听广播”一样就成功了一半。前期创作，几位主创老师不断地调整剧本、动作、音乐，如果没有足够的耐心和共同的目标，这样的磨合过程其实是非常煎熬的。在排练过程中，学生们也积极参与编创，设计自己角色的专属动作。

4. 服装、化妆、道具如何设计

这部剧的服装设计最难的就是机器人舞的服装，我们已经记不清楚设计师修改过多少个版本。最初加入了戏曲元素的服饰，效果图出来后感觉像戏曲舞台上的“男兵”“女兵”，后来再找灵感、再修改，直到最后定稿。化妆既要有戏曲元素，又要有现代科技感。

除了服装、化妆，道具的体现也需要深度思考，戏曲舞台想要体现出科技元素，需要大制作才能完成。一个校园京剧面临的是比赛或演出，所以道具很重要，要全方位思考，结合学校的教育理念，参考学校历届学生科技节作品，最后确定了“葵园梦想号”“科技梦、创未来”的内涵。

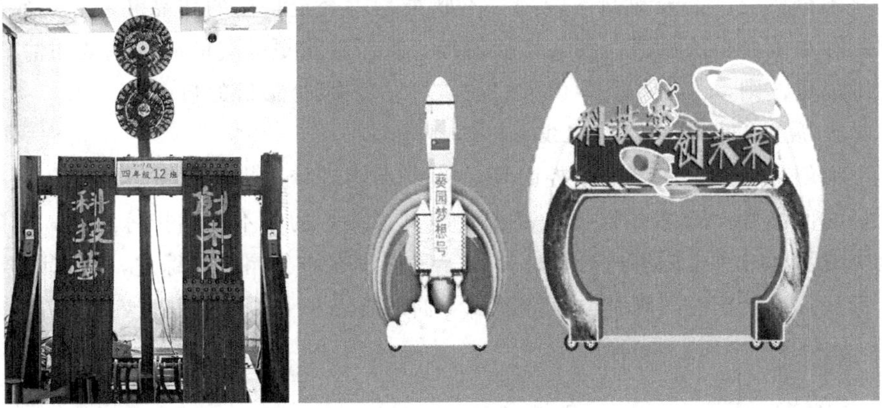

图 4-17　道具

5. 蜕变

剧目名称经历了蜕变，从最初的《AI 世界：做最好的我》，经过十几个题目的酝酿、比较、推敲，最终选定了朗朗上口的更符合创作立意的《少年梦》。原创剧目诞生了，小陈同学也变得越来越自律，我们俩兑现了彼此的承诺。在整个编创过程中大家齐心协力，师生共同完成了一次又一次质变和飞跃，京剧团的实践活动也是每一名学生践行“做最好的我”的过程。

图 4-18　剧照

【小结反思】

中关村一小金帆京剧团以“科技＋京剧”创作出来的《少年梦》在致敬传统、展望未来的同时，弘扬了中华优秀传统文化。京剧和科技的融合碰撞也谱写了戏曲教育的新篇章。

艺术教育的终极目标是人格教育，而非才艺培养。艺科融合激发了学生对传统文化和科学的热爱，“益”智学生的成长。戏曲教育不仅锤炼了学生的意志品质，提升了学校的美育，而且促进了“五育”融合。坚持以中华优秀传统文化为主体，讲好中国故事，让学生传承和弘扬中华优秀传统文化，对于培根铸魂发挥着重要的作用。

少年贵在有梦，唯有坚持、进取和耐心守候，梦想方能成真。

习作成集，记录金色童年①

【痛点故事】

我的办公桌上静静地躺着一本习作集(见图 4-19)，封面(见图 4-20)是油画风格的蓝天、白云、绿树、红花。孩子的笔触充满童真和稚嫩，一道亮丽的彩虹，半圆形的七彩弧线稚拙地滑过封面和封底，像极了孩子们自己命名的文集的名字《彩色的梦》。这是我们班的期末礼物，收录了每一个孩子本学期的一张在校生活照、一篇练笔和一篇习作，这其中珍藏的是奇妙的故事，更是满满的爱。

图 4-19　习作集

图 4-20　封面

捧读孩子们自己挑选的他们最喜欢的一篇篇作品，凝视一张张神采飞扬的笑脸，我眼前浮现的是陪伴他们成长的点点滴滴，也有许多往事涌上心头。

还记得在进行三年级下学期第一篇习作《我的植物朋友》教学时，老师们

①案例提供者：张征。

拿到的习作初稿是这样的。

学生作品 1：

我的植物朋友——玉兰

玉兰花是木本植物，落叶乔木，枝广展，形成宽阔的树冠；树皮深灰色，叶纸质，倒卵形。花蕾卵圆形，花先叶开放，直立，芳香，白色，种子心形，侧扁。玉兰花别名：白玉兰，木兰。白玉兰是我国有名的观赏树种，有2500 多年的栽种历史。这就是我的植物朋友——玉兰。

——小琪

显而易见，孩子可能平时没时间认真观察，在放学路上见到了玉兰，又没有办法表达明白。她基于网上查找的资料进行写作，对于玉兰的描写仅停留在资料的运用上，没有自己的真实感受。

【工具链接】

教研组老师们根据这样的情况进行了讨论。大家明确了我们此次可以开展“观察记录，讲述故事”的综合实践活动。老师们在正式习作开始前的一周时间引导学生确定一种自己喜欢的植物进行观察，填写观察记录单。

图 4-21 为教材中的记录卡，图 4-22 为教师修改完善的记录卡。

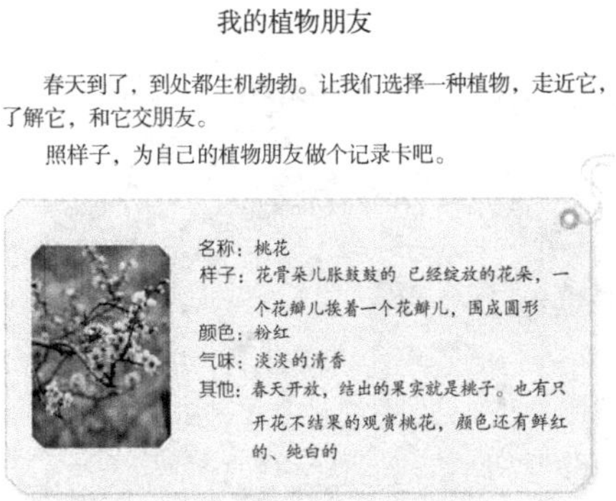

图 4-21　教材中的记录卡

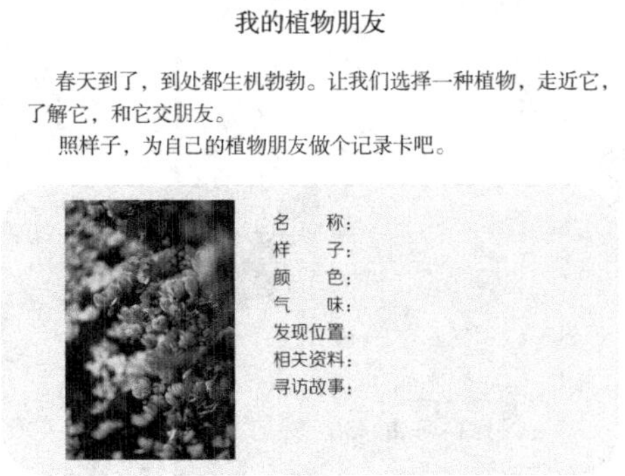

图 4-22　教师修改完善的记录卡

【行动故事】

正值春意盎然，校园中玉兰初绽，海棠吐蕊。老师们带领学生来到校园中，先根据树干上的标识牌确认植物的名称并记录下来。然后，我带领孩子们站到离树三个树高的地方进行远距离观察，比如图 4-22 中的这棵玉兰，树高有两层楼高。一个孩子说：“老师，最上面的树枝正好在您办公室的窗子前面。”又一个孩子发现：“老师，这棵树的形状就像……一片放大了的玉兰树叶子。”还有的孩子发现：“老师，对面那棵玉兰树的花比这棵树开得多。”我赶快问：“快想想，这是为什么?”孩子们很快就发现对面的玉兰树在阳面，就会长得更快，花开得早一些。接着，我再带学生走近观察，仔细看一朵花的颜色、形态，捡起一朵掉落在灌木丛上的花朵让孩子闻一闻，“嗯，有一股清香，还带着雨水的味道……”就这样，孩子们分别找到一棵自己喜欢的植物，用这样的方法去观察和记录。下课了，孩子们意犹未尽。于是，我提议孩子们到自己的小区或者喜欢的公园中去继续观察和记录。可以把查找的资料和寻访的故事一起记录在习作中。在记录中，我们对教材中的记录卡进行了补充完善，这样习作中就有更丰富的内容可以表达。

于是，老师们在本次实践活动后的习作中发现了更多的惊喜。走进大自然去观察和记录，让我们看到孩子们确实和植物成了朋友。小琪同学在综合实践活动后的习作如下。

学生作品 2：

我的植物朋友——玉兰

春天到了！春姑娘来了，它唤醒了大地，为大地穿上了一件绿色的外衣。各色鲜花争奇斗艳，而我最喜欢的是玉兰花。

初春时节，那光秃秃的树干冒出了红红的花苞。过了几天，小花苞里钻出了雪白的花瓣，应该是里面不舒服，想出来伸一个懒腰吧。刚长出的花苞长长的，下面有些红，而上面有些却是洁白的。一片片花瓣抱在一起，看不出来一点要开的意思。随着气温升高，阳光下，微风习习，白玉兰树斜斜地伸展枝干，无叶无绿，只是朵朵优雅宁静地绽放。玉兰花远远望去像一朵朵雪白的棉花一样。它的花骨朵儿不是乳白色的，而是橙黄色的，有的展开了两三片花瓣，像一个个小酒杯一样；有的花瓣全部展开了，像一个个亭亭玉立的少女。

玉兰花别名：白玉兰，木兰。白玉兰是我国有名的观赏树种，有 2500 多年的栽种历史，原产于江苏、安徽、浙江、湖南、湖北、贵州、广东、山西等地，在北京以南地区也广泛种植。

如果你和我一样喜欢玉兰花，那一定不要错过颐和园乐寿堂门前的玉兰花。周末，我和爸爸妈妈去那里欣赏了玉兰花，它们就像满树的白鸽一样明亮美丽，在阳光下闪着光。它们除了拥有漂亮的“容貌”，还有着“玉堂富贵”的美好寓意。

这就是我的植物朋友，洁白如玉、玉堂富贵的玉兰花。

——小琪

本次习作我们的预期目标就是发展学生思维的系统性和独创性。我们借助植物记录卡梳理植物特点来实现系统性，而独创性的特点在于记录学生与植物间的故事。学生在综合实践活动的基础上经历了从观察到记录，再到写清楚的过程。老师引导学生对植物进行了有序的观察，学生的习作能围绕植物的“样子”“颜色”“气味”“生长规律”“文化含义”“我与植物的小故事”几个方面去写。这样就避免了罗列条目，一“逗”到底。大部分学生能够做到习作条理清晰、结构完整、叙述流畅。同时，每个学生对植物的观察都是独特的，观察后的感受也是独特的。学生能够用自己独特的语言把想法记录下来，在仿写课文文段语句的基础上有自己的创新表达。

【小结反思】

实践过程中我们发现，指向学生习作思维品质提升的综合实践活动的设计要遵循以下几条基本原则：

第一，基于统编版教材的要求设计活动目标——指向性强。我们每一次综合实践活动的设计目标，首先都是配合统编版教材中的习作要求来设计的。方向把握准确，在教材的基础上进行适当的补充完善或者再开发，使活动设计的目的明确，这是基本原则。

第二，基于学生年龄特点设计活动内容——趣味性强。我们学校主张好的课堂要使学生感兴趣、学进去，好的综合实践活动设计就要基于学生的年龄特点。只有在充分遵守学生认知规律的前提下进行设计，使学生在活动中体会趣味性，充满新奇、快乐的体验，才能真正用一双发现的眼睛去观察，才能把触动心灵的内容用语言输出。

第三，基于课堂组织和实施设计活动规则——可操作性强。综合实践活动的规则和过程需要有较强的可操作性，便于老师组织教学，边交流边指导，便于学生边实践边观察。可操作性强能有效地解决学生认知中的难点，更好地解决实践中的问题，进而提高课堂的有效性。

未来的路上，我们愿和所有喜欢习作教育的同人一起，用爱心和智慧陪伴孩子们的童年，引导孩子们用手中的笔放飞自己彩色的梦，一起开启我们的寻梦之旅吧！

第三节　活动，让思维拓展开

一、策略描述

语言是活动，语言也是交际工具，任何工具都是由人去操作的，人们要学会语言必须通过操作活动；交际是活动，人们是通过活动学会交际的。语言是受规定制约的有目的的活动，在学习过程中必须把思维与行动结合起来。思维是人类最为宝贵的财富之一，它决定了我们对世界的理解和应对方式。然而，思维也容易受到各种壁垒的限制，限制了我们的认知和创造力。为了拓展思维和认知，我们需要学会打破这些思维的壁垒，开阔我们的视野，培养创新和灵活性。

例如，齐燕群老师的劳动课让中国结的知识更加鲜活，增强学生对中国结的喜爱，从而激发学生亲自动手编织的积极性；刘刚老师的跳绳课和学生一起练习、讨论、开发和创新出了很多花样跳绳的新奇玩法，极大地带动了学生们学习花样跳绳的兴趣，让一根小小的跳绳为学生带来了大大的快乐；王然老师的项目式学习活动，既关注实践，也关注“学习”让语文综合性学习活动更有效；赵璇老师的道德与法治课强调多样化的教学策略，通过开展实践教学、情景模拟、社会实践等活动，让学生能够将所学知识应用于实际情境中，提高实际运用能力；赵蕊老师的班会课以班级儿童哲学社团遗留问题为契机，带领学生共议“自由”。通过小组合作讨论的形式，引导学生学习并践行社会主义核心价值观“自由”主题；英语组教师通过国际文化节这一活动，为学生创设一定的问题情境，营造良好的学习氛围，让学生在实践中获得积极体验；王岩老师通过数学“综合与实践”帮助学生了解数学的特点，感悟、体验数学的应用，培养了学生的抽象思维，提升了学生自主获得知识以及解决问题的基本能力。

总之，活动就是为了让学生参与，不同层次、不同性质、不同形式的活动让师生共同投入，彼此协商，互相交流，帮助学生拓宽思路，拓展思维。

二、策略应用

“红领巾”议自由①

【痛点故事】

进入三年级以来，三(7)中队的队员们愈发关注“自由”和“权利”的问题，无论是在课堂上还是在课间活动中，总能听到“我想……这是我的自由”“……这是我的权利”这样的言论，他们不愿被规则的条条框框所约束，想在教室或是课堂的一方天地之中展现自我、表达自我。但无规矩不成方圆，过分强调自由的行为使我们中队宛若一盘散沙，没有了凝聚力与生命力。

作为一名中队辅导员，我深知自己肩上教书与育人的双重使命与责任。三年级是认知发展、思维能力形成的关键期，更是成人、成才的重要转折点。学生们正经历着他律道德的权威性向自律道德的自主性过渡的阶段，规则在他们眼中不再是权威人物的单方面督促，而是建立在自主、平等、尊重基础上的共商共议。但学习生活中，队员们种种建立在自我利益基础上的“自由”表明了他们对“自由”价值理解的偏颇。

我在研读国家精神指示文件中汲取了育人灵感。党的二十大召开以来，“培育和践行社会主义核心价值观”在国家意识形态的引领地位愈发重要，已被视作新时代文化建设的核心任务。学生们自由散漫，对“自由”理解具有偏差，一方面，这是教师德育工作中需要解决的重点问题；另一方面，以“自由”为题开展学习践行社会主义核心价值观的中队活动，是传承发扬党的二十大精神，让中国特色社会主义思想进课堂、进头脑的有力手段。《少先队活动课程指导纲要(2021年版)》中的相关表述也印证了我的想法，它指出“要聚焦少年儿童政治启蒙和价值观塑造”，而“政治启蒙”就包括了习近平总书记对少年儿童的殷切期盼；“价值观塑造”指向学生的道德养成，其目标之一是要培育和践行社会主义核心价值观。

如何才能让“自由”社会主义核心价值观入脑入心呢？社会主义核心价值观是立足于中国社会和文化背景提出来的，与我们的传统、习惯和生活方式有千丝万缕的联系。把社会主义核心价值观融进学生生活，需要用贴合儿童思维的语言展示其丰富内涵和精神实质，如此才能在价值观教育中规范行为、养成习惯、端正思想，使其成为镌刻在学生脑海的重要印记。

---

①案例提供者：赵蕊。

【工具链接】

班会作为帮助学生树立正确价值观的重要途径，要帮助学生修正原有不正确的价值观，构建正确的价值观，必须设置能够引起学生产生价值冲突的情境，并给予学生充分的时间，让学生在讨论、抉择、对话、反思中体会道理。同时，核心价值观是抽象的，落实到班会上必须结合学生实际生活来开展。

基于此，一方面，结合课堂、教室、校园三个方面的生活情境，思考自由在具体生活情境中的表现，引导学生形成“尊重规则下的自主，自己的事情自己做，不随意打扰别人”的自由意识；另一方面，通过发布 5 个问题情境卡片，以小组合作讨论的形式引导学生充分讨论“自由”概念中蕴含的自由与意愿、他人、长大、权利、用处的关系，认识自由的真正价值。

【行动故事】

如何才能让学生认识到自由不是“想干什么就干什么”，并引导他们认识到自由与规则的关系呢？

我通过出示生活中“自由”场景的图片，让队员们感知自由就在我们身边，我们的学习生活中时时处处都在彰显自由的力量。接着，梳理队员们前期的调查问卷，把问卷中学生对“自由”的理解变为 5 个问题，问题设计涵盖自由与意愿、他人、长大、权利、用处的关系，为引导队员们充分认识自由和规则之间的关系奠定基础。

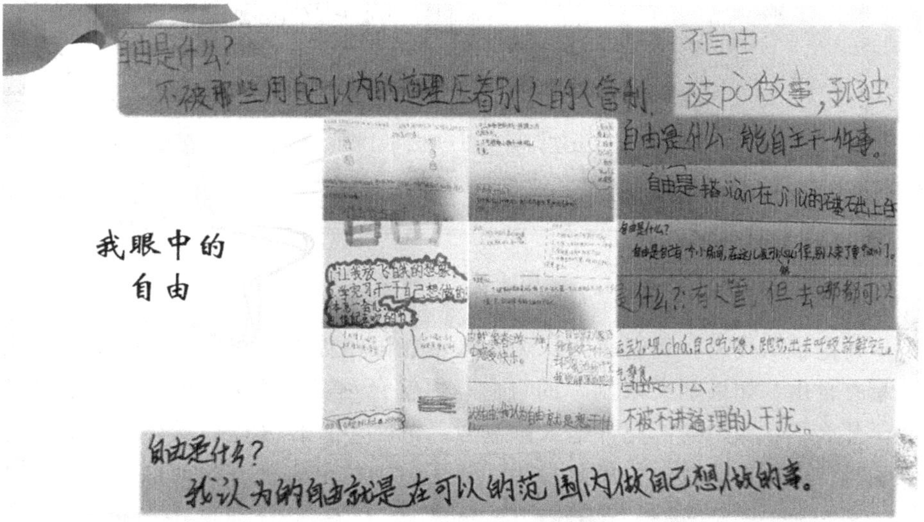

图 4-23　学生眼中的自由

问题卡片1：你能想干什么就干什么吗？

有同学认为，可以做任何我们想做的事情，想干什么就干什么，就是真正的自由。

你们怎么看？

图4-24 问题1

讨论小队代表：我们小队认为自由不是想干什么就能干什么，需要考虑大家的感受，也需要考虑行为与发生场所是否匹配。如果每个人都随心所欲干自己的事情，那么每个人都无法享受自由。比如我们在上自习课时，有同学想和同桌聊天说话，说话当然是你的自由，但自习课就是让大家自主学习的，你讨论问题的声音越来越大，那么其他想安静学习、独立思考的同学就没法学习了。所以这种完全依据自己想法所做出的行为不能算真正的自由，自由需要建立在尊重他人权利的基础上。

问题卡片2：别人能限制你的自由吗？

通过一项关于"自由"的问卷调查，老师发现很多同学觉得自己"不自由"。①有写不完的作业；②课外辅导班占据大量的课余时间；③家长限制我玩电脑……

你一定觉得总有人约束你的自由，总是要求你做这做那。想一想：如果他们要你做的事情是正确、有用的呢？如果让你一个人做决定，你可以吗？

图4-25 问题2

讨论小队代表：我们小队认为别人不能限制你的自由，因为每个人都应该享有自由。如果别人限制你的自由，你就会一切都听别人的，不知道自己要干什么了。如果我们允许他人限制自己的自由，长大以后就会盲目听信别人的话，那么自己就失去思想自由了。所以，每个人都有行动自由和思想自由，别人无法限制我们。

其他小队成员补充：我们还可以用话剧的形式来表达对自由的理解。

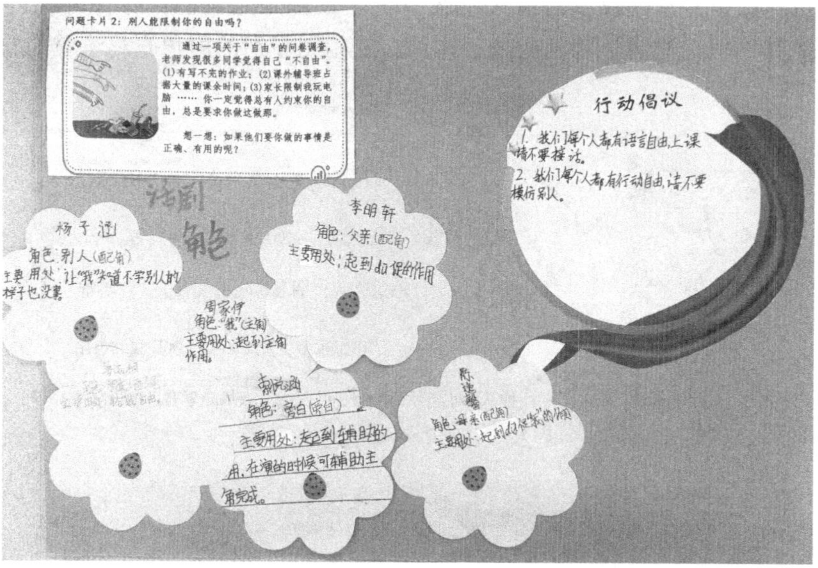

图 4-26 《什么是自由》话剧提纲

问题卡片 3：只有长大以后你才能自由吗？

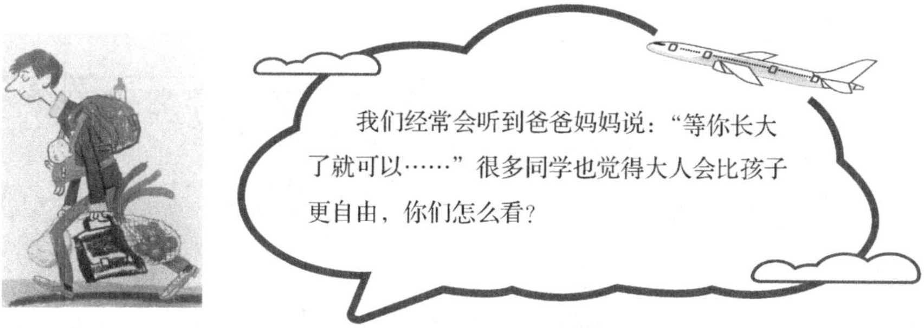

图 4-27 问题 3

讨论小队代表：我们小队非常赞同这个观点，有很多事情只有长大了才能做。例如去游乐园很多项目都规定了年龄和身高；很多事情爸爸妈妈想做就可以立马完成，我们想做还得征求他们的意见。所以大人当然比我们自由。

其他小队成员：但是爸爸妈妈也是从小孩成长为大人的，他们也经历了我们现在不自由的阶段，我们现在的不自由是为了以后的更自由。

问题卡片 4：每个人都能享有自由吗？

讨论小队代表：我们小队不认可小雷所说的自由。想添多少鸡米花是你的自由，但是食堂的叔叔阿姨送到教室里的饭都是定量的，你把好吃的都添完了，其他想吃的同学就没有了。这是在变相剥夺别的同学吃鸡米花的自由。

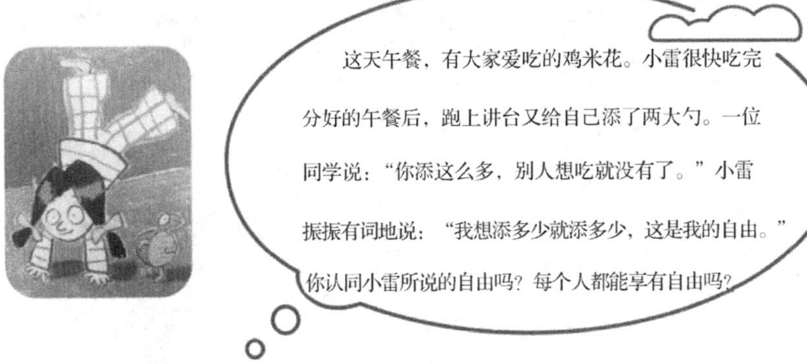

图 4-28　问题 4

其他小队成员：没错，全班同学都盛完鸡米花之后还有多余的，小雷同学就可以去添一勺，这样才是他的自由，如果一开始想吃多少就盛多少，就不算自由了，这是自私的表现。

问题卡片 5：自由有什么用？

图 4-29　问题 5

讨论小队代表：自由可以使人变得快乐和幸福，我们能按照自己的意愿、兴趣和爱好选择自己要做什么、不要做什么，别人不能强迫我们做自己不想做的事情。但是自由需要建立在我们已经完成了作业等学生分内的事情的基础上。

其他小队成员：我想补充一点，自由是建立在秩序和规则基础上的。我们做自己想做的事情首先不能损害其他同学的利益，大家都遵守规则了，才能实现真正的自由。

其他小队成员：我认为自由还可以约束人们的行为。例如，本来我想打闹玩耍的，但想到我在写作业时也不希望有人说话影响我，那么在看见有同学看书时，我就不会做出影响他人的事情，否则下次我看书的时候其他同学也会打扰我。

通过小组讨论，大家逐渐认识到追求自由不仅是我们每个人的天性，还是我们所拥有的一项社会权利，同时也包含对规则的尊重和对他人权利的不妨碍。

【小结反思】

我以班级儿童哲学社团遗留问题为契机，带领我队成员共议“自由”。通过小组合作讨论的形式引导学生学习并践行社会主义核心价值观“自由”主题，了解自由是一个人所拥有的社会权利，理解自由包含对规则的尊重和对他人权利的不妨碍，形成“自己的事情自己做”“不随意打扰他人”的自由行动。

不过，学生的价值观形成是一个渐进的过程，可能出现价值观冲突、对抗等现象，不能期待通过一次班会就能改变或影响学生的价值观。因此，接下来我将以自由作为一条主线，一步一步逐渐深入，继续有计划、有层次地开展班会活动，寻找教育契机，将价值观教育与班级文化建设结合起来。

平安出行，我们可以做些什么？①

【痛点故事】

“同学们，今天的这节道德与法治课，我们学习了解了生命的来之不易与可贵之处，下节课我们讲第八课‘安全记心上’第一课时‘平安出行’，请同学们提前做好课前预习，并思考这个问题，自己怎样才能做到平安出行，同时让身边更多的人意识到安全出行的重要性并且主动做到。好了，下课吧！”刚布置完任务，我还没来得及走出教室，同学们就七嘴八舌地把我围了起来。“老师，老师，咱们学校门口每天有很多闯红灯的同学，我制止过他们，可他们就是不听。”“老师，除了在马路上，还有许多地方也会出现交通事故。”“老师，上次我和妈妈去逛商场，看到路上的斑马线会随着红绿灯变颜色，闯红灯的人还会被清楚地拍下来呢。”……

①案例提供者：赵璇。

听了学生们的话，我不由得陷入了沉思。他们已经步入三年级，简单的交通出行规则他们大都已经了解。但是对于发生在身边的交通安全事故具体的成因和产生的巨大危害，学生们的认知仍然处于相对较为浅显的阶段，思维的固化和跳脱都没能与正确的应用场景很好地结合起来。在这节课上，我要如何利用多种教学方式引导他们，逐步增强不同情景下正确判断与处理安全出行问题的能力，形成安全出行思维，这是课程的重点。

【工具链接】

《义务教育道德与法治课程标准(2022年版)》指出，在教学设计中，应注重培养学生的主体意识和创新思维能力。教师将充当引导者，通过启发式教学法、案例教学、辩论、角色扮演等活动，引导学生主动参与课堂讨论和探究。这种教学方式有助于激发学生的思维独立性和创新意识。

课程标准还强调多样化的教学策略。通过开展实践教学、情景模拟、社会实践等活动，让学生能够将所学知识应用于实际情境中，提高实际运用能力。此外，课堂任务型教学、小组合作学习等策略也被提倡，以促进学生的团队合作和沟通能力。

【行动故事】

面对这样的困惑，我一直在思考，通过怎样的方式让学生们形成安全出行的思维意识与方式。三年级的学生，比起过程，应该先让他们看到结果，以真实情景为驱动导向，才能更好地激发他们的安全意识。有了！之前在班里学生提到武汉一位幼儿园小朋友在校园内被教师开车撞倒身亡的事件时，许多同学在听到后都表示了解过该事件，还激烈地讨论了起来，何不以这个事件为契机呢？于是，依据课程标准提供的思维工具，我设计了以下几方面的教学策略。

1. 辩一辩，让思维具象起来

通过武汉幼儿园事件，引出交通安全的重要含义，并且让学生认识到“汽车盲区”这一关键概念。接下来每组分发一张汽车模型图，分组讨论汽车盲区的大体位置、大约能覆盖的人数。学生你一言我一语热火朝天地讨论起来，有的同学认为现在很多汽车都有360°全息影像，汽车盲区很小，有的同学则不以为然。经过充分的小组辨析，汇报组内讨论结果，最后出示郑州交警现场模拟的汽车盲区视频，一辆普通的运动型多功能车视线盲区内竟然能容纳整整75个小朋友。这个数字给学生造成了不小的思维冲击，也让他们在思维具象化的过程中更加充分地认识到了安全出行的意义。

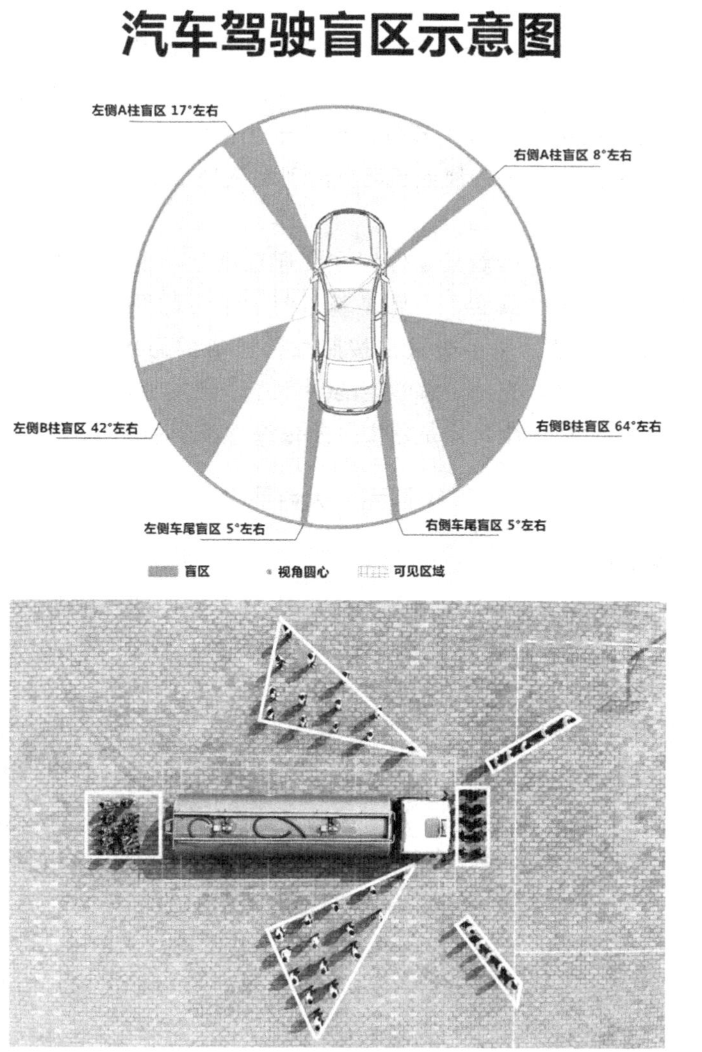

图 4-30　示意图

2. 演一演，让思维发散起来

除了汽车盲区，酒驾也是造成交通安全事故的一大隐患。班里的许多同学都是乘坐私家车上下学，结合书中提到的“对酒驾说‘不’”的小故事以及知识窗的内容，邀请学生小组分角色扮演讲故事，说一说除了像书里那样说，还能怎么劝一劝父母不酒驾。学生们在这个环节给了我许多意想不到的惊喜，预设了各种场景与回答，让发散思维落地开花。

3. 画一画，让思维创意起来

这节课的最后一个环节，结合学生课前提到的智慧斑马线，我鼓励学生想一想、说一说、画一画，设计出一款怎样的未来交通工具或者智慧出行方式，让我们的交通出行变得更高效、更安全。他们创意迸发，灵感无限，空中巴士、小型私人飞机等各种创意活灵活现地展现了出来。

【小结反思】

就这样，一节原本可能只是停留在交通规则学习层面上的道德与法治课堂变得丰富多彩起来。其实，不管是基于何种学习的课堂都应该积极调动学生思维的改变与发散，而不能只是按照教师已有的思维定式去备课、上课。基于学生的真实认知，充分了解学生的兴趣点，激发他们的求知欲、探索欲，积极调动他们的发散思维，才是落实高质量课堂教学的关键所在。

小红绳　大内涵①

【痛点故事】

下课了，教室里一下子热闹了起来，几个女生拥到我的身边，叽叽喳喳地说着："齐老师，您看我的小手链好看吗？""我看看，我看看。""我也有，明天我就带来！"我低头一看，原来是一条用红绳编制的手绳，上面点缀着一个小小的金兔。我真诚地赞美道："很漂亮啊！""是我妈妈在我生日的时候给我买的。"我问孩子们："家长为什么会送给我们用绳编的手绳呢？"有的孩子说"好看"，有的孩子说"便宜吧"，还有的孩子说"不知道送什么了，就随便买的呗"……听了孩子们的回答，我突然感觉平时对孩子们的传统文化的教育是缺失的，一根小红绳其实蕴含着深深的寓意。中国结内涵丰富，是中华民族宝贵的文化遗产，在某种意义上，中国人把它当作吉祥、幸福和力量的象征。而这些具有传统文化内涵的手工艺品经常被我们忽视了内涵，而只关注外在的样子。六年级的孩子喜欢动手，喜欢创新，也逐渐有了自己对文化的理解，我怎么能够让孩子们动手动脑动心思地感悟我国优秀的传统文化，理解父母对我们深深的爱意呢？劳动教育是不是能够让孩子们更多地理解一根红绳背后的深意呢？

【工具链接】

《义务教育劳动课程标准(2022 年版)》中指出：劳动课程强调学生直接体验和亲身参与，注重动手实践、手脑并用，知行合一、学创融通，倡导"做中

①案例提供者：齐燕群。

学”“学中做”，激发学生参与劳动的主动性、积极性和创造性。注重引导学生从现实生活的真实需求出发，亲历情境、亲手操作、亲身体验，经历完整的劳动实践过程，避免单一、机械的劳动技能训练，避免简单的劳动知识讲解，避免缺少实践、过于泛化的考察探究。注重引导学生通过设计、制作、试验、淬炼、探究等方式获得丰富的劳动体验，习得劳动知识与技能，感悟和体认劳动价值，培育劳动精神。

在课程内容的设置上，劳动课程共设十个任务群，其中生产劳动包括农业生产劳动、传统工艺制作、工业生产劳动、新技术体验与应用四个任务群。在第三学段的任务群5中有以下内容：传统工艺制作中，选择1～2项传统工艺制作项目，了解其特点及发展历史，初步掌握制作的技能与方法。读懂基本的实体图、示意图、装配图等。根据劳动需要设计方案，并选择合适的材料和工具制作简单作品。

基于以上对新课标新课程的解读，我对学生开设了“中国结艺系浓情”的传统工艺制作的劳动课内容。

【行动故事】

1. 营造氛围

为了给学生们创设一个有浓厚中国味道的环境，我特意在教室的墙壁上、黑板上挂着大红的中国结，上课时我还特意穿上了中华民族传统服饰之一的汉服。在浓浓的氛围中，学生们感悟到了中国结的美好寓意，激发了学生自己动手编织中国结的兴趣。

2. 了解结型

中国结有很多种结型，各种各样的中国结以图片的形式出现在学生们的眼前，学生们欣喜不已，对每种结型的寓意有了更加深入的了解，更加增强了动手操作的欲望。

3. 初步学会

编织中国结的双向平结说难并不难，只要认真观察、发现编制的规律就能顺利编出来。老师的示范也很重要，学生认真观察编织的过程，再利用编织流程图，就可以动手试编双向平结。试编过程中难免出现一些问题，比如忘了先用的是哪根线、编着编着就不平整了……学生们提出这些问题，一起交流解决的方法，再次编织就容易很多。

4. 体验乐趣

可能出现的问题解决后，再次动手编织，学生会感觉容易很多。这时学生们发挥了自己的想象力，在双向平结手链上添加了很多小饰品，让手链更加漂亮，真正发挥了自己的创造力。

5. 展示分享，传递真情

用心编织完成后的平结手链充满了真情，这时来展示自己的平结手链，学生会充满自豪感，同时也明白了用自己的劳动创作的作品值得珍惜，如果送给想送的人，那么这个作品就充满了真情实感。这时，孩子们一定也能体会到家长送给我们手绳的深意了。

【小结反思】

一根手绳引出一个课程，“中国结艺系浓情”这一课正是在传承中华优秀传统文化方面进行了巧妙的设计。本节课通过对中国结知识的了解和各种结型的欣赏，增强学生对中国结的喜爱，从而激发学生亲自动手编织的积极性。在编织过程中，学生通过观察、思考、动手，掌握编织双向平结的方法，并能把平结制成手链。最后能够展示并表达自己的情感。这一节课重在培养学生耐心、细致、善于克服困难的品质，同时培养学生良好的审美情趣，能够自己动手把美好的祝福送给身边的亲朋好友。

做数学，促思维①

【痛点故事】

“妈妈，我觉得没意思!”上完网课的儿子突然这样对我说，“每天都这样上网课，写练习册，在学校多好，我们可以交流讨论，可以动手做实验，什么时候能开学啊?”是啊，一场突如其来的疫情改变了学生们的学习方式，也改变了我们的教学方式。作为教师的我从三尺讲台落座在电脑屏幕前，“停课不停教”。但很快从心底涌出的无力感让我找不到教学的方向，看不到学生，又感受不到他们的想法，从前课堂中鲜活的“生成”，现在我多数凭借经验去想象。作为成年人的我尚且如此，学生就更可想而知了。网络学习相对枯燥无趣，怎样激发学生的学习兴趣，让知识点真正有效地生成，落地开花，促进学生思维的深度和广度进一步发展呢?我尝试在教学内容和作业评价中融入更多的“综合与实践”活动，让学生真正“动”起来。

【工具链接】

“综合与实践”的实施是以问题为载体、以学生自主参与为主的学习活动，它有别于学习具体知识的探索活动，更有别于课堂上教师的直接讲授。教师通过问题引领让学生全程参与实践活动，经历相对完整的学习活动。综合与

①案例提供者：张岩。

实践活动的核心是学生在教师的引导和帮助下的有目标的、自主的实践活动。它不是仅由例题、习题组成的为讲练模式定做的简单“套餐”。

《义务教育数学课程标准(2022 年版)》在课程理念中指出“具体教学活动的设计与实施要注重‘注重做中学’，引导学生参与学科探究活动，经历发现问题、解决问题、建构知识、运用知识的过程，体会学科思想方法”。总目标中要求“在数学学习活动中，保持好奇心与求知欲，建立数学学习的兴趣与信心，能够独立思考、质疑问难，感受科学精神”。

【行动故事】

数学来源于生活，结合生活实际，我布置了一些“综合与实践”的教学活动。怎样为学生提供综合实践的过程，让学生有做数学、学数学、理解数学的机会，以此来激发学生的学习兴趣，促进学生思维的发展呢？

一次在学习关于时间这部分内容的视频中，知识点比较琐碎，其中蕴含的规律也较为抽象和枯燥，学生解决起来有一定的难度。为了更好地调动学生学习的积极性，我结合视频内容布置了“有趣的日记”这个关于时间手账的实践活动。首先，通过视频课学生了解了什么是手账，再通过 PPT 学习的方式引领学生一步一步完成实践活动。实践从思考问题开始。手账是学生们还没有接触过的形式，对他们来说比较新颖，有意思。学生们也表现出了比较高的学习热情，设计完成了图文并茂、内容生动丰富的手账记录。其中涉及数学、科学、生物等各种学科领域的内容，学生尝试用自己的方法解决问题。课程结束后有的学生跟我说：“张老师，我还是第一次了解手账，用手账的方式完成数学作业。我很喜欢画画，用图画来表达，这样的作业太有意思啦。”看到学生各具特色的作品，我仿佛看到他们打开了自己的思维，想象、智慧在闪闪发光，美好的作品正是学生创新性的表现。

疫情防控期间，儿子经常问我：“妈妈，今天确诊了多少例啊？是不是减少了？我们什么时候能回学校上学啊？”儿子的问题正好是要学习的“数据的收集与整理”这部分内容，于是我重新调整了研究内容，将更贴近学生生活的关于疫情的数据纳入学习内容。我提出了实践主题：数据引发的思考。面对疫情，寻找数据，收集感兴趣的数据，探索尝试用画图的方式整理和表示数据，通过整理数据提出问题：你看到了什么？有什么疑问？有什么感受？有什么思考？我还向学生推荐了完成主题研究性学习的文章及《避开恶猫的方法》绘本，让学生有“扶手”，敢尝试。

学生的作品十分令人欣喜，有理、有据、有趣味。他们不但经历了数据收集、整理数据的过程，并从数学的角度综合运用数学的知识和方法进行了分析，引发了思考。这个实践活动不仅让学生更深刻地感受到了疫情，还切实感受到了数学源于生活，也提高了学生的数据分析能力。

我在布置综合与实践的活动中不仅要选择恰当的课题，内容突出“综合”，还要特别突出“做”的过程，让学生在“做”的过程中积累数学活动经验，激活思维，提升数学素养。在学习了“图形的运动”这一部分知识后，我布置了“设计‘战疫’徽标”这一实践活动，运用轴对称图形的知识进行徽标的设计，为武汉加油，为中国加油。

看，智慧在学生的指尖闪现，一幅幅作品中我欣喜地看到学生们运用了轴对称图形的特点，结合抗击疫情的宣传设计出了精美的图案，体会着数学与生活的紧密联系。学生们更是在动手操作中夯实了数学知识，培养了抽象思维，还学会了用数学表达对疫情的关心和对祖国的祝福。

在学习了“分数的初步认识”后，我思考怎样结合实践活动帮助学生更好地理解分数的意义呢？于是我安排了“我是小小美食家，寻找生活中的分数”这一实践活动，将品美食和寻分数结合起来。我分享了制作糖饼的方法，让学生尝试和家人一起做一张大大的糖饼，然后给家人分一分，思考分糖饼的过程中你有什么发现？你能用一个新的“数”来表示部分和整体的关系吗？学生在做中感悟着数学。

在这个实践活动中，学生亲自动手操作，不仅动手而且动脑，将生活中的数学知识与书本中的数学知识对接，培养了学生的抽象思维。学生跟我说：“张老师，我亲手制作的糖饼真是太好吃了，全家人都很喜欢。在分饼的过程中我还找到了分数，数学很有意思，它就在我们身边。”

【小结反思】

《义务教育数学课程标准(2022 年版)》中指出：“综合与实践”的教学重在实践、重在综合。注重学生自主参与、全过程参与，重视学生积极动脑、动手、动口。小学数学教学中我们要以学生生活中感兴趣的问题为载体，用兴趣激发学生自主、积极、主动参与活动。学生在自主探索的实践过程中体验成功的喜悦，强化学习过程，通过自己动手实践，检验自己所学的知识，激活学生思维认知，在实践活动中培养学生的抽象思维、创新思维，从而帮助学生达成思维水平的进阶。

数学不仅仅是自成逻辑体系的学科，应用广泛、与其他学科密切联系是数学最主要的特点，“综合与实践”可以帮助学生了解数学的特点，不单纯是字面上的理解，而是感悟、体验数学的应用，不做就不能真切体会。在这一过程中，学生自主获得知识及解决问题的基本能力，这种综合素养同样也是其他学科所需要具备的。

看到每次完成综合与实践作业时儿子认真的身影，我非常欣慰，他不再说居家学习没有意思了。眼前浮现着儿子做糖饼时的画面，那一脸的面粉和开心的笑容让我倍感欣慰，我心释然。

跳绳只是一种累人、烦人的体测吗？①

【痛点故事】

“同学们，你们喜欢跳绳吗？会不会觉得跳绳很累、很枯燥呀？”

几年前，在我的体育课上，跳绳是这样出现在课堂上的。

“来来来，同学们，今天我们要测一分钟跳绳啦！”

“唉，又要跳绳了，老师，今天测几次？”

“两次，取一次最好成绩！”

“1 分钟跳绳满分是多少个？优秀、良好、达标是多少个？”

学生们七嘴八舌地议论起来。

“预备，开始……”

测试进行中……

“哎呀，太累了！”

“我腿都快要抽筋了！可算测完了！”

我想这个场景大家并不陌生吧，那个时候我就在想为什么大家一听到跳绳就会唉声叹气呢？是对自己没有信心？还是对自己的成绩不满意？还是疲惫感让学生觉得太枯燥、太累了呢？

我想每一位学生都有关于跳绳的答案吧。

我翻阅了很多资料，查找到跳绳其实是我们国家的一项民俗传统体育项目，远在一千三百多年前的唐朝就有了这项运动，明代刘侗称“跳绳”为“跳索”。明代《帝京景物略》中说：“二童子引索略地，如白光轮，一童子跳光中，曰‘跳白索’。”

原来跳绳在我们国家有着这么悠久的历史呢！

于是我在课下静心思考：一根简单的跳绳能让每个学生呼哧带喘、身心俱疲，除此之外，能不能带给学生们更多的内容呢？

一个偶然的机会，在一次运动会的开幕式上，我看到了跳绳最具魅力的一面。随着动感的音乐节奏，学生在场上不停变换跳绳的动作，手中的绳子

①案例提供者：刘刚。

如光影般翻飞，炫目、惊奇，这是我当时对花样跳绳的第一印象，原来跳绳还可以这样玩，太酷了！

我当时暗暗在想，要是能够把这项运动带到我的课堂上来，孩子们一定会感兴趣！

【工具链接】

System-on-a-Chip(SOC)的中文意思是把系统都做在一个芯片上，受此启发，我想将花样跳绳中的“S”“O”“C”作为每个单个动作的标识，通过学生思维能力的发展及运动的表现，形成一个花样跳绳的认知及输出系统，即动作识别—学习体验—思考进阶—动作串联，因此我想把这个工具定名为“SOC跳绳学习法”。

于是在课堂上我与孩子们开启了花样跳绳之旅。一次次失败和尝试，一遍遍练习和改进，都让我对这项运动产生了新的认识——心动、手动、行动，想要把动作跳得好看就先要在心中有一个正确动作的样子，然后双手控制好绳子让它乖乖听话，最后通过不断练习把最完美的动作展现出来。

通过一段时间的锻炼，我发现学生们的体能得到了明显改善，更重要的是学生们的思维能力得到了更大的发展。

记得在教授学生们花样跳绳个人动作的时候，我和学生们根据每个动作的特点，把单摇跳记为“O”，双摇跳记为“OO”，编花跳记为“C”，甩绳记为“S”，一起编出了一套非常有意思的组合动作，包括“OC”“OO”“CO”“SO”“SC”等。我们给这些动作起名为“二次元”玩法，学生们非常喜欢，因为他们知道要想跳好这些动作，就一定要把每个动作跳熟练，要先在头脑中形成动作意识，并把这些排列组合记下来。随后我们一起开展了班级内和班级间的“挑战赛”，学生们几个一组，把每个小组编排的组合动作展示出来并PK，极大地带动了学生们学习花样跳绳的兴趣。随后较为熟练的学生开发出了“三次元”玩法，把四个动作组合在一起，并将这套动作在班级内推广，配上欢快的音乐。学生们的学习热情是空前高涨，课堂气氛极为活跃。

【行动故事】

我和学生们还在接下来的花样跳绳两人一绳内容的学习中一起练习、讨论、开发和创新出了很多花样跳绳的新奇玩法，比如两人左右手共用一根绳子跳跃，就像我们每个学生都会的一带一跳，我们把这个“一带一跳”升级了，可以变换位置和动作等。更多的玩法被学生们一一开发出来，看来学生们的思维和创意在跳绳方面真的得到了提高，课上我经常会看到这样的场景：大家围坐在一起欢声笑语，其乐融融地学习，很多新奇有趣的动作能够被学生们所接受；两人或三人一组时也没有抱怨和埋怨，而是理解和包容；经常有献给同伴们的掌声和鼓励；偶尔我们几个班在一起进行跳绳接力，在开心快乐的氛围中游戏。

有一天四年级2班的郭相宜同学突然跑来找我："刘老师，刘老师，您会这个动作吗？"

"什么动作？"

"哎呀，我说不清，您看您看！"

于是她做了一个很有难度的双手胯下跳绳动作，当时令我感到非常惊奇。

"可以呀，小郭，你怎么会跳这个动作？"

"我对着视频学的！"她骄傲地回答说。

"你这么厉害啊，够棒的！"我好好夸赞了她一番。

"哈哈，我今天回去还得对着视频学下一个动作呢！"她兴奋地说。

"哪个动作？你别对着视频学了，我教你吧！"

…………

【小结反思】

作为一名体育教师，我的初衷就是要把这项具有价值的体育运动带给我的学生们，让一根小小的绳子连接着你我，让一根小小的绳子传递着欢乐！学习的过程是艰辛的，但与学生们一起学习却是欢乐而幸福的！

我们与花样跳绳的故事其实才刚刚开始……你想不想来加入我们？你想不想和你的同伴一起体验快乐？我们会在操场上等你，在那个充满欢声笑语、尽情挥洒汗水的地方等你，不见不散！

国际文化节让英语学习"动起来"①

【痛点故事】

学生对于英语学习的态度大致分为以下几种。

学生A：我感觉英语的学习十分枯燥，每天就是读课文、背单词、考试，学起来提不起兴趣。我怎么也学不好英语，感觉单词记不住，上课听不懂，就觉得英语这个学科跟我没什么关系。

学生B：我觉得英语学习特别简单，学校课本里的知识老师不用教，我都在外面学过了，平时的课堂作业和发言都很难让我找到发挥的空间。

学生C：我英语成绩一般，我的课外时间主要用在我感兴趣的唱歌和画

①案例提供者：曹章斌、陈志豪、李琳。

画上了，感觉相较于唱歌和画画，英语在日常生活中真的没什么用，为什么要学好这个学科呢？

【工具链接】

《义务教育课程方案和课程标准(2022 年版)》明确提出了要强化学科实践和跨学科的主题学习。原则上各门课程应有不少于 10%的课时涉及跨学科主题学习。

新课程方案倡导的学习方式是从学科探究进一步走向学科实践，突出学科思想方法和探究方式的学习。跨学科学习是学科实践的需要，又自然而然地会超出学科实践的范畴。跨学科主题学习强调课程与生产劳动、社会实践的结合，加强知行合一、学思结合，倡导“做中学”“用中学”“创中学”。

《义务教育英语课程标准(2022 年版)》也提出开展英语综合实践活动，提升学生运用所学语言和跨学科知识创造性解决问题的能力。引导学生结合个人生活经验和社会生活需要，围绕特定主题，由真实的问题或任务驱动，综合运用其他相关课程的知识自主开展项目学习。整合教材内容，遵循项目学习的路径，适当运用信息化手段，将语言学习和内容学习有机融合。

【行动故事】

我校前瞻性地在 2016 年就已经尝试开展英语综合实践活动，名为“国际文化节”系列活动(见表 4-3、图 4-31)至今已成功举办七届，历届国际文化节在每年 12 月中下旬举办，活动持续 2 周左右。学校以“开放拓视野，多元促理解”为宗旨，实现中关村一小“多元、差异、创新”的课程文化，同时也为同学们了解中国及其他各国传统文化提供了全新平台。

表 4-3　国际文化节活动流程

时间	活动
12 月上旬	确定活动主题 英语核心组制定活动方案
12 月中旬	各个年级组教师在组内商讨具体活动细节 准备活动材料，资源
12 月下旬	教师布置活动内容，并指导学生选题和表演 依据要求开展活动，保留活动素材 活动总结，评价

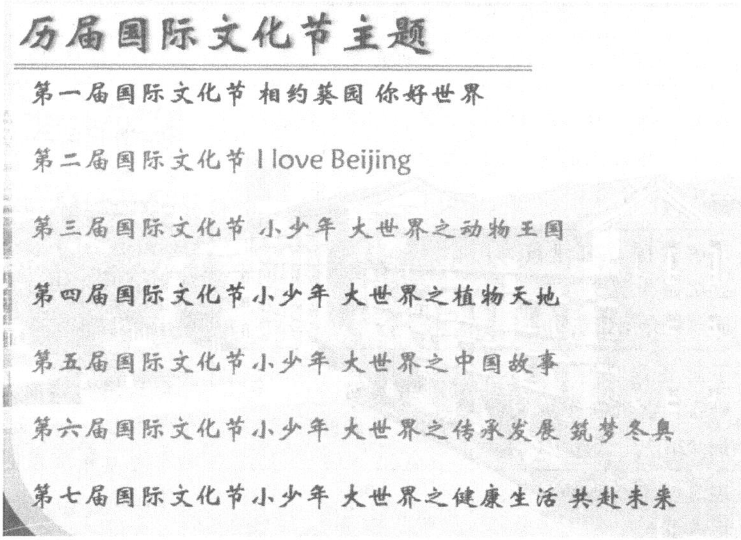

图 4-31　历届国际文化节主题

在实施学科综合实践活动时，我们秉承以下宗旨：以学校整体规划为主线，以学科教师的设计和组织为主体，强化同一年级不同学科之间的横向联系，重视同一学科不同年级之间的纵向发展。

每届国际文化节主题的设定都是不断探索的过程，我们一开始是从教材中生成主题，比如前两届的主题灵感来自四、六年级课本中 country 和 city 单元学习；之后我们尝试从学生需求中生成主题，比如第三、四、五届的主题是由学生兴趣而来的；再后来我们从身边资源中生成主题，比如冬奥会和科学防疫这些热门时事。在未来的文化节我们将尝试从课标中生成一些主题，从而丰富选材的范围。主题的确立就像动物有了骨架，但能否动起来取决于活动的设计。我将分享两个案例来说明我们的设计方法和思路。

我校第一届国际文化节活动内容见表 4-4。首先我们确定了“相约葵园，你好世界”的主题；其次，确立了活动目标。在活动设计上我们采取了进阶式的活动设计，根据不同年级不同的教材内容设计了分层进阶的任务。低年级段的活动内容是手工制作加英文介绍；四年级的活动内容是用英文介绍著名建筑；五年级的活动内容是制作海报介绍国家文化；六年级则表演创编国外经典童话故事来展示自己语言综合运用的能力、表演力和创造力。由于是从教材中生成的主题，我们的活动内容可以在每个年级的教材中找到相应的知识支撑，匹配相应的单元内容。

表 4-4　第一届国际文化节相约葵园，你好世界活动内容

年级	内容	匹配单元内容	活动目标
一年级	查询了解各国出名的手工艺品并尝试制作，用英文简单介绍	在教材中有对物品、人物外貌的简单描述，如描述 size、color	了解不同国家 找到不同文化中的闪光点 对比中国文化，了解文化差异 综合运用阅读能力、网络查询能力、手工创作能力、美术能力和语言能力完成上述任务
二年级			
三年级			
四年级	了解各国著名建筑物，尝试制作英文海报，向同学们介绍建筑物	教材中有建筑物的描述，如 my school、my city	
五年级	了解各国文化、建筑、语言，尝试制作英文海报介绍一个或几个国家	教材中有对国家、节日等相关话题的学习	
六年级	表演创编经典的国外童话故事	语言综合运用	

从学生上交的各种作品中，我们看到从手工艺品到图片海报，再到文字海报和戏剧表演，学生作品从简单到复杂，这种进阶变化体现了不同年级同一学科的纵向发展。而在同年级作品的比较中，我们能看到众多丰富的作品，这些作品的内容相互补充，为同年级的孩子打开了看世界的大门，这又体现了同年级不同学科的横向联系。

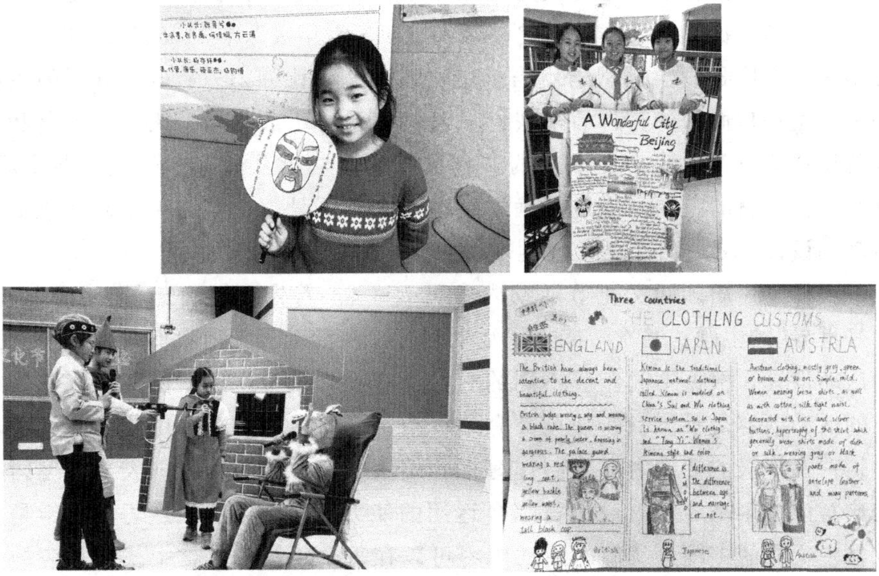

图 4-32　学生作品

另外，我们还在教学楼入口的公共区域设置了国家文化展，邀请大学生志愿者来介绍不同国家的知识，帮助孩子们开阔视野，将活动辐射面扩大至所有学生。

2022 年举办的线上国际文化节确立的主题为“健康生活 共赴未来”，活动目标是让学生了解如何科学防疫、如何健康居家生活和学习。在前几届文化节的经验总结中，我们发现如果本次活动将学生固定在某个活动里，学生的选择少，参与度不高，固定的活动也只能体现学生的平均能力，可能会缺少个性的释放和个人超常能力的展现，于是在本届文化节中我们将活动设计分为三大类五种任务，并在全学段打通实施。

第一类活动是唱一唱，学生学唱一首自己喜欢的英文防疫歌曲，以视频录像的方式提交作品。不同年级呈现的歌曲难度不同，但我们也惊喜地看到低年级学生演唱较为复杂的英文歌曲，同时也看到中高年级的学困生唱出虽然简单但动听的英文歌。

图 4-33　“唱一唱”活动

第二类活动是做一做，分为学生手工制作防疫文化口罩和英文防疫标志牌两个活动，作品以照片形式上传。低年级学生喜欢手工和画画，作品简单有趣，但语言能力欠佳；中高年级在设计时更多考虑到了实用性和宣传性。

图 4-34 “做一做”活动

第三类活动是写一写，分为写一写自己的健康居家学习生活时间表和制作健康生活海报两个活动。在写一写这个活动中，低年级作品以图画为主、中高年级以文字为主搭配精美图片装饰。在这些活动中，甚至还有学生将活动内容与影视结合，创作了小视频，记录自己的制作过程，孩子们充分发挥了自己的主观能动性，作品有创意、有趣味、有意义。本次文化节中每个子活动互为依托，内容丰富，共同服务同一主题，由于采取不分学段的任务设计，因此参与度较之以前更高。

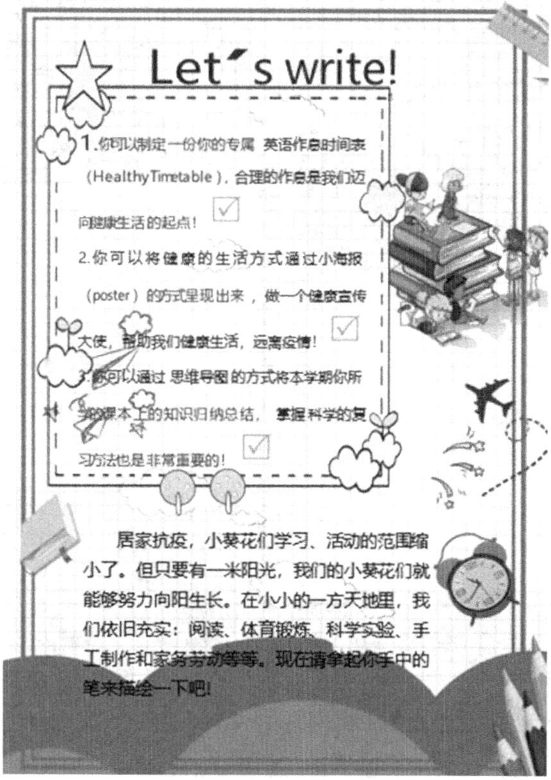

图 4-35　“写一写”活动

吸引学生的评价方式也是活动中不可或缺的一个环节。每一届文化节我们都将最优秀的作品整合后在学校官方公众号（见图 4-36）里做宣传展示，还将优秀作品在各个班级巡演或巡展，如果时间有限，我们还会以全校观看直播的方式让学生呈现作品。优秀作品必然是少数，对于大多数孩子的作品，我们则是以校园“葵园币”作为奖励，鼓励孩子的参与和肯定孩子的付出。

在这七届国际文化节中，我们也收到了来自家长、学生和老师们的积极反馈，家长认为“国际文化节给孩子提供了自我展示、自我提升的平台，也让孩子感受到了同伴合作的快乐，学到了更多书本上学不到的东西，开阔了视野，拓宽了英语学习渠道，我们家长也跟着孩子学习了很多。孩子无论从学习上还是个人成长上都收获了很多”。

学生纷纷感悟：“我特别喜欢过国际文化节，轻松快乐，完全不同于上课，但我们却一样能学到很多知识，了解许多英语文化。”“我很喜欢唱歌，以

图 4-36　微信公众号

前并不喜欢学习英语，总觉得怎么也学不会，但是通过英语国际文化节，我不但学会了很多歌曲，还找到了适合自己的英语学习方式，英语成绩也有了很大提高，我特别开心！”

老师也发表了看法：“英语国际文化节充分激发了学生的想象力和创造意识。引导学生开阔视野的同时进行自主探究，发展个性又强调团结进取，在培养具有‘国际视野，跨文化意识’的合格学生过程中起到了关键的推动作用。英语国际文化节也是英语学科核心素养四个维度训练的充分体现，与课堂活动交相呼应，达到了英语教学的最理想效果。”

【小结反思】

从学生发展层面看，“国际文化节”活动有效促进了学生在核心素养各方面的发展。学生在活动过程中发现问题、想方设法解决问题，在实践中获得积极体验，形成对自身、对社会、对自然的关切，建立了与他人合作、共享、共进的和谐关系。

从教师发展的层面看，“国际文化节”活动的实施有助于促进教师对课程价值的理解和认知，从认为课程就是教材，转向课程是学科、社会、学生三方面需求的集中体现，教师不能“教”实践活动，而是为学生创设一定的问题情境，营造良好的学习氛围，把充分的时间和空间留给学生。

通过国际文化节活动，我们发现综合实践活动在其中扮演的角色不仅仅是活动载体，更是一个主题系列化、活动综合化、成效多元化的综合实践品牌课程。在品牌打造的过程中，主题的生成与学生的生命成长同频共振，文化节在联通国际的同时助推学生的综合能力提升；活动的设计与学生的综合需要相互契合，文化节在感知文化的同时吸引学生全情投入；成效的延展与学生的能力进阶互为支撑，文化节在成果展现的同时搭设学生的发展路径。愿我们的学生在“国际文化节”这个平台“展个性、乐成长”，成就葵园少年，做最好的自己！

“遨游汉字王国”，在项目式学习中拓展思维①

【痛点故事】

打开五年级下册的语文教材，第三单元综合性学习活动映入眼帘，围绕“遨游汉字王国”这一主题，教材中编排了“汉字真有趣”和“我爱你，汉字”两个板块的内容。在“汉字真有趣”的阅读材料中呈现了丰富的内容，如字谜、门内添“活”字、歇后语、形声字等。学生们看着课本围在一起，兴奋地议论着字谜的答案。紫涵同学说：“老师，这个单元真有意思，我们课上也玩猜谜语吧！”“对，还可以积累一些歇后语！”另一个同学也提议。看到孩子们兴致勃勃地想玩各种游戏，我不禁陷入思考：综合性学习究竟应该如何开展呢？难道就是热闹地搞各种活动吗？怎样通过这个单元的活动让学生真正走近汉字，喜爱汉字，实现这一单元的教学目的呢？

【工具链接】

《义务教育语文课程标准(2022年版)》中指出：“语文课程是一门学习国家通用语言文字运用的综合性、实践性课程。”义务教育语文课程培养的核心素养是学生在积极的语文实践活动中积累、建构并在真实的语言运用情境中表现出来的，是文化自信和语言运用、思维能力、审美创造的综合体现。其中文化自信是指学生认同中华文化，对中华文化的生命力有坚定信心，包括热爱国家通用语言文字，热爱中华文化并继承和发扬中华优秀传统文化等。

---

①案例提供者：王然。

项目式学习(Project-Based Learning)由20世纪的“设计教学法”演变发展而来。北京师范大学学者杨明全副教授将其定义为：项目式学习是一种建构性的教与学方式，教师将学生的学习任务项目化，指导学生基于真实情境而提出问题，并利用相关知识与信息资料开展研究、设计和实践操作，最终解决问题并展示和分析项目成果。

【行动故事】

如果用项目式学习的理念来设计本单元，应该会很有意思。于是我和学生们商量，最终确定“我们的汉字”宣讲活动的项目主题。围绕这个主题，引导学生自己动手收集资料，在小组的交流互动中探寻知识本质，呈现汉字学习的成果。

1. 创设情境，明确主题任务

(1)学习单元内容，设计项目式学习任务。带领学生了解单元内容的概貌，知道单元分为“汉字真有趣”和“我爱你，汉字”两个板块，并对“阅读材料”形成初步印象。细读第一个板块的“活动建议”，了解本板块活动的主要任务：以小组合作的方式收集资料，开展趣味汉字交流会。

(2)根据自己感兴趣的活动内容，组成活动小组。引导学生根据自己的兴趣，将猜字谜、歇后语、门内添字等作为自己的活动内容，兴趣相同的组建自己的活动小组。

(3)小组制订活动计划。组建小组后，各小组结合“阅读材料”，围绕“活动建议”，分步进行活动计划的制订。第一步，讨论确定组员的分工。第二步，讨论确定其他事项，包括活动时间、活动流程及展示方式。第三步，撰写活动计划。

2. 收集、整理资料阶段

(1)在实践中学习收集资料的基本方法。小组讨论回顾以往的学习中是通过哪些渠道获取资料的，对照“教学建议”中关于收集资料的图标，讨论从中获得了哪些新的知识。通过讨论明确了收集资料的三种常见渠道，以及每一种渠道的特点和适用范围。

(2)小组合作整理资料，为展示交流做准备。

第一小组在讨论学习的过程中采用字谜记录卡的办法来收集字谜，并想出了仿照元宵红包袋做灯笼的方法，在灯笼下挂字谜进行展示。

第二小组交流字谜创作的方法，进行自创字谜分享。

第三小组交流有趣的歇后语。

第四小组展示门内添字的小故事，并且组织同学们玩“门内添字”的竞赛。

第五小组查找到汉字的演变过程，并且结合甲骨文开展研究。

第六小组找到了一些汉字的艺术表达方式，与同学们分享展示。

3. 展示交流阶段

(1)汉字的趣味表达

活动一：字谜大擂台

各小组展示收集到的字谜，展示形式和内容多样，其他小组同学抢答。过程中学生分享自己猜字谜的方法，总结汉字谜面的造字规律，揭示了汉字的字形特点、意义特征。

活动二：谐音大集合

组织学生小组间开展歇后语竞猜活动，在有趣的活动中总结歇后语的形式。

活动三："门内添字"小游戏

小组同学讲故事，介绍"门内添字"的小游戏。然后开展小组竞赛，比一比哪个小组写出来的字最多。

以上活动展示为学生提供了合作交流的平台，让学生尽情展示学习中的收获，进一步增强合作、探究的意识，同时加深了对汉字的理解，充分感受汉字好玩儿、有趣，体会汉字的趣味表达。

(2)汉字的文化内涵

活动一：了解汉字的"前世今生"

小组同学展示汉字的演变过程，结合字形特点，感受中国汉字经历的悠久历史及蕴含的丰富文化。

活动二：汉字的艺术表达

学生把收集到的汉字的各种表达方式进行分享、猜测，从字形的构造方面感受各种艺术的表达方式。学生在猜测汉字的过程中，结合字形、字音、字义不断领悟、思考，加深对汉字的理解，感受汉字的智慧和魅力及对人生的启迪。

活动三：我喜欢的汉字

学生结合之前查找的资料和对汉字的认识，谈一谈对汉字的理解。学生畅所欲言，感受汉字是中华民族智慧的源头，是华夏儿女的文化基因，是中国人的精神家园，进而激发学生对汉字的热爱和探究欲望，增强了文化自信，做传承中国汉字文化的代言人。

【小结反思】

项目式学习要驱动有意义的学习活动，活动要有新异的趣味性。"遨游汉字王国”综合性学习单元在编排时选取了字谜、汉字故事、谐音、甲骨文、书法等形式多样的文本。在“我们的汉字”这个项目主题下，学生积极参与、主动探究的欲望被极大地激发出来。设计“趣味汉字交流会”等项目内容，使学生在有趣味的活动中获得汉字的知识。

项目式学习既要关注实践，也要关注“学习”。活动是项目式学习的要素之一，实践活动也强调学生的参与和体验，但是如果没有研究的过程，如学生在活动中就是为了猜字谜而猜字谜，而不去探究字谜的构成和原理，则违背了“项目式学习”最初的目的。

参 考 文 献

[1]杨九诠．学科核心素养与高阶思维[J]．教师教育论坛，2017，30(10)：26．

[2]钟志贤．促进学习者高阶思维发展的教学设计假设[J]．电化教育研究，2004(12)：21－28．

[3]焦荣荣，王震．让深度学习在思维进阶中发生[J]．教育家，2020(8)：57－58．

[4]解月光，袁文铮．在中小学学科课堂教学中如何培养学生的高阶思维[J]．中国信息技术教育．2017(22)：4－11．

后　记

思维能力是个体学习、成长和发展中的核心能力。

生成式人工智能的迅猛发展，对教育不断提出新挑战，特别是面向未来社会发展需求，什么样的人才才能适应并能胜任未来经济社会发展的新形势新挑战，仅能单纯记忆、简单计算、机械操作的人将被人工智能取代，唯有基于真实问题开展深度思考能力的人才方可胜任。在深入贯彻落实新一轮义务教育课程标准的关键时期，思维培养是素养导向的教育改革的首要任务。在日常教育教学中，教师们发现不断重复讲解、反复练习后似乎还有学生不懂、不会、不明白。立足经济社会发展的大背景，着眼落实新课程改革，瞄准教育教学中的真实问题和案例，北京市海淀区中关村第一小学的教师们深度思考、集体碰撞、不断复盘，终于找到了解题之道，即以促进学生思维进阶为教学目标，以创设富有价值的问题为教学起点，以设计促进学生思维发展的阶梯式任务为抓手，经过多年时间，不断探索促进学生思维进阶的有效教学策略和典型教学案例。因此，本书是全体教师躬耕教育教学实践，在实践中研究，通过研究改进实践而形成的集体智慧的结晶，是教师们奋斗在教育一线产生的智慧。

《助力学生思维进阶的更好发生》一书主要汇集了北京市海淀区中关村第一小学的教师们在参加学校立项的中国教育学会2019年度教育科研重点规划课题“小学思维进阶课堂教学实践策略研究”的系列研究成果。在课题研究过程中，中关村第一小学各学科的骨干教师们把课题研究和自己的教育教学工作紧密联系，以认知工具为载体，梳理、提炼高阶思维能力培养的教学策略。通过思维进阶课堂教学实践研究和成果梳理提炼，大大提升了教师的理论水平、思维水平、课程研发能力，实现了教师的自主发展。

全书由商红领书记、景小霞校长牵头统稿主编，商红领、邓翼涛、井兰娟、张海宏分别负责第一、二、三、四章案例的修改与完善，田春娣、边颖、李川、李建民、李新翠、金亮、屈文霞、赵红波、胡文利、秦治军、章卫平(姓氏笔画排序)等参与编辑统稿。周婷婷等61位教师提供了教学案例，具体分工已在案例中注明。

课题研究过程中，时任北京市海淀区中关村第一小学挂职科研副校长的中国教科院李新翠老师，带领各学科核心团队和骨干教师们通过组织课堂教学研讨、教师沙龙等多种形式进行“小学思维进阶课堂教学实践策略研究”，并指导教师对自身教学经验进行反思和积累，撰写教育教学故事，以此总结、梳理、提炼和挖掘出了丰富鲜活而深刻的课题研究成果。兼职科研副校长、中国教育科学研究院李建民老师在书稿完善过程中为指导研究成果框架设计、参与内容梳理与指导提供了大力支持。两位科研副校长都为本成果的研究和编写出版工作付出了很多心血。在此对本书编写、出版过程中给予支持和帮助的单位和人员一并表示感谢。

特别感谢李永智、成尚荣为本书作序。

由于经验及水平有限，书中难免有疏漏之处，敬请各位读者批评指正。

本书课题组

2024 年 3 月 28 日